INES VEITH

Gebt mir meine Kinder zurück

Zwangsadoption in der ehemaligen DDR

GOLDMANN VERLAG

Um die Privatsphäre all jener Personen, die mit dem Schicksal der Familien Gallus und Mauritz verknüpft sind, nicht zu verletzen, wurden Namen und in wenigen Ausnahmefällen Schauplätze verändert und die Handlung romanhaft ergänzt.

Umwelthinweis:
Alle bedruckten Materialien dieses Taschenbuches
sind chlorfrei und umweltschonend.
Das Papier enthält Recycling-Anteile.

Der Goldmann Verlag
ist ein Unternehmen der Verlagsgruppe Bertelsmann

Made in Germany · 1/93 · 3. Auflage

Umschlaggestaltung: Design Team München
Umschlagfoto: Jutta Gallus
Satz: IBV Satz- und Datentechnik GmbH, Berlin
Druck: Presse-Druck Augsburg
Verlagsnummer: 12388
Lektorat: Diane von Weltzien/SD
Herstellung: Heidrun Nawrot/sc
ISBN 3-442-12388-7

Welchen Wert
hat eine Ideologie,
die Kinder
ihren Eltern wegnimmt,
um sie als Werkzeug
eigenen Machtstrebens
zu mißbrauchen?

Einleitung

Es waren nur simple graue Zettel. Im DIN-A 5-Format. Amtsdeutsch mit Schreibmaschine. Zur Kenntnisnahme!
Der Adressat: Gefangene(r) Nr. Soundso...
Der Absender: Irgendein Jugendamt...
Die Botschaft: Mit dem heutigen Datum entziehen wir Ihnen das Sorgerecht für Ihre Tochter... Für Ihren Sohn...!

Diese Nachricht genügte, um Eltern ihr Kind zu rauben.

Diese Nachricht genügte, um dem betroffenen Kind eine neue Identität zu verpassen. ZWANGSADOPTION! Aus politischen Gründen! Geschehen in der ehemaligen DDR!

Ein Vormundschaftsgericht zur Überprüfung der Vorgänge gab es nicht. Ebensowenig war nach DDR-Recht eine Einwilligung der leiblichen Eltern für eine Adoption notwendig. Anfechtbar waren solche staatlich getroffenen Entscheidungen durch niemanden. Heute weiß man, daß diese Kinder in SED-Familien als roter Nachwuchs herangezogen werden sollten. Die Basis solchen Handels wurzelte in sozialistischer Pädagogik. Schon Lenin verlangte, daß ein Erwachsener in erster Linie das Produkt seiner gesellschaftlichen Erziehung sein muß.

Dem familiären Einfluß maß man wenig Bedeutung zu. Deshalb wurden Bürger der DDR von der Wiege bis zur Bahre komplett staatlich versorgt.

Wenn der Staat also schon im »normalen Alltag« Erziehung bestimmte und kontrollierte, wen wundert es da, daß Kinder von Regimegegnern gewissermaßen verstaatlicht wurden. Offiziell sollten diese Kinder vor ihren »politisch verwahrlosten« Eltern geschützt werden, damit sie die Chance erhielten, in harmonischer Einheit mit ihrem Staat heranzuwachsen. Die Gnade der sozialistischen Geburt sollte ihnen erhalten bleiben. Für die »politisch fehlgeleiteten« Mütter und Väter waren solche Maßnahmen allerdings ein Schock.

»Die Nachricht, daß mein Sohn wegadoptiert wurde, traf mich wie ein Schlag«, erinnert sich Gisela Mauritz, die nach einer gescheiterten Republikflucht ihren vierjährigen Sohn Alexander so an den Staat verlor. »Ich dachte, die wollten mir nur drohen!«

Das dachten die meisten. Doch wie Gisela Mauritz täuschten sie sich. Was auf den Zetteln stand, war bitterer Ernst. Tausende von Familienschicksalen wurden auf diese grausame Art und Weise in DDR-Haftanstalten unwiderrufbar besiegelt. Was jetzt bei so vielen Menschen unter dem Stichwort ZWANGSADOPTION Empörung und Entsetzen hervorruft, war bei den Bezirksjugendämtern von Rostock bis Dresden, von Magdeburg bis Görlitz ein ganz normaler Aktenvorgang.

Es tickerte wie ein Lauffeuer durch die Nachrichtenagenturen, als der Berliner CDU-Stadtrat Markus Zimmermann Ende Mai 1991 in seinem Amtskeller ein verstaubtes Bündel Akten sichtete und als erster den Beweis solch politisch motivierter ZWANGSADOPTIONEN in den Händen hielt.

»Es ist doch so«, faßte Markus Zimmermann zusammen, »daß sich jetzt viele Kinder fragen müssen: Sind das wirklich meine Eltern? Bin ich eins der gesuchten Kinder? Das Mißtrauen gegenüber dem anderen, das schon immer in diesem Staat eine große Rolle gespielt hat, findet in diesen Verbrechen seinen Höhepunkt.«

Eins steht jedenfalls schon jetzt fest, eine gesicherte Klärung *aller* Fälle wird es nie geben. Zu viele Akten sind bereits dem Reißwolf zum Opfer gefallen oder wurden waggonweise in die weiten Steppen benachbarter sozialistischer Länder verfrachtet.

Peter Schröder, nach der Wende Wachleiter beim Dresdener Bürgerkomitee und zuständig für die Sicherung der Akten im ehemaligen Gebäude des Ministeriums für Staatssicherheit, erinnert sich: »Wir waren zu wenige, um zu verhindern, daß Berge von Akten abtransportiert wurden.« Auf dem Mauerstreifen rund um den Stasi-Bau an der Bautzener Straße stand monatelang in großen Lettern, welche Angst die meisten plagte: »Eins, zwei, drei, im Sauseschritt – die Zeit verfliegt, die Akten und die Täter mit!«

Weit mehr als 40000 politische Häftlinge hat es allein seit dem Mauerbau gegeben. Wieviele ZWANGSADOPTIONEN es darunter gab, wird wohl nie beweiskräftig geklärt werden können. Fast jedes Bundesland in der ehemaligen DDR hat in den letzten Monaten eine sogenannte »Clearing-Stelle« eingerichtet, wo man sich um die Aufklärung von Schicksalen der ZWANGSADOPTION bemüht.

Elke Kannenberg, Leiterin der Berliner Clearing-Stelle: »Es kamen täglich viele Mütter, die etwas über ihre vermißten Kinder erfahren wollten und noch mehr Jugendliche, die genaue Angaben zu ihrer Herkunft wissen wollten.«

Tausende von Suchenden und Vermißten in der gesamten ehemaligen DDR, als ob Krieg gewesen wäre. Es war ein heimlicher, innerstaatlicher Krieg gegen Andersdenkende und Abtrünnige. Ein Nervenkrieg, der viele Menschen um Jahre ihres Lebens betrog. Wiedergutmachung?

Solches gravierende Unrecht kann niemals wiedergutgemacht werden. Aber man kann darüber sprechen. Menschen über ihre Schicksale zu Wort kommen lassen. Ihnen Raum geben, ihnen zuhören, sie erzählen lassen, es weitererzählen und ihre Schicksale ernst nehmen. So lange bis jeder spürt, daß nicht ideologischer Gehorsam, sondern einzig und allein die Verantwortung des einzelnen gegenüber seinen Mitmenschen zählt. In diesem Sinne ist jedes Schicksal ein Testament für alle, die bereit sind, die Lebenserfahrungen anderer in sich aufzunehmen.

Stellvertretend für zahlreiche Betroffene werden in diesem Buch zwei Schicksale erzählt, die verdeutlichen, welche menschlichen Tragödien durch ZWANGSADOPTIONEN verursacht wurden.

Der Fall Gallus beschreibt den mutigen und außergewöhnlichen Kampf einer Mutter um ihre Töchter Beate und Claudia. Der Fall Mauritz erzählt die Geschichte einer Mutter, die nach vierzehn Jahren Suche – davon mußte sie sieben Jahre in der Haftanstalt Hoheneck zubringen – ihren zwangsadoptierten Sohn Alexander wieder in ihre Arme schließen konnte. Beide Frauen, Opfer der Stasi, warten nun darauf, daß ihnen Gerechtigkeit geschieht, hoffen, daß ihre Peiniger und jene, die für solche unmenschlichen Gesetze verantwortlich waren, zur Rechenschaft gezogen werden.

DER FALL GALLUS

Der politische Leidensweg von Jutta Gallus begann im Sommer 1982. Sie war geschieden, ihre Mutter gerade an Krebs gestorben und ihr zwölfter Ausreiseantrag abgelehnt worden. Jetzt wollte sie nicht mehr länger warten. Sie wollte endlich mit ihren Töchtern Claudia und Beate in den Westen. Zumal ihr Vater schon seit dreißig Jahren in der Nähe von Aachen lebte.

Sie hatte es satt, ständig wegen ihres Ausreisewunsches wie ein ungehorsames kleines Mädchen den Schikanen des Staates ausgeliefert zu sein. Ihren Job als Informatikerin hatte man ihr ohnehin weggenommen. In ihrer Verzweiflung riskierte sie eine Flucht mit einer Schlepperorganisation.

Es war ein absolut sicherer Tip...

Fluchtpläne

Jutta hatte von Kerstin, ihrer früheren Arbeitskollegin, einen Zettel in die Hand gedrückt bekommen. »Du mußt nach einem Mann namens Mirco fragen«, hatte sie gesagt. »Aber erzähl bloß keinem, wer dich geschickt hat!«

Auf dem Zettel stand die Adresse, wo Jutta diesen Mirco treffen konnte. Tagelang war sie mit dem Finger auf dem Stadtplan in Gedanken dorthin gefahren. Sie hatte lange überlegt, ob sie es wagen sollte, sich einer Fluchthilfeorganisation anzuvertrauen. Jetzt stand sie vor dem bezeichneten Gebäude, Ecke Postplatz, Ernst-Thälmann-Straße, ein altes Mietshaus, dessen Fassaden so bröckelig waren wie ihre momentane Stimmung.

Sie ging über eine wuchtige knorrige Holztreppe hoch in den ersten Stock. Sie läutete bei Basevic. Dschiiii...! Es war ein hoher, schriller Klingelton. Ein junger Mann, um die 25 Jahre, blonder Bürstenschnitt, mit Sporthose und Unterhemd bekleidet, öffnete:

»Ja bitte!«

»Ich möchte gerne einen Mann namens Mirco sprechen!«

»Mirco – Sie sind mit ihm verabredet?«

»Nein, ich habe seine Adresse von einer Freundin.«

»Kommen Sie rein!« Sie gingen in eines der hinteren Zimmer. Dort blickte ein ebenfalls sehr junger Mann von seinem Schreibtisch hoch. Er wirkte wegen seiner runden Trotzkistenbrille intellektuell und machte einen äußerst gepflegten Eindruck. Er hatte Jeans an. Dazu ein weißes T-Shirt mit dem Aufdruck: I love Jazz.

»Das ist Mirco«, wandte sich der Mann, der ihr die Tür geöffnet hatte, an Jutta.

»Sie wünschen?« hob dieser seinen Kopf.

»Ach nichts«, antwortete Jutta verlegen. Ihr schlotterten die Knie und sie hatte das ungute Gefühl, irgendwo hineingeraten zu sein, wo sie eigentlich nichts zu suchen hatte. In der DDR konnte es sehr gefährlich sein, sich fremden Menschen anzuvertrauen.

»Sie brauchen keine Angst zu haben.« Mirco hatte einen breiten jugoslawischen Akzent und rollte das »R«.

»Sie wollen nach drüben?«, schrieb er auf einen Zettel und hielt ihr den hin.

Sie nickte.

Er stand auf. »Kommen Sie mit, wir gehen ein bißchen spazieren.«

Der andere kam auch mit. Jutta nannte ihnen unterwegs ihren Namen und mit knappen Worten ihr Anliegen.

Sie gingen runter ans Elbufer und setzten sich auf eine Bank. »In Räumen weiß man nie, ob Wanzen versteckt sind. Wir verhandeln grundsätzlich draußen. Rauchen Sie?« Mirco bot Jutta eine osteuropäische Marke an.

»Nein!«

»Sie wollen also raus«, räusperte sich Mirco. »Es stimmt. Wir helfen hin und wieder Leuten. Wir sind aber nur Vermittler. Die eigentlichen Fluchthelfer kennen wir nicht. Wir informieren Sie nur über den Plan, und alles weitere ist dann Ihre Angelegenheit. Sie kennen die Preise?« Er kam gleich zur Sache.

»Nein, ich habe überhaupt keine Ahnung!«

»Sie reisen allein?«

»Nein, mit zwei Kindern, neun und elf Jahre alt.«

»Das kostet 30000 Mark. Die Organisation verlangt eine Anzahlung in Höhe von 5000 Mark, den Rest können Sie im Westen bezahlen.«

»Aber ich kann doch nicht vorher 5000 Mark bezahlen. Und wenn es nicht klappt?«

»Liebe Frau, das ganze Geschäft ist ein Risiko. Für uns und auch für Sie. Aber wie wollen Sie anders raus? Wenn Sie Ausreiseanträge stellen, können Sie gleich die Pensionspapiere mit dazulegen.« Lässig zuckte er mit den Mundwinkeln. »Es ist Ihre Entscheidung.«

Mit einem festen Tritt zerdrückte er die halb gerauchte Zigarette auf dem Boden. Er schien etwas nervös. Ein russischer Lastkahn schepperte seine Fracht mit viel Motorenlärm und Sirenengeheul die Elbe flußaufwärts. Dicker, schmieriger Qualm kam aus einem Rohr oberhalb des Kabinendecks. Jutta seufzte tief. Sie war selten in einer Entscheidung so unentschlossen. »Sag ja!« riet ihr die innere Stimme. »Jetzt oder nie!«

»Ich möchte noch diesen Sommer ausreisen. Ist das möglich?« fragte Jutta.

Mirco unterhielt sich mit seinem Kollegen in seiner Heimatsprache. »Ich denke ja, aber dann müssen Sie schnell sein und am Donnerstag die Anzahlung vorbeibringen. Ich werde Ihnen dann die Route und den Fluchtplan geben. Es gibt da einen sicheren Weg.«

Jutta hatte ein ambivalentes Gefühl. Waren diese Menschenhändler kriminell? Andererseits hatte sie viel Gutes über die jugoslawischen Schlepper gehört. Sie seien zuverlässiger als die Deutschen. Die Routen über osteuropäische Länder mit gefälschten Pässen nach Österreich seien viel weniger riskant. Und Sicherheit war ihr wichtig. Schließlich wollte sie mit ihren beiden Kindern nicht mehr wagen, als unbedingt nötig war.

Geld war nicht das Hauptproblem. Jutta hatte genug von ihrem Vater bekommen. Aber sollte sie es solch einem Unternehmen anvertrauen? Doch wie sollte sonst die Flucht gelingen? Mirco war ihr schließlich von einer ihrer besten Freundinnen emfohlen worden. Eine zeitliche Verschiebung würde niemandem helfen. Nur alles noch viel ungewisser machen. Wenn sie wirklich handeln wollte, mußte sie es jetzt tun.

Jutta nahm die verabredete Summe und ging an jenem Donnerstag ans Elbufer. Mirco war allein. Er wartete schon.

»Sie haben das Geld?« fragte er hastig.

»Ja. Natürlich.« antwortete Jutta. »Und wie geht es weiter?«

Mirco holte einen Umschlag aus seinem Jackett.

»Hier steht alles drin. Sie werden noch im August eine fingierte Urlaubsreise nach Bulgarien antreten. Ihr Urlaubsort und ihre Pension sind bereits gebucht. Auf der Durchreise werden Sie im rumänischen Grenzort Severin halten, um in einem Hotel zu übernachten. Dort wird Sie ein Kollege aufsuchen, auch ein jugoslawischer Landsmann. Er wird Sie mit einem Fährschiff über die Donau nach Jugoslawien bringen. Dort bekommen Sie neue Pässe, und dann reisen Sie als westdeutsche Touristen nach Hause. Prima? – Das Restgeld brauchen Sie erst innerhalb eines Jahres zu bezahlen. Es wird sich jemand bei Ihnen melden.«

»Das hört sich alles so einfach an.«

»Ist es im Prinzip auch. Es darf allerdings niemand, wirklich niemand von ihren Absichten wissen. Das kann alles gefährden. Die meisten Fluchten scheitern, weil irgend jemand zu viel erzählt hat. Machen Sie nur, was Ihnen aufgeschrieben wurde und halten Sie sich genau an die Zeiten. Dann kann nichts schiefgehen. Wir haben schon mehr als hundert Leute geschleust. Alle über die Route Rumänien – Jugoslawien. Sie müssen sich nur sicher sein, daß Ihnen niemand folgt.«

Jutta reichte ihm den Umschlag mit dem Geld. Für neue Pässe eine ganze Menge, aber es würde sich bestimmt auszahlen. Davon war sie überzeugt.

Jutta hielt sich an die Abmachung. Für alle Verwandten und Bekannten plante sie zum Schein eine Urlaubsreise nach Bulgarien ans Schwarze Meer. Dementsprechend bepackte sie ihren graublauen Lada mit Luftmatratzen und Badezeug. Ihre beiden Mädchen wollte sie erst in Severin einweihen.

Am Abend vor der Abreise ging sie nochmals ans Grab ihrer Mutter. Sie hatte ihr einen großen Strauß Kornblumen gebracht. Ihre Lieblingsblumen. Claus, Juttas Bruder, hatte versprochen, das Grab zu pflegen.

Jutta hatte ihre Mutter die letzten sechs Wochen ihres Lebens jeden einzelnen Tag begleitet. Ihr zugehört, wenn sie von früher, vom Krieg erzählte, wenn sie vor Schmerzen jammerte, wenn sie von ihrem Mann sprach, wenn sie die Tochter wieder und wieder bat, nicht auszureisen.

»Verzeih mir, Mutsch«, flüsterte Jutta. »Ich muß es tun. Sonst bin ich den Rest meines Lebens unglücklich!«

Die Flucht

Jutta hatte während der gesamten Autofahrt die Straßenkarte neben sich auf dem Beifahrersitz liegen. Je näher sie sich dem rumänisch-jugoslawischen Grenzort Severin näherten, desto nervöser wurde sie.

Die Kinder saßen hinten. Jutta hatte die beiden doch noch am Abend zuvor eingeweiht. Sie wußten, daß sie nichts sagen durften, wußten aber nicht, wie gefährlich das ganze Unternehmen sein konnte. Für sie war es mehr ein Abenteuer, das in wenigen Tagen im Haus von Onkel Martin in Bad Wildungen enden sollte.

Sie freuten sich auf den Westen. Jutta hatte ihnen so viel vorgeschwärmt, und dann würden sie endlich mal ihren anderen Opa kennenlernen. Hauptsache, sie waren alle drei zusammen, das war den Mädchen am wichtigsten. Sie liebten ihre Mutter. Sie war seit der Scheidung ihre wichtigste Bezugsperson, und es bestand ein besonderes Vertrauensverhältnis zwischen den dreien.

Jutta behandelte ihre Töchter sehr partnerschaftlich. Die Mädchen wußten das zu schätzen und hatten fleißig im Haushalt mitgeholfen. Claudia konnte schon perfekt kochen und Beate half beim Saubermachen. Dafür hatte Jutta Zeit, ihnen wunderschöne selbstentworfene Kleider zu nähen und mit ihnen eislaufen und zum Ballett zu gehen. Wenn die drei etwas zusammen unternahmen, drehten sich manchmal die Leute auf der Straße um. Sie waren ein außergewöhnlich hübscher Anblick.

Alle drei waren schmal, fast zierlich, hatten volle, lange Haare, die sie mal mit einer breiten Hornschnalle, mal mit einer bunten Schleife auf dem Hinterkopf zu einem Pferdeschwanz zusammenfaßten. Jutta drehte sich vereinzelt Locken in die Stirn, die ihrem ausdrucksvollen, etwas slawisch anmutenden Gesicht eine verspielte Note gaben

Jutta war stolz auf ihre beiden Mädchen, und sie war glücklich, ihnen bald mehr im Leben bieten zu können als den tristen DDR-

Alltag, in dem die Menschen überall so spürbar unglücklich wirkten.

Es waren noch etwa zweihundert Kilometer bis Severin. Wenn alles nach Plan verlief, würden sie morgen nachmittag im Hotel Carpati einen Jugoslawen namens Milan treffen. Er sollte sie in der Nacht vom 23. auf den 24. August über die Donau nach Jugoslawien bringen. Dort sollten sie dann mit gefälschten Pässen als westdeutsche Touristen ausreisen und über Österreich in die Bundesrepublik kommen. Es klang alles so einfach und so logisch.

Auch die beiden Mädchen hatten eine wichtige Aufgabe übernommen. Sie mußten versprechen, während der ganzen Reise unbedingt auf ihre beiden Stofftiere aufzupassen. Sie durften sie unter keinen Umständen verlieren. Jutta hatte in jeden der beiden Affen zweitausend Westmark eingenäht. Ihr Notgroschen für alle Fälle!

Es war drückend schwül, als Jutta vor dem vereinbarten Hotel vorfuhr. Man hätte auf dem Autoblech Spiegeleier braten können, so heiß war es. Die beiden Mädchen fächerten sich mit einer Zeitung frische Luft zu. Jutta versprach, erst mal für ein frisches Getränk zu sorgen, denn das Hotel hatte eine kleine Bar.

Bevor sie zur Rezeption gingen, bestellten sie sich eine Limonade und suchten sich einen kühlen Platz in der Nähe eines scheppernden Ventilators.

»Geschafft!« seufzte Jutta. Ihr Rücken schmerzte, und die Fußsohlen brannten wie Feuer.

Dennoch war sie froh, daß die lange Autofahrt ohne Panne überstanden war. Jetzt konnten sie sich wenigstens bis morgen ausruhen und neue Kräfte sammeln. Auch ihre beiden Töchter gähnten und pusteten vor Hitze schwerfällig in die Luft. Ihre hübschen fliederfarbenen Kleider mit den bestickten Rüschenrändern an den Trägern und am Saum waren ganz zerknittert. Auch ihre ebenfalls fliederfarbenen Tuchschleifen, die die langen Haare zu Pferdeschwänzen bändigten, sahen schon recht mitgenommen aus. Gleich nachdem sie das Zimmer bezogen hatten, würden sie sich erst mal frisch machen und dann eine Runde schlafen. Abends wollten sie so richtig gemütlich essen gehen. Vielleicht gab es irgendein hübsches Gartenlokal, wo man draußen sitzen konnte.

Während Jutta vor sich hin döste und die Kinder ihre Limonade tranken, wurde sie plötzlich von einem Männerarm, der ihr von schräg hinten über die Schulter griff, aufgeschreckt. Es ging alles sekundenschnell. Als sie bemerkte, daß es der Fremde auf ihre Handtasche und ihr Gepäckstück abgesehen hatte, war schon alles geschehen. Sie sprang hoch, wollte dem Mann nachrennen, doch sie sah nur noch, wie er sich bei einem Freund aufs Motorrad schwang. Mit ihrer Handtasche und ihrer Reisetasche am Arm.

Sie verständigte unverzüglich den Ober an der Bar und die Hotelrezeption. Diese versprachen, die Polizei zu schicken.

Doch was sollte sie jetzt anfangen? Alle Papiere waren weg! Die Pässe, der Führerschein, der Geldbeutel, alles hatte dieser Kerl bei sich. Jutta war verzweifelt. Auch Claudia und Beate spürten sofort, daß etwas Schreckliches geschehen war.

»Was machen wir denn jetzt?« fragte Claudia.

»Ich weiß nicht. Abwarten, was die Polizei sagt.«

»Und morgen?« flüsterte Claudia.

»Pst!« Sie legte den Zeigefinger auf die Lippen. »Wir müssen abwarten«, sagte sie lauter. »Ihr dürft nichts sagen. Wir wollten hier rasten und übermorgen nach Bulgarien weiterreisen, nach Burgas! Dort wohnen wir in einer Pension. Ihr wißt Bescheid. Alles klar!«

Die beiden nickten. Sie wußten, daß es jetzt auch auf sie ankam und wie wichtig die kommenden Stunden für alle waren. Die Polizei kam etwa nach zwanzig Minuten. Sie hatten auch einen Übersetzer mitgebracht.

Sie entschuldigten sich für ihre rüden Landsleute und sprachen davon, daß Diebstähle solcher Art in letzter Zeit überhand nahmen. Jutta schien das alles plausibel zu sein, weil sie auch schon in Dresden von Freunden gehört hatte, daß die Rumänen auf Raubzüge bei Touristen aus waren.

Einer der Lokalangestellten konnte den Täter beschreiben, und die Polizei versprach, sich der Angelegenheit anzunehmen.

»Wieso muß uns das passieren? Wieso? Wieso? Wieso?« dachte Jutta verzweifelt. »Wenn ich diesen Dieb vor mir gehabt hätte ...« doch wem nutzte ihre Wut! In einem fremden Land, einen Tag vor ihrer geplanten Flucht.

Sie glaubte nicht daran, daß die Polizei den jungen Burschen schnappen würde. Warum sollten sie sich wegen ihr ins Zeug legen? Ob der Jugoslawe sie auch ohne Papiere mitnahm? Bereits wenige Stunden später, am nächsten Morgen, erhielt Jutta erste Antworten.

Die Polizei hatte den Dieb gefaßt. Jutta konnte eindeutig ihre rote Badetasche mit der Möwen-Applikation identifizieren. Drei Handtücher, drei Waschlappen und der Kulturbeutel mit Seife und verschiedenen Cremes, Zahnbürsten und Zahnpasta waren noch vorhanden. Das Geld war weg, die Pässe und die Fahrerlaubnis habe er angeblich in die Donau geworfen.

Na prima! Jetzt saßen Jutta und die Kinder in diesem miesen Severin fest. Was sollte jetzt geschehen?

»Sie müssen sofort nach Bukarest und dort Ersatzdokumente beantragen. Ich habe Ihnen hier für die Behörden eine Bescheinigung ausgestellt, daß Sie Opfer eines Diebstahls wurden. Dieser Ersatzführerschein erlaubt Ihnen, Ihr Fahrzeug zu benutzen.«

»Hat das noch einen Tag Zeit?« fragte Jutta vorsichtig. Der Polizist sah sie merkwürdig an.

»Nein, das muß sofort erledigt werden. Sie wollen ja auch noch weiter nach Burgas, soweit ich informiert bin. Da brauchen Sie natürlich Ihre Dokumente.«

Er gab ihr die Adresse von der DDR-Botschaft, wo sie innerhalb kürzester Frist neue Papiere bekommen würde.

»Alles aus!« dachte Jutta. Statt mit der Fähre nach Jugoslawien mußte sie jetzt nach Bukarest und dort wahrscheinlich tagelang warten bis die Bürokraten fertig waren. 5000 Mark umsonst ausgegeben. Aber wenn sie hierblieb, würde das auffallen? Es sei denn...

Jutta log, daß es einer ihrer Töchter, vermutlich durch die lange Autofahrt und die Aufregung, schlecht gehe, und daß sie es doch vorziehe, noch einmal zu übernachten. Niemand hatte etwas dagegen.

So wartete sie in schrecklicher Anspannung dem Nachmittag entgegen. Vielleicht hatte ja dieser Milan eine Idee.

Doch Milan kam nicht.

Gegen vierzehn Uhr waren sie unten in der Bar verabredet gewesen. Er sollte schwarze glatte Haare haben, eine Jeans und ein gelbes Hemd mit einer blauen Krawatte tragen. Doch außer ein paar Rumänen betrat niemand den Raum, der auch nur annähernd der Beschreibung Milans glich.

»Vielleicht hatte er alles mitbekommen und würde nun kneifen« dachte Jutta. Vielleicht hatte ihn die Polizei in ihrer Nähe abgeschreckt. Diese Leute waren mehr als vorsichtig.

Es war mittlerweile zwei Stunden über der vereinbarten Zeit. Jutta saß bei ihrem vierten Milchkaffee. Die Kinder waren schon ungeduldig und hatten Hunger. Ihre Äffchen hielten sie immer fest im Arm.

»Mami, wann gehen wir, hier ist es so langweilig«, jammerte Beate. Und auch Claudia wippte dauernd mit ihrem Stuhl.

»Noch eine halbe Stunde«, ermunterte Jutta ihre beiden. »Spielt doch: Ich sehe was, was du nicht siehst!«

Sie waren zwar von diesem Vorschlag nicht gerade hellauf begeistert, aber es beschäftigte sie für eine Weile. Doch auch eine halbe Stunde später hatte sich Milan nicht gezeigt.

Aus der Traum! Eigentlich könnte sie sofort nach Dresden zurück. Sie hätte schreien mögen. Zurück! Drüben würden sie ab übermorgen warten. Ihr Onkel, ihr Vater, sie hätte diesen rumänischen Dieb in Stücke reißen mögen. Warum mußte das nur passieren?

In der folgenden Nacht konnte sie kaum schlafen. Alles drehte und drehte sich wieder und wieder in ihrem Kopf. Gab es denn wirklich keinen Ausweg? Da kam ihr plötzlich ein genialer Einfall. Natürlich! Sie brauchte in Bukarest nur die bundesdeutsche Botschaft aufzusuchen statt der DDR-Botschaft! Dort würde sie so tun, als seien sie westdeutsche Touristen. Das mußte doch möglich sein!

Obwohl es schon nach elf Uhr abends war, versuchte sie ihren Onkel im Westen zu erreichen. Das war nicht einfach, aber um die Uhrzeit immerhin schneller möglich als am Tag. Gott sei Dank klappte die Verbindung, und er meldete sich.

»Jutta, von wo aus rufst du an?« fragte er verblüfft. Er dachte, sie sei schon in Österreich.

»Nein, Onkel Martin, nichts klappt hier! Wir sitzen fest. Man hat uns beraubt, die Pässe, alles ist weg. Ich muß jetzt neue Pässe holen für Jutta Wagner aus Bad Wildungen. Verstehst du?«

»Ja, Kindchen, natürlich. Geht das auch alles gut?« fragte er besorgt.

»Ich hoffe«, antwortete Jutta. »Aber du hast mich verstanden, im Fall von Nachfragen und so.«

»Klar, ich weiß schon Bescheid. Alles Gute!« sagte er noch, dann machte es klick in der Leitung, und das Gespräch war beendet.

»Wollen Sie noch mal?« fragte die Dame an der Rezeption freundlich. »Nein, danke!« Jutta bezahlte gleich und ging wieder auf ihr Zimmer.

Ihr Onkel hatte sie wohl verstanden und würde sie sicher nicht im Stich lassen. Viel Glück, Jutta, versuchte sie sich selbst zu ermutigen. Ihr schien diese Idee die einzige Chance in ihrer Situation zu sein.

Morgens teilte sie ihre Pläne den Mädchen mit.

»Wir dürfen nichts unversucht lassen, nun, da wir schon mal hier sind. Onkel Martin weiß Bescheid. Wir heißen also ab heute Gallus-Wagner mit Nachnamen. Hört ihr. Das ist ganz wichtig. Wenn euch jemand fragt, müßt ihr so euren Namen nennen. Wir wohnen seit ein paar Monaten in Bad Wildungen, sind ganz normal ausgesiedelt und wohnen noch bei Onkel Martin. Zur Zeit wollten wir einen bulgarischen Freund in Burgas besuchen. Wenn wir dann erst die Pässe haben, reisen wir ganz offiziell mit dem Zug aus. Das Auto lassen wir irgendwo in Bukarest stehen. Denkt dran! Alles andere ist unwichtig. Aber eure Äffchen, die dürft ihr niemals liegenlassen.«

»Ja«, maulte Beate. Wie oft hatte sie sich diese Litanei schon anhören müssen.

»Warum war der Milan denn nicht da?« fragte Claudia unsicher.

»Vielleicht ist das Boot kaputtgegangen«, konterte Beate prompt.

»Seid still«, ermahnte Jutta die beiden. Sie wollte nicht, daß sie darüber sprachen.

Wenn das nur alles gut ging! Doch Jutta hatte inzwischen genauso viel Angst, wieder nach Hause zu fahren. Vielleicht war ihr

Schlepperring aufgeflogen und sie wurde schon erwartet. Vielleicht war dieser Diebstahl ein Zeichen des Himmels zu handeln, bevor alles zu spät war.

Es gab tausend Unwägbarkeiten. Jutta tat es schon leid, sich dieser Organisation anvertraut zu haben. Es gab zu viele Kriminelle unter den Schleppern. Doch das änderte nichts an ihrer momentanen Lage. Sie war fest dazu entschlossen, auf eigene Faust zu handeln. Sie war überzeugt von der Durchführbarkeit ihrer Idee.

Wenn sie nur erst die bundesdeutschen Pässe hätten!

Die Dame an der Paßausgabestelle in der bundesdeutschen Botschaft in Bukarest war sehr freundlich. Sie hörte sich Juttas Geschichte an, warf einen Blick auf die polizeiliche Bestätigung und nahm Juttas Daten auf.

»Wir werden Ihre Angaben überprüfen, Sie bringen übermorgen noch Paßbilder mit und dann werden wir Ihnen die Ersatzdokumente ausstellen.«

Die Dame, eine Frau Kirchner, war noch so nett, Jutta eine Pension zu nennen, in der sie für die Zeit unterkommen konnte. Sie telefonierte kurz und buchte gleich ein Dreibettzimmer.

»Vielen Dank, das ist wirklich sehr lieb von Ihnen!« bedankte sich Jutta höflich und bezog die neue Unterkunft. Sie hatte nicht die Nerven, sich Bukarest anzusehen. Ihre Gedanken kreisten nur um die Pässe. Die Pension lag in einer Seitenstraße neben dem »Platz des Sieges«. Es war eine kleine, eher schmuddelige, aber preiswerte und zentral gelegene Unterkunft. Überall roch es nach Zwiebeln. Selbst die Betten in den Zimmern hatten diesen eigenartigen Geruch. Vielleicht war es auch das Desinfektionsmittel, das so merkwürdig stank.

Am nächsten Tag waren sie zu dritt damit beschäftigt, einen funktionierenden Paßbildautomaten zu finden. Endlich, am Flughafen! Der Tip war wenigstens gut gewesen.

Auch Claudia und Beate ließen sich fotografieren. Es waren keine Starfotos, aber Hauptsache, sie konnten der Dame am Schalter etwas vorzeigen.

Es war tatsächlich alles perfekt gelaufen.

»Wir haben uns erkundigt und Ihnen neue Pässe ausgestellt«, wurde Jutta freundlich begrüßt. »Sie können damit jetzt die

Grenze passieren, müssen sich aber vorher noch bei der Miliz ein Ausreisevisum besorgen. Das können wir hier nicht für Sie erledigen. Da müssen Sie selbst hingehen. Es ist aber nicht weit. Etwa vier Straßen in Richtung Hauptbahnhof. Ein Eckgebäude, nicht zu verfehlen. Wenn Sie dann die Visa haben, können Sie direkt ausreisen.«

Jutta hatte einen knallroten Kopf bekommen. Irgendwie hatte sie das Gefühl, daß hier alle über sie Bescheid wußten. Die Ausreisevisa! Das hatte sie nicht bedacht. Sie nahm die frischen grünen Pässe, auch je einen für ihre Töchter, und ging erst einmal auf die Straße.

Niemand folgte ihr, niemand hielt sie auf. Sie war tatsächlich Bundesbürgerin! Da stand es schwarz auf weiß. Jutta Gallus-Wagner, wohnhaft in Bad Wildungen, Steinstr. 12. Sie konnte es noch gar nicht fassen, daß alles so einfach gegangen war. Jetzt noch die letzte Hürde und morgen oder übermorgen würden sie bereits im Zug sitzen. Budapest – Wien – München!

Alle drei suchten sich ein einigermaßen hübsches Lokal und feierten mit den Äffchen ihre Freiheit.

Am Nachmittag gingen sie zur Miliz, um die Ausreisevisa abzuholen. Es war der 25. August 1982. Seit drei Stunden waren sie tatsächlich Bundesbürger. So lange wartete man darauf, gab sein Erspartes her und dann waren es nur ein paar bedruckte Seiten, ausgestellt von einer offiziellen Behörde. Kein gefälschter Paß, sondern ein echter, mitten in Rumänien ausgestellt. Wenn das keine Fügung des Schicksals war!

Doch bei der Miliz war man mißtrauisch. So neue Pässe und die Geschichte mit dem Diebstahl! So etwas müsse man erst überprüfen.

Ein Mann in Uniform betrachtete sich immer wieder prüfend die Pässe, telefonierte dann mit irgend jemandem und gab Jutta folgende Auskunft: »Sie müssen die Dokumente hierlassen und können sie sich mit den Ausreisevisa heute abend nach achtzehn Uhr im Auswärtigen Amt abholen. Das ist nicht weit von hier«, er erklärte ihr die Straße. »Seien Sie bitte pünktlich!«

Jutta hatte zum ersten Mal seit dem Diebstahl ihrer Papiere ein ungutes Gefühl. Weshalb stellte man ihr nicht an Ort und Stelle die

Ausreisevisa aus? Weshalb sollte sie die Pässe dalassen? Sie hatte in ihrer Freude völlig übersehen, daß sie sich ja noch immer in einem sozialistischen Land, das zudem sehr eng mit der DDR befreundet war, aufhielt. Konnte es sein, daß die Miliz bei den DDR-Behörden nachfragen wollte?

Juttas Einwand, sie habe es eilig und wolle nicht noch mal mit den Kindern den weiten Weg zurücklegen, wurde ignoriert.

»Wollen Sie die Visa oder nicht?«

Es hatte keinen Sinn. »Um achtzehn Uhr beim Auswärtigen Amt«, wiederholte sie leise.

Zum ersten Mal während dieser langen Fahrt hatte Jutta richtige Angst. Ihr Puls raste und sie schwitzte, obwohl es kühl und bewölkt war. Was würden sie mit ihr tun, wenn sie die Wahrheit erfuhren? War das versuchte Republikflucht? Mit aller Macht bemühte sie sich, ihre Kinder mit ihrer Angst nicht anzustecken. Sie zwang sich einen fröhlichen Gesichtsausdruck auf. Doch ihre Knie zitterten, und ihr Atem wurde schneller, als sie gegen achtzehn Uhr das Gebäude des Auswärtigen Amtes betrat. Es schien schon leer zu sein. So spät abends waren normalerweise keine Bürozeiten mehr.

»Sind Sie Frau Gallus-Wagner?« hörte sie plötzlich eine Deutsch sprechende Stimme hinter sich.

Sie drehte sich um. Drei Männer in Zivil hatten sich vor ihr aufgebaut.

»Wir möchten Sie bitten, zur Klärung eines Sachverhaltes mitzukommen!«

Jutta blickte mit großen Augen in die Gesichter der drei Männer. Sie versuchte aus ihnen abzulesen, was sie jetzt zu erwarten hatte. Doch es gelang ihr nicht. Sie sahen nicht irgendwie bedrohlich aus. Aber auch nicht harmlos. Eher ernst, reserviert.

»Warum?« fragte sie leise. Sie hatte das Gefühl, gleich umfallen zu müssen. Aber sie hielt tapfer ihre beiden Mädchen an den Händen. Und diese wiederum hielten ihre Äffchen fest.

»Es geht um Ihre Papiere. Da ist jemandem noch etwas unklar.«

»Und was?«

»Das wissen wir nicht. Wir haben nur den Auftrag, Sie zu begleiten.«

»Wissen Sie denn wenigstens wohin?«

»Ja. An den Flughafen. Wir haben dort eine Außenstelle, wenn hier Schluß ist.«

Eine Falle! Das war bestimmt eine Falle! Aber welche Chance hatte sie, hier noch herauszukommen? Sie versuchte, Zeit zu gewinnen.

»Hat das nicht noch bis morgen Zeit?« Sie versuchte die Eingangshalle zu verlassen. Doch der Druck an ihrem Oberarm war eindeutig.

»Nein«, hielt er sie auf. »Sie sollen jetzt kommen.« Er hielt sie immer noch fest, und sein Blick verriet, daß er keinen Widerspruch mehr duldete.

»Laß meine Mami los!« rief plötzlich Claudia. Die Kinder hatten sich bislang auffallend still verhalten.

»Seid still!«, ermahnte sie Jutta. Es zuckte um ihre Mundwinkel und sie fühlte einen dicken Kloß in ihrem Hals, als sie in den dunkelblauen Wolga stiegen.

Das war also das Ende ihrer Reise. Endstation Bukarest! Nein! Warum fürchtete sie sich? Sie war ganz offiziell Bundesbürgerin. Das würde ihr doch die Botschaft bestätigen. Sie mußte nur fest darauf beharren, mehr Selbstbewußtsein zeigen, durfte sich nicht einschüchtern lassen!

Vernehmung in Bukarest

Sie fuhren zum Bukarester Flughafen. Dort wurden sie in die Abfertigungshalle geführt. Vorbei an der Paßkontrolle, bis zu jenen Warteschneisen, in denen die Flugpassagiere saßen. Sie mußten an einem Intershop-Laden vorbei und wurden in einen Raum neben dem kleinen Flughafen-Bistro geschoben. Es war nur ein Durchgangsraum, der in weitere drei Zimmer führte, deren Türen vergittert waren. Sie wurden in das linke Zimmer gelenkt. Hier saßen bereits zwei Männer in Zivil und zwei Uniformierte mit Schußwaffen, die sie zu erwarten schienen.

Einer der in Zivil gekleideten Männer sagte etwas auf rumänisch, worauf die Männer, die sie im Auswärtigen Amt erwartet hatten, verschwanden. Mit einer Handbewegung wurde Jutta von einem der verbliebenen Herren ein Stuhl angeboten. Den beiden Männern wurde eine seitlich an der Wand stehende Liege zugewiesen.

»Sie wollen also behaupten, Bundesbürgerin zu sein, mit dem Namen Gallus-Wagner, wohnhaft in Bad Wildungen?« fragte der ältere, rundliche, sehr deutsch wirkende Typ.

»Wer sind Sie?« wollte Jutta wissen. »Und weshalb haben Sie mich hierher schleppen lassen? Ich verstehe überhaupt nicht, was ich mit meinen Kindern hier soll?«

Der Rundliche schlug ihre Pässe mit einem kräftigen Knall auf den Tisch.

»Ganz neu, was?«

»Mir sind meine Papiere gestohlen worden! Sie können sich in Severin erkundigen!«

»Das wissen wir. Aber denken Sie denn, die Leute hier vom Auswärtigen Amt sind blöd? Den Trick haben schon einige probiert. Sie sind da nicht die erste. Wir wollen weiter nichts, als daß Sie zugeben, Frau Jutta Gallus aus Dresden zu sein. Sie haben versucht, die DDR illegal zu verlassen. Republikflucht! Na! Sie kommen hier nicht mehr raus! Je schneller Sie alles zugeben, um so schneller kommen Sie nach Hause.«

Jutta war kalt. Sie fror am ganzen Leib. Obwohl sie wußte, daß die Karten sehr schlecht für sie standen, beharrte sie auf ihrer Forderung, jemanden aus der bundesdeutschen Botschaft zu sprechen.

»Das ist internationales Recht«, beklagte sie das rüde Verhalten der rumänischen Sicherheitskräfte. »Wir haben, wie Sie selbst sehen können, gültige bundesdeutsche Pässe und von daher ein Recht darauf, mit unserer Botschaft zu sprechen.«

»Verdammt noch mal!« schrie der Deutsche. »Wollen Sie denn nicht begreifen, in welcher Situation Sie sind?«

Er ordnete an, daß Claudia und Beate getrennt von ihrer Mutter vernommen wurden. Sie weinten und sträubten sich, weil sie Angst hatten, ihrer Mutter könne etwas geschehen.

»Ich verstehe Leute wie Sie nicht. Haben kleine Kinder und lassen sich dann auf solche Sachen ein und sin...« Er hatte seinen Satz noch nicht zu Ende gesprochen, da klopfte es an der Tür. Er lehnte sich breit in seinen Stuhl zurück und brüllte: »Herein!«

Ein schmaler, eleganter Mann mit graumeliertem Haar und Ulbricht-Bart betrat den Raum. Der Rundliche stand sofort auf und begrüßte den Eindringling mit schleimigem Gruß: »Guten Tag, Herr Konsul, das ist die Frau. Ihre beiden Töchter werden gerade im Nachbarzimmer befragt.«

»So so, Sie sind also die Ausreißerin«, der Konsul beäugte Jutta durchdringend. Er setzte sich schräg neben sie.

»Haben Sie schon gestanden?« fragte er sehr direkt.

»Ich möchte seit einer Stunde einen Vertreter der bundesdeutschen Botschaft sprechen, aber Sie scheinen Angst davor zu haben, von Ihren westdeutschen Kollegen eine Bestätigung meiner Identität zu bekommen.«

»Lächerlich!« konterte der Konsul. »Liebe Frau, wir wissen genau, daß Sie schon in Severin abhauen wollten. Mit Jugoslawen. Sagt Ihnen der Name Milan nichts?«

Jutta fuhr der Schreck durch alle Glieder. Waren sie denn die ganze Zeit beobachtet worden? War dieser Überfall vielleicht nur eine Tarnung, um sie zu überführen? Sie schwieg.

»Na schön, wenigstens leugnen Sie nicht mehr.«

»Haben denn Ausweispapiere, ausgestellt von einer ausländischen Behörde, keinen Wert für Sie?«

»Nicht, wenn sie gefälscht sind. Und die hier sind gefälscht. Sie sind Bürgerin der DDR. Hören Sie doch endlich auf, das abzustreiten! Es hat keinen Zweck. Sie sind in einer Sackgasse!«

Er hatte recht. Was hatte es für einen Sinn zu leugnen? Da kam auch schon ein Uniformierter aus dem anderen Zimmer und sagte etwas auf Rumänisch.

»Na also«, der Konsul zündete sich einen Zigarillo an. »Ihre Kleinen haben alles gesagt. Sie wohnen in Dresden-Omsewitz und waren angeblich auf der Durchreise nach Bulgarien. Das stimmt jedoch auch nicht so ganz. Wir wissen, daß Sie mit Hilfe einer jugoslawischen Schlepperorganisation flüchten wollten. Uns interessieren jetzt die Namen. Ich hoffe, Sie verhalten sich in Zukunft ein bißchen kooperativer. Das könnte Ihre Haftzeit ein wenig schrumpfen lassen.«

Haft! Er hatte ein Wort ausgesprochen, das Jutta bislang eisern verdrängt hatte. Mußte sie denn jetzt ins Gefängnis? Und ihre Mädchen in ein Heim? Es war nicht auszudenken.

»Mein Vater lebt drüben, und ich wollte seit drei Jahren ausreisen. Man hat meine Anträge entweder nicht beantwortet oder abgelehnt. Da habe ich mich dazu entschlossen, auf eigene Faust zu handeln. Jetzt warten meine Angehörigen auf mich.«

»Na also«, der Konsul pustete seinen Zigarillo-Qualm in den fensterlosen Raum. »Die alte Leier. Kennen Sie denn etwa die Gesetze der DDR nicht? Republikflucht ist eine Straftat.«

Er quetschte sie noch eine Weile wegen der Fluchtpläne aus, ehe er ihr Anweisungen für die kommenden Tage gab.

»Sie bleiben hier auf dem Flughafen so lange, bis Sie eine Interflug-Maschine abholt. Sie übernachten hier, können sich aber im zollfreien Raum etwas zu essen und zu trinken kaufen. Aber eins sollten Sie nie vergessen. Sie werden bewacht. Drei Wachmänner der Securitate werden Sie ständig begleiten. Sollten Sie versuchen zu fliehen oder Randale zu machen, haben sie Anweisung, von der Schußwaffe Gebrauch zu machen. Es wäre doch wirklich schade um Sie«, er betrachtete sie auffällig. »Solche Frauen wie Sie benutze ich lieber im Bett denn als Zielscheibe. Schade, daß wir uns nicht unter anderen Umständen begegnet sind«, sein zynisches Lachen jagte Jutta ein Schaudern über den Rücken. »Und nicht vergessen! Für die Jungs da draußen ist ein Befehl wie der andere. Und den Rumänen sitzt der Finger lose am Abzug. Das ist bekannt. Also keine Mätzchen, klar! Wir müssen einen Flug einschieben. Das kann ein paar Tage dauern.«

Jutta schwieg. Sie hatte nicht den Nerv, sich mit dieser miesen Politratte anzulegen. Ein Satz von dem war giftiger als eine ganze Kolonie voll Schlangen. Der hätte genausogut den Hintermann für Mafia-Halunken abgeben können. Menschenrechte waren dem so wichtig wie ein Loch im Kopf. Was hätte es für einen Sinn gehabt, weiter mit ihm zu streiten?

»Tja, Frau Gallus, ich werde eine entsprechende Meldung an unsere Staatssicherheit weitergeben. Man wird Sie und die Kinder irgendwann abholen.«

Jutta blickte zu Boden, als er ging, versuchte ihren Zorn und ihre Enttäuschung unter Kontrolle zu halten. Jetzt waren sie also rund um die Uhr bewacht. Von Leuten, mit denen sie noch nicht einmal sprechen konnten. In einem Zimmer standen drei Liegen für sie. Es stank erbärmlich nach irgendwelchen Chemikalien. Und trotzdem tummelten sich dicke schwarze Käfer in den Ecken. Claudia ekelte sich. Doch der Uniformierte zuckte nur mit den Schultern. Grinsend trat er die Käfer tot. Es krachte unter seinen Sohlen. Niemand kehrte die leblosen Tiere weg. Es war alles so trist, so unwirklich!

»Mami, darf ich was fragen?« Beate wippte unruhig auf der Kante der Liebe hin und her.

»Sicher, mein Schatz.« Jutta nahm ihre Kleine in den Arm.

»Warum müssen wir hier bleiben?«

»Ja«, unterstützte Claudia ihre Schwester. »Sind wir jetzt verhaftet?«

»Ich glaube schon.« Jutta sah in die großen glänzenden Augen ihrer Kinder. Sie mußte lächeln. Noch immer hielten beide ihre Äffchen ganz fest. »Ich weiß auch nicht genau, was jetzt mit uns geschieht.«

»Müssen wir denn wieder zurück?« fragte Claudia.

»Ja, ich vermute, das heißt, ich bin ziemlich sicher.«

»Und der Opa? Wartet der nicht auf uns?« Beate hatte sich so auf ihn gefreut.

Claudia zerrte an ihr. Sie hatte auf einmal unbändigen Durst. In Begleitung von drei bewaffneten Sicherheitsleuten gingen sie in die kleine Bar und tranken etwas. Wehmütig blickte Jutta auf die vielen Passagiere hinter der Glasscheibe. Gruppe um Gruppe wurde aufgerufen. Hinter dem Glas begann die Freiheit. Dort starteten die Flugzeuge in alle Himmelsrichtungen, in die ganze Welt. Es war so gemein! Sie saß hier, durfte keinen Schritt weg, war eingesperrt und da draußen tummelte sich das Leben. Auch eine Lufthansa-Maschine stand auf dem Rollfeld. Ein paar Schritte nur entfernt. Aber sie wagte es nicht. Ohne Kinder, vielleicht... Aber sie konnte doch ihre Töchter nicht in Gefahr bringen. Eine Welle des Unglücks brach über sie herein, aber tapfer schluckte sie die aufsteigenden Tränen hinunter. Sie wurden zurück in ihr Zimmer begleitet.

Claudia und Beate waren so müde, daß sie rasch einschliefen. Seite an Seite mit ihren Äffchen. Sie nahmen ihre Aufgabe sehr ernst.

Eine Waschgelegenheit gab es nur in den öffentlichen Toiletten in der Abfertigungshalle. Jutta hatte auch keine Nachthemden oder Kleider zum Wechseln dabei. Ihr Gepäck war noch in der Pension. Sie hatte nur ihre Handtasche und die Kinder ihre Plüschtiere. Doch auch sie war so müde, daß sie trotz der unbequemen Liege bald einschlief.

Sie wachte schon sehr früh morgens auf. Eine Idee hatte sie wachgerüttelt. Auf einen Zettel schrieb sie in knappen Worten ihre Notlage auf. Vielleicht konnte sie die Botschaft einem bundesdeutschen Passagier mitgeben. Sie müßte sich nur etwas geschickt in dem Intershop-Laden verhalten. Dort war alles viel zu unübersichtlich, als daß die Bewacher ihr wirklich gefahrlos so nahe kommen konnten, ohne selbst aufzufallen.

Gleich nach dem Frühstück bog sie in den Laden ab und tat so, als suche sie etwas in den Regalen. Sie hatte eine Lufthansa-Stewardeß entdeckt, die sich in der Kosmetikabteilung etwas holte und dann zur Kasse ging. Jutta lief ihr hinterher und stieß sie an.

»Ich werde hier gewaltsam festgehalten! Kann nicht lange mit Ihnen sprechen! Kommen Sie bitte zu den Damentoiletten!« flüsterte sie schnell und leise. Einer der Bewacher beobachtete sie und hob schon seinen Kopf.

Die Stewardeß drehte sich um und wollte etwas sagen. Doch Jutta schüttelte heftig den Kopf und drehte sich zur anderen Seite. Es hatte nur Sekunden gedauert. Aber Jutta hatte Angst, daß die Stewardeß sie für eine Verrückte halten und nicht kommen würde. Doch fünf Minuten später erschien sie auf der Toilette.

Jutta drückte ihre Hand.

»Danke, daß Sie gekommen sind!«

»Was ist los mit Ihnen? Sie wirken ja ganz verstört? Werden Sie von jemandem bedroht?«

Jutta schüttelte den Kopf. Sie konnte ihre Tränen kaum zurückhalten.

»Ich komme aus der DDR. Wollte in Rumänien mit meinen beiden Töchtern nach Jugoslawien und dann raus. Sie haben uns geschnappt und jetzt sitzen wir hier fest und sollen mit einer Sondermaschine der Interflug zurück. Direkt ins Gefängnis.«

»Gott, das ist ja schrecklich! So was gibt es hier auf dem Flugplatz? Könnten wir Sie nicht mitnehmen? Vielleicht – wenn ich mit dem Piloten spreche...«

»Das ist sinnlos! Ich werde bewacht. Nur in der Toilette lassen sie uns in Ruhe. Sie haben Schießbefehl, falls wir zu fliehen versuchen. Sie können mir nur helfen, wenn Sie unsere Namen und was mit uns geschehen ist, ans Amt für Innerdeutsche Beziehungen weitergeben. Die setzen sich für Flüchtlinge aus dem Osten ein. Würden Sie das tun? Ich habe hier alles aufgeschrieben.«

Die Stewardeß nahm den Brief.

»Und ich kann Ihnen wirklich hier auf dem Flughafen nicht helfen?«

»Nein, das ist ausgeschlossen.«

»Ich werde den Brief bestimmt abgeben. Mein Gott, und so etwas in Deutschland! Ich kann das gar nicht fassen. Sind denn drüben die Zustände noch so schlimm?«

»Wir sind alle eingesperrt! Es ist grausam. Sagen Sie das ruhig weiter! Ich muß jetzt fort. Sonst werden die mißtrauisch.«

Später erfuhr Jutta, daß sich die Stewardeß tatsächlich für sie eingesetzt hatte.

Fünf Tage wurden sie auf dem Flughafen festgehalten und mußten zusehen, wie sich unzählige Fluggäste in fröhlicher Urlaubsstimmung oder mit geschäftigen, undurchdringlichen Businessgesichtern auf dem Rollfeld bewegten. Alle frei und sich dessen gar nicht bewußt, was es heißt, frei zu sein. Nur ein paar Schritte weg von ihnen spielte sich ein Drama ab, inszeniert von den Vertretern eines krankhaften Staatsapparats, die glaubten, sich mit solchen Methoden das Volk gefügig machen zu können.

Hätte Jutta ihrer unbeschreiblichen Wut Ausdruck verleihen dürfen, am liebsten hätte sie sämtliche Stuhlreihen durch die großen Scheiben der Wartehalle geworfen. Statt dessen saßen die drei müde und verschwitzt auf ihren Liegen, drehten ab und zu ihre Runden und warteten und warteten und warteten.

Fünf Tage dieselben Kleider, fünf Tage keine Dusche, kein Bad, fünf Tage nur Katzenwäsche, dabei hätten sie jetzt eigentlich schon längst bei Onkel Martin sein sollen. Und niemand sagte ihnen, wie alles weitergehen würde.

Am 1. September war es dann soweit. Wie die Spione eines drittklassigen Agententhrillers wurden sie von einer Ostberliner Interflug-Maschine abgeholt. Hundertfünfzig Passagiere hätten darin Platz gefunden, sie stand jedoch nur ihnen und dem begleitenden Stasi-Personal zur Verfügung. Wäre nicht alles so bitterernst gewesen, man hätte darüber lachen mögen. Welcher Aufwand betrieben wurde, um eine Dresdener Mutter mit ihren zwei Töchtern wieder »heim ins Reich« zu holen! Was würden die vielen Menschen sagen, die Abend für Abend um ein paar Lebensmittel Schlange stehen mußten, wenn sie von solch einem unsinnigen Luxus erfuhren? Es war grotesk!

Claudia und Beate mußten im hinteren Teil der Maschine Platz nehmen, sie saß vorne mit drei Männern, die sie befragten. Eine junge Frau betreute die Kinder. Sie war eine Angestellte des Heims, in das die Kinder gleich nach Ankunft der Maschine gebracht werden sollten. Brav hielten sie immer noch ihre Äffchen im Arm. Unter Aufsicht der Stasi sicherlich der originellste Devisenschmuggel aller Zeiten! Sie sollten ihre Plüschtiere dem ersten

Verwandten, der sie besuchen kam, mitgeben. Dann war wenigstens ein Teil des Geldes gerettet.

Ein Mann mit fleischig rotem Gesicht, mit hellblonden kurzen Haaren und fast durchsichtigen Augenwimpern setzte sich ganz dicht vor Jutta hin und stellte knappe Fragen. Er war ruhig, aber seine aufdringliche Nähe lästig.

»Sie haben doch bereits in der DDR mit einer Fluchthilfeorganisation Kontakt aufgenommen. Sie müssen sich doch erinnern, wo Sie sich getroffen haben, welche Namen fielen, was gesprochen wurde!«

»Ich kenne niemanden, das habe ich bereits Ihrem Vertreter in Bukarest gesagt.«

»Es hat keinen Zweck zu leugnen. Glauben Sie, in U-Haft gehen die so zart mit Ihnen um wie wir hier? Und wenn ich in mein Protokoll reinschreiben muß, daß Sie lügen, macht das keinen sehr guten Eindruck auf meine Kollegen.«

»Ist es Ihnen lieber, wenn ich ein paar jugoslawische Vornamen nenne. Mirco, Dzevat, Ljubomir, Goran...«

Er grinste breit. »Ihnen werden solche Späßchen noch vergehen! Was meinen Sie, was uns dieser Transport kostet!«

Jutta zuckte mit den Schultern. »Ich habe Sie weiß Gott nicht darum gebeten. Wenn es nach mir gegangen wäre, hätte alles viel billiger vonstatten gehen können.«

»Die Frau ist ein richtiger kleiner Spaßvogel, da werden die in der U-Haft ihre Freude haben! In Hoheneck werden die Sie schon zum Reden bringen. Dann werden Sie andere Töne spucken. Ich habe schon ganz andere auf allen Vieren kriechen sehen. Drei Jahre kriegen Sie mindestens! Und ihre Kinder können Sie sich für die Zeit wegdenken.«

Jutta wollte aufstehen, nach hinten laufen. Doch sie wurde von dem Rotgesichtigen in den Sitz zurückgedrängt.

»Nein, nein, schönes Kind, mit der Freiheit ist es jetzt vorbei. Ab jetzt bestimmen wir, wohin Sie laufen!«

»Und was geschieht mit meinen Kindern?«

»Die kommen vorerst in ein Heim.«

»Lassen Sie mich los, verdammt noch mal! Ich werde jetzt zu ihnen gehen«, sie drehte ihren Arm in seinem festen Handgriff.

»Wenn Sie mich nicht loslassen, schreie ich, und dann kommen meine Kinder eben zu mir!«

»Überlegen Sie doch mal«, versuchte der Mann sie zu beschwichtigen. »Das macht alles nur noch schlimmer. Sie regen Ihre Kinder auf und ändern nichts an Ihrer Lage.«

Er hatte recht, auch wenn Jutta nicht begreifen wollte, daß sie nicht mehr mit Claudia und Beate sprechen durfte.

Überraschend war es für die beiden nicht. Sie hatten oft genug die Tage zuvor alles durchgesprochen. Jutta hatte ihnen versichert, daß sie sicherlich nur vorübergehend in ein Heim kommen würden. Onkel Martin und auch ihr Großvater würden sich für sie einsetzen und es sei nur eine Frage der Zeit, wann der Westen sie freikaufen würde. Sie müßten nur alle zusammenhalten, egal was auch passiert. Sie hatte ihren Kindern auch nicht verheimlicht, daß sie sich für einige Zeit nicht mehr sehen würden und daß sie wahrscheinlich ins Gefängnis mußte.

Sie hatten sich alle drei auf das Schlimmste vorbereitet. Das war das einzig Gute an der langen Wartezeit. Jutta blieb still sitzen und folgte den Anweisungen des Stasi-Menschen.

»Für die Kinder wird es schwer«, plauderte er ungefragt weiter. »Was haben Sie sich bloß dabei gedacht? Woher wollen Sie wissen, daß Ihre Kinder nicht viel lieber hier leben wollen. Was Sie getan haben, ist Nötigung an Ihren Kindern!«

Jutta schüttelte den Kopf: »Es ist wirklich unfaßbar, was Sie da sagen. Wenn Sie mich wegen Nötigung anklagen wollen, ist das genauso, als ob ein Mörder seinem Opfer vorwerfen würde, daß ja schließlich ein Messer auf dem Küchentisch herumgelegen hatte. Sie und Ihre Truppe haben Grund, von Nötigung zu sprechen. Das ist doch Ihr Job, tagaus, tagein!«

Das Flugzeug setzte zur Landung an. Jutta schluckte. Jetzt wurde es ernst. Sie stieg vorne aus, die Kinder hinten. Sie durften sich nicht verabschieden. Tränen rollten ihr über die Wangen, als ihr die beiden mit piepsigen Stimmen zuriefen: »Halt durch, Mami! Wir kommen dich bald besuchen. Wir schaffen es schon!«

Als sie sah, wie die Kinder schnell in einen Wagen geschoben wurden und fortfuhren, konnte sie sich nicht mehr zusammenreißen. Die Anspannung der letzten Tage, die Ungewißheit über das, was kommen würde, raubten ihr die letzten Kräfte. Noch auf dem Flughafen brach sie zusammen und war wohl für einige Minuten oder auch länger bewußtlos. Als sie wieder zu sich kam, stand ein Arzt mit einer Spritze neben ihr. Noch benommen hörte sie ihn sagen: »Nur eine kleine Kreislaufschwäche. Nichts Ernstes. Sie können sie ruhig im Auto mitnehmen.«

Noch schwindelig im Kopf, wurde sie von zwei Männern behutsam hochgezogen und an ein Auto geführt.

»Wo sind meine Kinder?« hörte sie sich fragen. »Wo habt ihr sie hingefahren?«

Die Untersuchungshaft

Die erste Nacht verbrachte Jutta in der Berliner Stasi-U-Haft Hohenschönhausen. Dann ging es gleich im »Mielke-Expreß«, einem engen, dunklen Gefangenentransporter, weiter nach Dresden in die Bautzener Landstraße. Hierher kamen die Politischen in Untersuchungshaft.

Die erste Woche verbrachte sie im Krankenzimmer. Sie wurde für die Verhöre hochgepäppelt. Sogar Kaffee, Schokoladenpudding und Kuchen standen auf dem Speiseplan. Doch dann begann die rauhe Wirklichkeit. Nackt ausziehen, Leibesvisitation, steife Trainingsanzüge anziehen, Fingerabdrücke, auf einen Stuhl steigen und sich fotografieren lassen. Wie ein Schwerverbrecher!

Jutta kam in eine Dreierzelle. Ihre erste Zellenkumpanin hieß Ilse und hatte Schwarzmarktgeschäfte gegen Devisen auf dem Kerbholz. Die zweite, Birgit, hatte eine Schwester im Westen, die als Journalistin für eine Tageszeitung schrieb. Weil diese sich mehrfach kritisch über die Agrarwirtschaft der DDR geäußert hatte, wurde die im Osten lebende Schwester verdächtigt, Informationen geliefert zu haben. Sie war ganz verzweifelt, weil sie nie auch nur eine einzige Information geliefert hatte.

»Das ist verrückt«, wiederholte sie mehrmals am Tag, »meine Schwester schreibt etwas und ich muß dafür büßen. Das kann es doch nicht geben!«

Die meisten, die hier reinkamen, dachten, daß es ihre Fälle eigentlich nicht geben dürfte und doch waren alle Zellen voll.

Jutta wurde fast täglich verhört. Nie so lange wie andere, maximal zwei Stunden. Aber immer dasselbe. Und sie wußte nie, wann sie dran war. Das konnte nachts sein, das konnte vormittags sein; im Prinzip zu jeder Tages- und Nachtzeit. Sie hatte immer denselben Vernehmer. Einen jungen schmalen Schwarzhaarigen mit blasser Haut und großen grünen Augen. Er trug immer eine Strickjacke; mal dunkelblau, mal dunkelgrün, mal dunkelgrau.

Alle anderen von der Stasi erschienen meist mit Krawatte und Jakkett. Nur er leistete es sich, von der Norm abzuweichen. Deshalb war er nicht besser als die anderen. Im Gegenteil. Man wußte auch nach dem zwanzigsten Verhör noch nicht genau, was er eigentlich für ein Typ war. Mal war er höflich, fast sanft, dann wieder wurde er launisch wie eine Diva, polterte los, um sich im nächsten Moment zu entschuldigen. Er war vollkommen unberechenbar, und das machte ihn so gefährlich.

Er wurde nicht müde, Jutta immer und immer wieder dieselben Fragen zu stellen. Sie sollte den Namen der Schlepperorganisation nennen, deren mögliche Hintermänner, wie der Kontakt zustande gekommen war und und und... alles bis ins Detail und alles tausend Mal, immer nur um den einen Punkt kreisend.

»Wie Sie wissen, haben wir Milan in die Mangel genommen, dabei fiel auch Ihr Name. Das ist also wohl der Beweis, daß Sie mit diesen Schleppern in Kontakt standen. Ich habe ungewöhnlich viel Geduld mit Ihnen«, sah er sie scharf an, »wirklich ungewöhnlich«, wiederholte er sich geistesabwesend. »Sie werden es vielleicht nicht verstehen, weshalb wir so viele Fragen stellen. Das ist nicht nur, um etwas zu erfahren, was wir ohnehin wissen. Wir wollen es von Ihnen wissen, wollen sehen, inwieweit Sie einsichtig sind, inwieweit Sie Ihre Straftat bereuen.«

»Straftat!« murmelte Jutta abfällig vor sich hin.

»Was sagten Sie?«

»Ich habe nur Ihre eigenen Worte wiederholt. Wie soll ich etwas als Straftat bereuen, wenn ich mir noch nicht einmal dessen bewußt bin, eine Straftat begangen zu haben? Das erscheint mir alles so... ich weiß nicht, wie ich mich ausdrücken soll... so an den Haaren herbeigezogen. Das ist alles so ungerecht, wie wir behandelt werden. Das ist nicht normal, das ist doch schizophren!«

»Mich interessieren Ihre Phrasen nicht! Alles leeres Geschwätz! Sie wissen genau, worum es uns geht. Kommen wir zum Kern zurück. Weshalb Sie hier sind. Sie weigern sich also weiterhin, Namen, Verbindungsleute, Pläne etc. zu nennen? Das ist bedauerlich, vor allem für Sie, weil es sich auf die Höhe Ihres Strafmaßes auswirken wird. Ebenso wird sich auswirken, daß Sie nicht bereit sind, Ihren Ausreiseantrag zurückzuziehen.«

»Warum sollte ich ihn ausgerechnet jetzt zurückziehen?«

»Sie haben Kinder! Sind die Ihnen egal?«

Der schäbige Versuch einer psychischen Pression.

»Erwarten Sie, daß ich darauf antworte? Ich sitze hier, mein Lieber, weil ich um mein Recht kämpfe – wegen meiner Kinder! Ich will, daß es meinen Töchtern mal besser geht als hier dem Durchschnittsmenschen. Es eignet sich nicht jeder für hochdotierte Spitzelberufe.«

»Jetzt reicht's mir aber!« er sprang auf, packte Jutta am Hals und hielt ihren Kopf so, daß er rot anlief und sie ihm ins Gesicht sehen mußte.

»Erstens bin ich für Sie Herr Oberleutnant und nicht Ihr ›Lieber‹, und zweitens haben Sie wohl vergessen, wo Sie sind! So Zikken wie Sie haben uns hier gefehlt! Sie werden sich jetzt auf der Stelle entschuldigen. Sie sagen: Untersuchungshäftling Gallus entschuldigt sich bei Herrn Oberleutnant für freche Antworten.«

Jutta versuchte mit einem Kopfschütteln zu verneinen. Doch er drückte so fest zu, daß sie ihren Kopf keinen Millimeter bewegen konnte.

»Nein!« brachte sie hervor. Sie hätte sich in ihrem Zorn lieber erwürgen lassen, als diesen Schwachsinn nachzuplappern.

»Na schön!« Mit massiver Wucht warf er sie so auf den Stuhl zurück, daß sie mit diesem seitlich umkippte. Sie hatte sich den Arm verletzt und ihr Hals schmerzte. Sie stand auf, rückte den Stuhl zurecht und setzte sich wieder.

»Das hätten Sie nicht von mir gedacht, stimmt's?« versuchte er ihre Gedanken zu erraten.

»Doch! Ich denke das von jedem, der bei Mielke arbeitet. Was ist daran außergewöhnlich? Kettenhunde gibt es in jedem Staat.«

Er stand auf und lief um sie herum. »Sie denken wohl, Sie sind besonders klug, wenn Sie mich beleidigen! Das ist ein Irrtum, Madame!« betonte er zynisch die Endsilbe von Madame. »Ich werde Sie drei Tage ganz alleine in der Arrestzelle schmoren lassen. Dann reden wir weiter.«

Er rief einen Uniformierten und ließ Jutta abführen.

»Packen Sie ruhig zu. Die ist störrisch!« befahl er dem Aufsichtsbeamten.

Jutta drehte sich halb um: »Wird man dafür gut bezahlt?«

»Raus!« brüllte er.

Als Jutta in der kalten, engen Arrestzelle saß, allein und nur mit sich und ihren Gedanken beschäftigt, dachte sie an die Freistunde und wie gut ihr das jetzt tun würde. Ein bißchen frische Luft. In diesem miefigen Kellerloch würden selbst Mäuse das Weite suchen.

Drei Tage! Und wofür? Weil sie ihren Mund nicht halten konnte. Weil sie sich um nichts in der Welt beugen wollte. Weil sie ihren Stolz hatte. Weil sie auch im Knast ihre Meinung vertreten wollte. Weil sie nach wie vor unbedingt die DDR verlassen wollte, mit Claudia und Beate.

Einen Monat lang durfte sie keinen Besuch empfangen. Das hatte man ihr auch noch aufgebrummt. Vielleicht sollte sie sich eine abenteuerliche Fluchthelfergeschichte zusammenspinnen und ihnen erzählen. Vielleicht würde man sie dann in Ruhe lassen.

Nach den drei Tagen genoß es Jutta, eine Stunde in der frischen Luft zu gehen. Nach zweiundsechzig Stunden muffiger Luft kam ihr dieser Freilauf wie ein Ostseebad an einem heißen Sommertag vor. Es kam eben immer alles nur auf die Perspektive an!

In ihrer Dreierzelle hatte sich nichts geändert. Im Flur knallten die Stiefelabsätze auf den Fliesenböden, ab und zu ging der Spion auf, und die Männer in ihren Uniformen versuchten, etwas zu sehen, was sie von ihrem Alltag ablenken könnte. Man kam sich vor wie in einer Peep-Show. Ob man auf der Toilette saß oder sich nach der Freistunde den nackten Oberkörper wusch, immer ging zur richtigen Zeit fast lautlos der Spion zur Seite, um irgendeinem Voyeur die Sicht freizugeben.

Es war demütigend, weil es für die Inhaftierten keine Möglichkeit gab, sich dem Auge im Spion zu entziehen. Menschenwürde im Sozialismus!

Als sie sich beim nächsten Verhör über diese Zustände beschwerte, lachte der Vernehmer nur: »Ach wissen Sie, in lateinamerikanischen Gefängnissen würde man Sie den geilsten Typen zur Vergewaltigung anbieten. So lange, bis Sie nicht mehr Ihren Namen buchstabieren könnten. Und Sie beschweren sich, wenn einer mal guckt. Außerdem bestreiten das die Aufseher. Es ist schließlich ihre Pflicht, Gefangene zu überwachen. Das ist nun wirklich kein Grund zur Beschwerde.«

Jutta war jetzt schon zehn Wochen in Untersuchungshaft und hatte immer noch keine Ahnung, wo ihre Kinder steckten. Deshalb freute sie sich auf den ersten Besuch ihres Bruders. Er war sicher über alles, was sich draußen ereignete, gut informiert.

»Mensch, Jutta, du im Knast! Ich faß das nicht! Hast auch schon besser ausgesehen!«

Jutta verzog genervt die Mundwinkel.

»Kannst dich wieder nicht zurückhalten, was? Sag mir lieber, wo meine Mädchen sind. Ich werd noch wahnsinnig! Kein Mensch will mir sagen, wo sie sind. Ich kann ihnen nicht schreiben und auch keine Post bekommen. So lange, bis ich verurteilt bin. Man könnte hier manchmal platzen! Weißt du etwa auch nicht, wo sie sind?«

»Doch, klar!«

»Na?«

»Sie sind in einem Kinderheim in Munzig. Ich habe übrigens ihre Äffchen!«

Jutta schmunzelte.

»Sie sind schon zweimal ausgerissen, wollten immer zu mir. Jetzt habe ich Besuchsverbot. Sie sollen zu ihrem Vater zurück, wie mir gesagt wurde.«

»Aber der hat doch gar nicht das Sorgerecht!«

»Das ist jetzt wahrscheinlich ein Ausnahmefall. Du kannst ja dein Sorgerecht nicht wahrnehmen. Wahrscheinlich kann er jetzt für die Zeit... Jutta, bei mir war jemand von der Stasi und der meinte, wenn du den Ausreiseantrag zurücknimmst, kommst du schneller raus und auch schneller zu den Kindern. Es würde nur an dir liegen.«

Jutta schlug sich an den Kopf. »Und du fällst auch noch drauf rein«, flüsterte sie gequält leise. »Ich will raus hier, und ich werde Claudia und Beate mitnehmen. Ich will das, und ich werde das schaffen.«

Claus seufzte, als ob er sich an frühere Zeiten erinnerte: »Du warst schon immer ein Dickkopf!«

»Vielen Dank für die Schleckereien«, sie drückte gegen Ende

der Sprechzeit ihren Bruder. »Und komm das nächste Mal wieder. Ein Besuch ist die einzige Abwechslung in diesem Laden. Komm, ja?«

»Klar. Halt die Ohren steif! Wird schon nicht so schlimm werden. Manche kommen mit zwölf Monaten davon.«

Dann mußten sie sich trennen.

Als sie zum nächsten Verhör antreten mußte, schien ihr Vernehmer, dieses Mal trug er die grüne Strickjacke, außergewöhnlich gut gelaunt zu sein. Statt sie zu löchern, hatte er angeblich eine Überraschung für sie.

»Ihre älteste Tochter hat doch bei einer Fernsehserie mitgewirkt. Ist das richtig?«

Jutta wunderte sich. Was interessierte ihn das? Claudia war durch ihren Ballettunterricht an diese Rolle gekommen. Ein Fernsehteam hatte ein Mädchen gesucht und war auf Claudia gestoßen. Sie hatte fast täglich über ein halbes Jahr an den Dreharbeiten mitgemacht. Es ging um eine lustige Familienserie mit dem Titel »Geschichten übern Gartenzaun«. Die Erlebnisse einer alleinstehenden Mutter mit vier Kindern in einer Schrebergartenidylle waren der Kern der Geschichte. Claudia spielte das älteste Mädchen. Aber was hatte das mit ihrem Vernehmer zu tun?

»Weshalb erzählen Sie mir das?« fragte Jutta.

»Heute abend wird der erste Teil der Serie im Fernsehen ausgestrahlt. Ich habe mir gedacht, es würde Ihnen vielleicht Spaß machen, sich den Beitrag anzusehen.«

Jutta wußte nicht recht, wie sie sich verhalten sollte. »Was muß ich dafür tun?« fragte sie dann provokant.

»Nichts!« antwortete er ebenso provokant. »Ich habe auch eine Tochter in diesem Alter, und ich dachte mir, das wäre schön für Sie. Aber Sie müssen natürlich nicht!«

»Doch, ich werde Ihr Angebot annehmen! Aber falls Sie irgend etwas damit bezwecken wollen, vergessen Sie's lieber, Herr Oberleutnant.«

Er lachte. »Entweder Sie sind naiv oder Sie sind ganz schön keß, aber das finde ich noch raus. Sie erlauben sich eine Menge. Dafür würden andere eingesperrt. Aber bei Ihnen macht es mir mehr Spaß, Sie zappeln zu lassen.«

»Wann ist mein Verfahren?«

Er zuckte mit den Schultern und schnalzte mit der Zunge. »Vielleicht in einem, vielleicht in zwei oder drei oder vier Monaten, das kommt darauf an, wann ich meine, daß die Verhöre beendet sind. Vielleicht kann ich Sie ja doch noch umstimmen, und Sie nehmen den Ausreiseantrag zurück, versprechen, in der DDR zu bleiben. Dann kann ich mich enorm für Sie einsetzen. Wenn ich will«, antwortete er, die drei letzten Worte betonend.

»Und wenn ich nicht will?« entgegnete Jutta.

»Dann werden Sie verurteilt, ganz einfach. Kommen für drei oder auch mehrere Jahre in den ganz normalen Strafvollzug. Nett ist das da nicht. Auch der Umgang ist nicht ganz so höflich wie bei uns, aber es liegt ja an jedem einzelnen. Wenn Sie Pech haben, sind Sie schon Oma, wenn Sie da wieder raus kommen. Es ist ein Gefangenenmärchen, wenn Leute wie Sie glauben, gegen Devisen freigekauft zu werden. Bei uns ist niemand erpreßbar. Und wenn wir es für richtig halten, dann bleiben die Leute da, wo sie sind.«

Er packte Schokoladenpralinen aus und bot ihr auch eine an.

»Nein, danke!«

»Sie sind stolz. Spielen sich damit auf. Denken Sie denn, Sie könnten damit jemanden beeindrucken?« Er verschränkte seine Arme, eine Position der Stärke einnehmend.

»Wie ist das denn jetzt mit dem Fernsehen. Wann fängt das an?«

»Um halb acht.«

Jutta wollte sich nichts anmerken lassen. Aber sie glühte vor Freude, als der Film begann. Ihr Herz hüpfte. Endlich würde sie ihre Töchter wiedersehen. Beate spielte auch eine kleine Rolle. Woher nur kam diese menschliche Geste bei ihrem Vernehmer? Ob er befördert worden war? Im Augenblick war es Jutta egal, weshalb ihr dieses Privileg zuteil wurde. Sie genoß es in vollen Zügen, und ihr kullerten dicke Freudentränen über die Wangen, als ihre Claudia auf dem Bildschirm lächelte, weinte, Schabernack trieb und ihrer Fernsehmutter mit allerhand Charme und Witz zur Seite stand. Ihre Tochter! Ein richtiger kleiner Fernsehstar!

Am liebsten hätte sie den Film, der eine Stunde lief, mit auf die Zelle genommen und immer wieder angesehen. Doch statt dessen mußte sie gleich wieder zu ihrem Vernehmer.

»Und? Hat er Ihnen gefallen?«

»Ja!«

»Ihre Kleine ist niedlich. Wird mal genauso hübsch wie die Mutter«, schmeichelte er.

»Was wollen Sie? Irgendwie fehlt bei Ihnen die Pointe. Der Schlußakkord«, lästerte sie.

»Das kann ich mir vorstellen, daß Sie damit nicht klarkommen! Aber ich habe heute keine Lust, mich mit Ihnen verbal herumzuprügeln. Wirklich nicht. Sie glauben mir immer noch nicht.« Er grinste breit und durchbohrte Jutta mit den Augen.

»Ich wollte Sie nur daran erinnern, was Sie für eine nette Tochter haben. Und was Sie aufs Spiel setzen, wenn Sie sich weiter so störrisch verhalten. Ihren Kindern geht es doch gut. Wer kann schon von sich sagen, ein Kinderstar zu sein? Was sollen Ihre Kinder in der BRD anfangen? Sie werden entwurzelt sein, werden sich nach ihren alten Freunden sehnen, werden dort vielleicht auf die schiefe Bahn geraten. Denken Sie mal an Rauschgift, an Prostitution und was es dort noch so alles gibt. Wir wollen nicht zusehen, wie zwei Mädchen ins Unglück gestürzt werden, nur weil ihre Mutter den Tick hat, in der BRD leben zu wollen. Gehen Sie zurück zu Ihren Kindern, wo eine Mutter hingehört!«

Also doch! Das war die psychologische Nummer! Wir sind doch nicht so! Ist doch alles prima! Sie brauchen doch nur zu unterschreiben, daß Sie nicht ausreisen wollen! Wahrscheinlich waren schon die ersten Anfragen von den westlichen Behörden eingetroffen, und nun kam er ins Schleudern. Würde sie ihren Ausreisewunsch zurücknehmen, würde man drüben ihre Sache ad acta legen. Und was würde sie hier erwarten? Sicher würde sie ewig als schlechtes Beispiel auf der Liste stehen. Außerdem wollte sie sich nicht beugen. Sie hatte so oft, auch jetzt, von anderen gehört, daß es sich auszahlte, wenn man stur blieb.

»Nein«, sie schüttelte den Kopf. »Ich werde den Ausreiseantrag für Claudia, Beate und mich nicht zurücknehmen! Es bleibt alles so, wie es ist.«

Der Vernehmer bemühte sich, einen ratlosen Eindruck zu machen.

»Sie werden es noch so weit treiben, daß man Ihnen das Sorgerecht entzieht. Denn auf solch eine egoistische Mutter wie Sie können Kinder im allgemeinen leicht verzichten. Ich habe Ihnen vorhin schon angedeutet, daß wir nicht tatenlos zusehen, wie Sie Ihre Kinder ins Unglück stürzen.«

»Wenn Sie sich selbst reden hören könnten, würden sich Ihre Stimmbänder im Hals verknoten.«

»Bevor Sie sich wieder selbst in den Arrest katapultieren lasse ich Sie lieber entfernen. Gute Nacht! Schlafen Sie gut! Und denken Sie mal an Ihre Töchter und was ich Ihnen gesagt habe. Falls Sie allerdings Ihre Meinung nicht ändern, legen Sie ja bestimmt auch keinen Wert mehr darauf, die anderen Folgen der Fernsehserie zu sehen.«

»Ich richte mich da ganz nach Ihrem momentanen psychologischen Auftrag«, konterte Jutta.

»Sie werden es noch bitter bereuen, solch eine spitze Zunge zu haben. Aber heute habe ich keine Lust, mich von Ihnen provozieren zu lassen.«

Beim nächsten Gespräch erfuhr Jutta, daß sich ihre angebliche Straftat auch auf den Rest der Familie auswirkte. Sippenverfolgung – wie bei den Nazis. Die Kinder ihrer Schwester durften nicht nach Ungarn reisen, und der Sohn ihres Bruders durfte seine Taucherausbildung während der Armeezeit an der Havel nicht beenden. Das Ganze geschah, um innerhalb der Familie Zwietracht zu säen. Die Familie sollte sie dazu überreden, den Ausreiseantrag zurückzunehmen.

Das Urteil und Hoheneck

Manfred Kurze, Vorsitzender des Kreisgerichts Dresden, verlas mit einem näselnden sächsischen Tonfall das Urteil. Es war so beklemmend still im Gerichtssaal, daß man meinte, das Knistern der Luft zu hören. Es dauerte und dauerte und wollte nicht aufhören:

Im Namen des Volkes:
In der Strafsache gegen Gallus, geb. Malorny, Jutta Hildegard, geb. am 19. Oktober 1946 in Dresden, wohnhaft Dresden, Warthaer Str. 110, wegen versuchten ungesetzlichen Grenzübertritts hat die Strafkammer des Kreisgerichts Dresden, Stadtbezirk Ost in der Hauptverhandlung vom 3. und 4. 1. 1983 für Recht erkannt:
1. Die Angeklagte Gallus wird wegen versuchten ungesetzlichen Grenzübertritts im schweren Fall – Verbrechen gemäß §§ 213 Abs. 2 u. 3 Ziff. 4 u. 5, Abs. 4, 21 Abs. 3 StGB – zu einer Freiheitsstrafe von drei Jahren verurteilt. Aktenzeichen: S 221 – 144/82 Ost

Gründe:
Die Angeklagte nimmt seit mehreren Jahren zu unserer sozialistischen Staats- und Gesellschaftsordnung eine ungefestigte Haltung ein. 1975/76 befaßte sie sich zum ersten Mal mit Gedanken an eine Übersiedlung in die BRD. In der Folgezeit unterlag sie zunehmend den negativen ideologischen Einflüssen imperialistischer Rundfunkstationen. Diese Entwicklung führte zu einer immer massiveren Ablehnung von Teilbereichen unserer Gesellschaft.

Davon ausgehend, ist die Angeklagte der versuchten rechtswidrigen Nichtrückkehr in die DDR (§ 213 Abs. 2, 21 Abs. 3 StGB) schuldig. Sie war entschlossen, von einem staatlich genehmigten zeitweiligen Aufenthalt außerhalb der DDR nicht in unsere Republik zurückzukehren. Sie wollte sich in die BRD begeben und dort ständigen Wohnsitz nehmen. Da sie bei der Tat bewußt und zielgerichtet wirkte, liegt ein schwerer Fall des verletzten Gesetzes gemäß

§ 213 Abs. 3 Ziff. 5 StGB vor. Hinzu kommt als weiteres Erschwernismerkmal § 213 Abs. 3 Ziff. 4 StGB. Die Angeklagte hat diesbezüglich durch mehrfache wissentlich falsche Angaben bewirkt, daß es zur Ausstellung von Paßersatzdokumenten durch die Botschaft der BRD in Bukarest kam. Derartige Dokumente sind Urkunden im Sinne des Gesetzes. Sie hat folglich den versuchten ungesetzlichen Grenzübertritt auch mittels vollendeter Falschbeurkundung (§ 242 StGB) begangen. Da deren krimineller Charakter mit dem zuletzt genannten Erschwernismerkmal des § 213 StGB bereits ausreichend erfaßt wird, ist für eine tateinheitliche Anwendung beider Tatbestände kein Raum. Die Angeklagte muß sich folglich wegen versuchten ungesetzlichen Grenzübertritts im schweren Fall – Verbrechen gem. §§ 213 Abs. 2 u. 3 Ziff. 4 u. 5, Abs. 4, 21 Abs. 3 StGB – strafrechtlich verantworten.

Ihr strafbares Verhalten ist gesellschaftsgefährlich. Es war unter Berücksichtigung der konkreten Begehungsweise objektiv geeignet, einmal dem Ansehen der Deutschen Demokratischen Republik bei der diplomatischen Vertretung eines kapitalistischen Staates Schaden zuzufügen und zum anderen auch unsere freundschftlichen Beziehungen zur Sozialistischen Republik Rumänien zu stören. Die Angeklagte hat mit der Tat die ihr in der SR Rumänien entgegengebrachte Gastfreundschaft in grober Weise mißbraucht. Hinzu kam, daß sie in dieses gesamte Vorhaben auch die zwei minderjährigen Kinder einbezog und zu bewußt falschen Angaben veranlaßte. Dies kennzeichnet ebenfalls ihre Gewissenlosigkeit bei der Verfolgung des angestrebten Zieles. Der Angeklagten war schließlich auch hinreichend bekannt, daß Straftaten dieser Art durch imperialistische Massenmedien gezielt aufgegriffen und ausgenutzt werden, um die ideologische Diversion gegen die DDR zu verstärken. Als ebenfalls schulderschwerend anzusehen sind die Motive und Beweggründe für das strafbare Verhalten. Sie handelte aus einer insgesamt negativen Einstellung zu unserer sozialistischen Staats- und Gesellschaftsordnung. Sie hat damit dem Staat den Rücken gekehrt, der ihr wie auch den Kindern jederzeit gesicherte Bildungs- und Arbeitsmöglichkeiten gewährleistete. Die durch die dargelegten Umstände charakterisierte Tatschwere erfordert die vom Vertreter des Staatsanwaltes des Bezirkes Dresden beantragte Freiheitsstrafe von drei Jah-

ren. Nur mittels einer Strafe dieser Höhe kann dem verbrecherischen Verhalten der Angeklagten mit notwendigem Nachdruck begegnet werden. Der Umstand, daß die Angeklagte nicht vorbestraft ist, fand ebenso wie die bisher im wesentlichen ordnungsgemäße Erfüllung ihrer Arbeitspflichten bei der Festsetzung der Höhe dieser Strafe bereits ausreichend Beachtung.

Die Angeklagte ist folglich – wie geschehen – zu einer Freiheitsstrafe von drei Jahren zu verurteilen!

Drei Jahre also! Wegen Republikflucht! Dies war alles, was Jutta von diesem unsäglichen Auftritt des Richters haften blieb. Drei Jahre!

Ihre Strafe sollte Jutta, wie fast alle weiblichen politischen Häftlinge aus dem Dresdener Raum, in der Strafvollzugsanstalt Stollberg/Hoheneck absitzen. Für Jutta war das Strafmaß unfaßbar. Wie konnte ein Mensch wegen nichts, aber auch gar nichts, so lange hinter Gitter gesteckt werden? Sie hatte niemanden beleidigt, niemandem etwas weggenommen, niemanden verletzt. Sie hatte nur eins der vielen Menschenrechte, die schließlich auch die DDR unterschrieben hatte, wahrnehmen wollen. Dafür sollte sie drei Jahre in Haft, sollte drei Jahre von ihren Kindern getrennt sein.

Sie lebte in einer Diktatur! Nie zuvor war ihr das so schmerzlich bewußt geworden wie in diesem Schauspiel von Gerichtsverhandlung, das in Wahrheit nicht Recht sprach, sondern als Sprachrohr politischer Macht mißbraucht wurde. Die Justiz in den Händen einer Partei, die sich zum Richter über Menschen und deren Meinungen aufspielte! Wie sonst hätte es jemals zu solch einem Urteil kommen können? Und sie war kein Einzelfall. Tausenden erging es ähnlich. Aber richtig weh tat eine Diktatur nur, wenn man selbst betroffen war, wenn man in den Netzen der Verfolgung hing. Zappelnd, ängstlich, grimmig, wütend, vor allem aber ohnmächtig!

Sie dachte an früher. Sicher, man hatte gegen die Mauer gewettert, dagegen, daß es keine Reisefreiheit gab, aber man hatte es irgendwie akzeptiert und toleriert. Das Paradies auf Erden bot kein Staat. Über die Erste-Mai-Paraden und die sozialistischen Parolen an den Schulen und an öffentlichen Gebäuden hatte man seine Witze gerissen, und die Regierung nahmen ohnehin nur diejenigen ernst, die dazu verpflichtet waren. Man sah zu, im Alltag einigermaßen über die Runden zu kommen. Ein bißchen Familie, ein Sparkonto für den Trabi oder Lada, Schwarzmarktschnüffeleien, eine kleine Wochenend-Datscha an irgendeinem See, das war es, wofür man sein Leben einrichtete. Da spürte man die Diktatur nicht so direkt, sie spielte sich vorwiegend da ab, wo die Fahnen wehten und der Politzirkus auftrat. Jeder zog irgendwie seine Kreise innerhalb eines eisernen Rahmens. Parkte sich und seine Persönlichkeit in einer Nische. Doch wehe, man stieß an den Rahmen oder wollte ihn gar überspringen! Dann war man von einem Tag auf den anderen der Willkür einer Unterdrückermafia ausgesetzt.

Doch Jutta gab die Hoffnung nicht auf, daß sich der Westen für ihr Schicksal einsetzen würde. Ihr Vater und ihr Onkel würden nicht locker lassen. Dessen war sie sich gewiß. Und das machte ihr auch das Leben als Strafgefangene Gallus leichter.

Am fünften Januar ging sie auf Transport nach Hoheneck. Sie wurde in Zelle sechsundfünfzig eingewiesen, in die mittlere Ebene eines Dreierbettes, da, wo die Oberlichter ein wenig Tageslicht erahnen ließen. Vierundzwanzig Frauen waren in dieser Großraumzelle untergebracht. Alle Altersstufen, alle Charaktere, von zickig bis scheu, von vulgär bis vornehm, von aufdringlich bis bescheiden. Etwa ein Drittel saß wegen politischer Delikte, der Rest hatte gestohlen, Urkunden gefälscht oder ein Menschenleben, meist Kinder, schwer verletzt oder auf dem Gewissen.

Die hygienischen Verhältnisse waren kaum besser als in einem Schweinestall. In der Mitte des Raumes lag der sogenannte Naßzellenbereich. Zwei offene Toiletten für vierundzwanzig Frauen und ein Waschtrog mit vier Hähnen.

Jeden Morgen dieselbe Drängelei, jeden Morgen derselbe Anblick. Nackte Hintern und ein bestialischer Gestank. Denn das mit Hormontabletten durchsetzte Essen hatte seine Wirkung auf den Verdauungstrakt. Es war viehisch, unmenschlich und demütigend. Die U-Haft war dagegen ein Sanatorium. Jutta lief jedes Mal ein eiskalter Schauer über den Rücken, wenn sie morgens aufwachte und an den Kampf um eine Toilette oder ein Stück Schmierseife am Waschtrog dachte. Die letzten Tage hatte sie sich abdrängen lassen, war immer die letzte und ließ sich von anderen auslachen.

Sie hätte sich am liebsten in ihr Bett gelegt und drei Jahre geschlafen. Ein Trauma! Hier kam keiner mehr gesund raus. Hier war das Leben zu Ende. Reduziert auf das nackte Überleben, auf ein Hülsendasein, leer und so erbärmlich erniedrigend.

Mehr als Stockhiebe schmerzte es, daß die Persönlichkeit eines Menschen Schicht um Schicht abgebaut wurde, bis jeder gelernt hatte, ein Niemand zu sein. Ein Wesen, das sich selbst nicht mehr Mensch nennen mochte, das sich selbst nicht mehr lieben konnte. Der Haß auf jene, gegen die er eigentlich gerichtet war, schlug um, gegen sich selbst oder andere Mithäftlinge. Meist völlig unmotiviert und völlig sinnlos.

»Du bist ein Spitzel, eine, die uns aushorchen soll!« mit diesen Worten hatte sich am vierten Tag eine Frau aus ihrer Zelle Jutta entgegengestellt, sie an den Haaren gerissen, daß Jutta für Augenblicke glaubte, skalpiert zu werden. Man mußte nicht nur vor den »Wachteln« Angst haben, sondern vor denen, die mit auf der Zelle waren. Es waren vierzundzwanzig Höllen, die da aufeinanderprallten. Jede giftiger und galliger als die andere. Der Tod schien einem aus dieser Perspektive wie ein Paradies der Ruhe, wie das sanfte Ende eines Horrortrips. Stundenlang lag Jutta abends nach der Arbeit wach in ihrem Bett und dachte darüber nach, wie sie dieses Leben überwinden konnte.

Am meisten machte sie sich darüber Sorgen, daß Claudia und Beate ihr vielleicht doch eines Tages die Schuld geben würden. Sicherlich schaffte die Stasi genug Leute herbei, die ihnen das unmögliche, ja staatsverbrecherische Verhalten ihrer Mutter nahe brachten. Doch Jutta wollte sich unter keinen Umständen unterkriegen lassen, wollte strebsam ihr Ziel verfolgen.

»Der Westen ruft!« war ihre Parole und suggestiv hämmerte sie sich jeden Tag folgende Sätze ein: »Ich werde da durchkommen! Ich werde nicht resignieren! Ich werde erhobenen Hauptes da durchkommen! Ich werde mir trotz allem meine Persönlichkeit, meine Meinung bewahren! Ich komme da raus! Die Wachteln müssen hier bleiben! Ich komme raus in den Westen! Ich werde rauskommen! Ich werde rauskommen! Ich werde rauskommen!«

Wie ein Stoßgebet schrie sie sich innerlich diese Sätze ins Gehirn und ballte dazu ihre Fäuste. Nein, sie würde niemanden unnötig provozieren, sich aber auch nicht provozieren lassen!

Jutta war dem Arbeitskommando Planet zwei zugeteilt. Hier wurde Bettwäsche, meist weiche Biberbettwäsche genäht. Für westliche Versandhäuser. In den schönsten Farben und Mustern, wie man sie nicht mal in Berliner Warenhäusern fand. Auch Spannbettlaken fertigte man.

Sie hatte sich mittlerweile mit Elke angefreundet, auch eine Politische. Eine intelligente, witzige Frau, die dieselbe Einstellung hatte wie Jutta. Nur nicht unterkriegen lassen! Ihr Haß gegen die DDR war noch viel stärker zementiert als bei Jutta. Ihr Bruder war vor vier Jahren an der Grenze nach Lübeck erschossen worden. Von hinten. Mit dreiundzwanzig Pistolenschüssen feige niedergestreckt.

Elke wurde von allen »Fussel« genannt, weil sie dazu eingeteilt war, Stoffballen zu holen und zurechtzuschneiden. Das fusselte so sehr, daß sie ständig von oben bis unten mit Fasern bedeckt war.

Rein äußerlich war Fussel eher das Gegenteil von Jutta. Sie war klein, drahtig, hatte eine pfiffige Zahnlücke und trug eine blonde freche Kurzhaarfrisur. Die Frau hatte Humor und konnte mindestens ebenso zynisch sein wie die Wachteln. Das imponierte Jutta und sie spürte, wie gut ihr diese Freundschaft tat. Die meisten jammerten, waren depressiv, verschlossen oder tobten ihre Gefühle an anderen aus. Aber was hatte das für einen Zweck? Fussel und Jutta waren überzeugt davon, den richtigen Weg zu gehen.

»Wer durch die Hölle geht, muß Hitze abkönnen. Lassen wir uns ein bißchen schmoren! Das härtet ab. Entweder du gehst kaputt, oder du kommst stärker raus, als du reingegangen bist«, sagte sie jedem Neuzugang, und das machte Mut. Jutta war froh, sie zur Freundin zu haben. Mit jemandem befreundet zu sein festigte die eigene Position in der Zellenhierarchie.

»Ich werde mir drüben einen reichen Mann angeln«, scherzte Fussel, wenn sie nach ihrer Zukunft befragt wurde.

»Ehrlich, das steht in meiner Hand geschrieben«, hob sie bedeutungsvoll ihre Handfläche und zeigte auf einen winzigen Ast, der sich seitlich der Mittellinie dahinschlängelte. Sie war erst achtundzwanzig Jahre alt, ungebunden, hatte als Krippenerzieherin Säuglinge bis zum dritten Lebensjahr hochgepäppelt.

»Ich habe mindestens schon einhundert Babies beigebracht, aufs Töpfchen zu gehen und mit Messer und Gabel zu essen, sie also zu zivilisierten Menschlein erzogen. Jetzt habe ich genug gearbeitet. Ehrlich«, sagte sie, »ich will irgendwo reinheiraten und mich verwöhnen lassen. Schiet Emanzipation! Was hast du davon? Doppelstreß! Ich hab das doch mitgekriegt, wie die Mütter mit den Kleinen jeden Morgen um sechs Uhr angetanzt sind. Fix und fertig waren die alle! Und die Kleinen hatten auch nischt Gutes. Die mußten auf Kommando fressen, scheißen und schlafen – auf gut deutsch gesagt. Jeden Tag derselbe Rhythmus. Planwirtschaft! Genau nach Uhrzeit. Da durfte keiner aus der Reihe tanzen. Gräßlich!«

»Wie lange hast du den Job gemacht?«

»Fünf Jahre! Da lernt man 'ne Menge über Menschen. Die schlimmste Zeit war, wenn die Kleinen auf den Topf umgestellt wurden. Die wurden richtig festgehalten, gezwungen, zu einer bestimmten Uhrzeit ihren Haufen zu setzen. Belohnt wurde der, der am schnellsten fertig war. Der durfte dann schon spielen. Bestraft wurde der, der am längsten brauchte. Durfte eben nicht spielen, mußte so lange sitzen bleiben, bis das Häufchen kam. Nach einer Weile klappte die Verdauung der Kleinen wie beim Pawlowschen Hund. Sie brauchten nur die Töpfchen zu sehen, schon flutschte es. Der sozialistische Biorhyhtmus à la Margot Honecker, ein Beispiel für Breitbanderziehung. Gleichmacherei vom Hirn bis in den Darm! Am meisten taten mir die Kinder leid, die auch noch in den Ferien abgeschoben wurden. Wenn sich einer einen Hund anschafft und den jeden Tag in ein Tierheim bringen würde, würde jeder sagen: der spinnt doch! Aber bei Kindern ist das ganz normal. Eigentlich haben wir die groß gezogen. Im Grunde waren die nur Gäste bei ihren Eltern und noch nicht mal willkommen. Wenn ich mal Kinder habe, gebe ich die nicht ab, das weiß ich genau.«

Jutta genoß es, mit Fussel zu plaudern. Sie war so erfrischend direkt und konnte stundenlang plappern. Da lief die Zeit wie im Flug. Zu Wort kam man jedoch selten bei ihr. Sie hatte ein Temperament wie ein frisch aufgezogener Brummkreisel. Hopste herum, animierte zu Aerobic, sang heiße Westschlager, lag ständig im Clinch mit den Wachteln.

Einmal trieb sie es zu weit. Sie sang irgend so einen amerikanischen Hit, als eine Wachtel wutentbrannt die Zelle stürmte und sie anbrüllte: »Aufhören! Oder Sie kommen in die Absonderung!«

Worauf Fussel sie anblitzte, die Hände in die Seite schob und so laut die Internationale sang, daß sich ihr Hals aufblähte, als die Töne herausquollen. Es mußte über alle Flure geschallt haben:

»Leute hört die Signale, auf zum letzten Gefecht,
die Internationale bekämpft das Menschenrecht.
Schickt uns Stasi und Wachteln,
sperrt uns ein ins finstre Loch!
Wir wollen aber frei-ei-ei- sein, denn das ist unser Recht!
Wir wollen aber frei-ei-ei- sein, denn das ist unser Recht!«

Oberleutnant Hansel, ein schrotiges Mannweib, lief vor Zorn rot an und holte Verstärkung. Zu dritt führten sie Fussel ab. Keiner wußte die nächsten vierzehn Tage, was mit ihr geschehen war.

Dann kam sie wieder. Dünner, müder, abgeschlafft, aber immer noch mit einem breiten Grinsen im Gesicht.

»Ich wollte eben mal alleine sein«, war ihr einziger Kommentar. Außergewöhnlich wenig für die redselige Elke.

Doch nach ein paar Tagen stand ihr schon wieder der Sinn nach neuem Schabernack. Sie wollte eine Zellenparty geben. Dieses Mal ohne Gesang, aber mit Schleckereien. Dabei war es strengstens verboten, auf den Zellen zu essen. Aber die meisten probierten es. Mindestens einmal im Monat wurde Knastkuchen gebakken oder jemand organisierte Eierpfannkuchen aus der Küche. Die meisten trugen die heißen Flinsen auf dem Rücken in die Zellen und hatten dann runde rote Flecken auf der Haut. Für das Rollkommando, das zweimal die Woche zu unterschiedlichen Zeiten über die Zellen fegte, war es dann leicht, den Übeltäter ausfindig zu machen. Alle mußten sich nackt ausziehen und die mit den Flecken kamen für ein, zwei Tage in die Absonderung. Das waren Zellen ohne Fenster, winzig klein, in denen man isoliert war und auf dem Boden schlafen mußte. Jutta war ähnlich wie Fussel mindestens einmal im Monat bei den Bodenschläfern.

Ungehorsam, freche Antworten, sich erwischen lassen bei der

Wandklopperei – die Gefangenenkommunikation zwischen den einzelnen Zellen – oder Naschen auf der Zelle waren die häufigsten Gründe, weshalb man weggeschlossen wurde.

Obwohl die Bodenschläferzellen denkbar unbequem waren, genoß es Jutta hin und wieder, alleine zu sein. Wenn man ständig mit einer Horde Frauen zusammenleben mußte, hatte die Einsamkeit etwas Erholsames. Man hatte Zeit, nachzudenken, sich zu sammeln. Viele wurden allerdings auch depressiv. Nicht selten redeten die Frauen wirres Zeug, wenn sie aus der Isolation kamen. Jutta war nicht so auffällig. Sie hatte ihr ganz persönliches Heilmittel dagegen: Ihren kleinen selbsternannten Talisman, den sie immer bei sich trug und der bis jetzt jede Razzia überstanden hatte. Er bestand aus einem winzigen kleinen Zettel, den sie, in Watte verpackt, im Ohr trug. Auf ihm stand in Miniatur-Schrift folgender Spruch:

Denn es ist klar,
daß die Zukunft
nicht den Zauderern gehört,
sondern denen,
die, ohne schwach zu werden,
das durchstehen,
wofür sie sich einmal entschieden haben!

Diese Worte des französischen Humanisten Romain Rolland, den sie als Menschen und Schriftsteller seit ihrer Jugend schätzte, gaben ihr den nötigen Halt, dies alles zu überstehen. Wenn es einmal so weit war, daß die Verzweiflung übermächtig zu werden drohte, brauchte sie mit der Hand nur über ihr rechtes Ohr zu fahren und sie wurde ruhig. Sie holte dann tief Luft und spürte, daß alles nur eine Frage der Zeit war und sie würde ihre Kinder wiedersehen.

Dennoch gab es viele Kleinigkeiten, die mehr weh taten als die Zellenrazzien, die Absonderungen und der unmögliche Fraß von gelben Rüben, den es mal gekocht, mal gedünstet, mal als Sirup gab.

Jeder durfte laut Häftlingsordnung drei Fotos von seinen Angehörigen mit auf die Zelle nehmen. Doch man selbst durfte nicht auf den Fotos abgebildet sein. Wenn doch, wurde der Kopf einfach rausgeschnitten. Das war eine Erziehungsmaßnahme. Jedem Häftling sollte so weit als möglich ins Bewußtsein geschärft werden, daß er keine Identität mehr hatte. Jutta betrachtete die Bilder nur noch selten. Wie in einem Spiegelbild wurde ihr dann jedesmal ihre Lage aufdringlich spürbar: »Sieh doch, du bist ein Nichts, wie das Loch im Foto!«

Fussel war im November auf Transport gegangen. Sie hatte Jutta ganz fest umarmt und ihr versprochen, sich drüben mit aller Kraft für sie einzusetzen.

»Es dauert bestimmt nicht mehr lang, und dann werden sie auch bei dir brüllen: Strafgefangene Gallus, packen Sie Ihre Sachen!«

Jutta weinte. Was sollte sie bloß ohne ihre Stimmungskanone anfangen? Fussel hatte von einer zweieinhalbjährigen Haftstrafe achtzehn Monate absitzen müssen. Sie war auch ein RF (Republikflüchtling). Hatte ganz simpel in einem Kofferraum abhauen wollen. Nach dem Motto: Entweder sie kontrollieren nicht, und es klappt oder sie kontrollieren, und es klappt nicht. Jemand hatte laut Statistik behauptet, es werde nur jedes zwanzigste Auto wirklich genau überprüft. Sie hatte eben Pech gehabt. Saß im zwanzigsten!

Nun hatte sie Glück und würde sich in der Nähe von Düsseldorf eine neue Existenz aufbauen.

Das erste Weihnachtsfest im Knast war entsetzlich traurig. Viele saßen da, weinten oder stierten vor sich hin.

Jutta hatte bei dem letzten Besuch ihres Bruders erfahren, daß die Kinder wieder in Dresden-Omsewitz wohnten. Man hatte ihrem Vater einfach das Sorgerecht rückübertragen, endgültig. Er war nicht gefragt, sondern gezwungen worden. Dem Wunsch der Kinder, bei Claus und seiner Familie wohnen zu dürfen, bis Mami wieder für sie da sein konnte, war kein Gehör geschenkt worden. Claus hatte sich offensichtlich bemüht, alles für die Mädchen zu tun.

Jutta fühlte sich so leer, so ausgebrannt. Sollte sie jetzt isoliert werden? Würden die Mädchen vielleicht doch noch zu ihrem Vater und dessen neuer Frau eine Beziehung aufbauen? Hatte sie mit dem Fluchtversuch zu viel riskiert? Alles auf eine Karte gesetzt und alles verloren? Ihr kamen zum ersten Mal wirkliche Zweifel. Hätte sie jetzt, in dieser Minute jemand geholt und sie bearbeitet, die Ausreiseanträge zurückzunehmen, verbunden mit dem Angebot, wieder bei Claudia und Beate zu sein, sie hätte es wohl getan. Es tat so entsetzlich weh, hier eingesperrt zu sein, während die Kinder weit weg ein Weihnachten ohne ihre Mami feiern mußten. Über ihren Bruder hatte sie einen Rechtsanwalt beauftragt, gegen die Sorgerechtsrückführung Klage zu erheben.

Jutta kniete auf dem oberen Bett und bemühte sich, aus dem winzigen Ausguck einen Hauch von Landschaft zu sehen. Sie hatte Stimmen gehört. Einige Menschen aus Stollberg hatten sich auf schneebedeckter Wiese vor dem Gefängnis versammelt, um den Gefangenen ein paar Weihnachtslieder zu singen, um ein bißchen ihre Solidarität zu bekunden.

Viel konnte Jutta nicht sehen, aber es tat gut zu wissen, daß da draußen Menschen standen, die sie nicht vergessen hatten.

Am ersten Weihnachtstag wurde das Essen nicht aus Plastikschüsseln serviert, sondern von richtigen Steinguttellern. Es gab Rouladen mit Blaukraut und sächsische Knödel. Zum Nachtisch Quarkkeulchen mit Zucker und Zimt. Nur der Kaffee schäumte wie jeden Tag: Ein Medikamenten-Cocktail, der manchen Frauen Barthaare sprießen und Muskeln wachsen ließ.

Ab Januar sollte Jutta zur Wiedereingliederung in die sozialistische Gesellschaft an wöchentlichen Politveranstaltungen teilnehmen. Sie sollte quasi lernen, wofür sie bestraft worden war. Sollte lernen, wieder mit der Partei und für die Partei zu leben.

Manche liefen da hin, nur um irgendwelche Vergünstigungen zu bekommen. Jutta wollte jedoch nicht den geringsten Zweifel aufkommen lassen, daß sie je wieder für die sozialistische Gesellschaft tauglich gemacht werden könnte. Sie weigerte sich konsequent. Die Folgen waren entsprechend und steigerten sich.

»Ich wollte Ihnen nur sagen, daß Sie Post bekommen haben«, baute sich die Wachtel Oberleutnant eines Morgens vor Jutta auf. »Aber Sie haben wieder nicht am politischen Unterricht teilgenommen. Ihr Haß auf unser System ist also größer als Ihre Liebe zu den Kindern. Richtig? Dann brauchen Sie auch nicht deren Post zu lesen!«

Jutta zuckte mit den Schultern. »Sagen Sie doch, was Sie wollen!«

Natürlich quälte sie der Gedanke, Post von ihren Lieben nicht ausgehändigt zu bekommen. Aber sie wollte auf keinen Fall, daß man dachte, sie sei erpreßbar. Das hätte den letzten Rest ihrer Persönlichkeit zerstört. Sie mußte stark bleiben. Es kamen sicher noch bessere Zeiten.

Ein anderes Mal wurde sie während der Politveranstaltung in die Dusche gesperrt. Man hatte den Kaltwasserhahn aufgedreht und angeblich vergessen auszuschalten. Aber man hatte auch vergessen, sie abzuholen, so daß sie von abends bis weit nach Mitternacht unter der laufenden Dusche stehen mußte. Das eiskalte Wasser machte ihr die Minuten zu Stunden.

Zwei Wochen später wurden sie und fünf weitere Frauen, die ebenfalls die Politseminare boykottierten, in einen Raum gesperrt. Razzia! hatte eine der Wachteln gebrüllt und angeordnet, daß sie sich alle völlig entkleiden sollten. Dann saßen sie da, aufgereiht wie gerupfte Hühner. Ein bis zwei Stunden. Es war kalt. Dann kam Leutnant Grimme, die von den meisten nur die Krähe genannt wurde, und behauptete, ein Messer sei nach dem Abendessen abgängig.

Alle Frauen mußten sich breitbeinig an die Wand stellen und wurden langwierig abgetastet. Es war grotesk. Solche Aktionen dienten nur dazu, die Ungehorsamen zu zermürben, ihnen ihre Weigerung auszutreiben.

Als Jutta dran war, konnte sie sich, wie so oft, eine zynische Bemerkung nicht verkneifen. »Ich habe das Messer weggenommen«, sagte sie mit dem Ausdruck des Bedauerns in ihrer Stimme. »Leider ist es mir in die Gebärmutter gerutscht, als ich es da unten verstecken wollte.«

Weil Jutta sich fortgesetzt weigerte, an den Politseminaren teilzunehmen, wurde sie an einem Aprilnachmittag kurz vor Ostern zu einem Major des MfS gebracht.

Es sollte kein Verhörstil aufkommen, das Ganze war eher als Gespräch inszeniert. Jutta bekam sogar richtigen Bohnenkaffee und Kuchen angeboten. Doch sie nahm nichts an, obwohl ihr der Duft der frischen Kaffeebohnen arg zusetzte.

Der Major versuchte einen väterlichen Eindruck zu erwecken.

»Strafgefangene Gallus«, begrüßte er sie. »Sie sind jetzt seit fünfzehn Monaten hier in der Haftanstalt Stollberg, arbeiten scheinbar gut, haben sich den Umständen entsprechend auch zurecht gefunden. Sie verweigern sich lediglich unserem Bemühen, Sie zu resozialisieren. Woher kommt das? Was hat Ihnen dieser Staat getan, daß Sie ihn so sehr hassen? Wir haben unsere Fehler, gewiß, aber wir sind keine Unmenschen oder zumindest nicht schlimmer als andere. Warum dringen Sie so darauf, die DDR zu verlassen? Ich will Ihnen jetzt bestimmt nicht weh tun, aber Ihre Kinder denken da mittlerweile ganz anders als Sie. Das müssen wir Ihnen sagen. Das ist unsere Pflicht. Sie sollten wissen, daß Sie, wenn überhaupt, nur ohne Ihre Kinder ausreisen können.«

Jutta schluckte. Das war ein Schlag! Eigentlich hatte sie es längst erwartet, daß man ihr irgendwann solch eine Botschaft brachte.

»Was haben Sie mit Claudia und Beate gemacht? Ich habe nach der Scheidung das Sorgerecht bekommen. Weshalb leben die Kinder jetzt bei meinem geschiedenen Mann? Sie wollten doch zu meinem Bruder.«

Der Major schlürfte seinen Kaffee.

»Hören Sie, Ihr geschiedener Mann ist der leibliche Vater der beiden Mädchen. Sie haben Ihr Sorgerecht verletzt. Wollten die beiden Kinder außer Landes bringen. Dabei fühlen sie sich hier wohl. Hier«, er holte aus einer Mappe ein paar Fotos. »Das Fernsehen hat die Serie ›Geschichten übern Gartenzaun‹ fortgesetzt. Sie heißt jetzt ›Neues übern Gartenzaun‹. Claudia spielt weiterhin eine der Hauptrollen, wie Sie selbst sehen. Sie können stolz sein, haben wirklich hübsche, begabte Töchter.«

Fast zwei Jahre hatte sie die Mädchen nicht mehr gesehen. Sie sahen auf diesen Standfotos wirklich wie zwei kleine süße Stars aus. Die Dreharbeiten machten ihnen sicherlich Spaß.

»Hoffentlich sind wir bald wieder zusammen!« hatten sie hinten aufs Foto geschrieben. »Wir haben Dich ganz lieb! Deine Mäuse Claudia und Beate.«

Jutta konnte die Tränen nicht zurückhalten.

»Wollen Sie nicht doch?«, der Major bot ihr erneut einen Kaffee an.

Sie schüttelte den Kopf.

»Ja, es ist traurig. Eine Mutter gehört zu ihren Kindern. Ich denke da auch ganz altmodisch, weil es natürlich ist. Aber liebe Frau, es liegt an Ihnen, nicht an uns. Das sollten Sie sich doch vor Augen führen. Wenn Sie den Ausreiseantrag zurücknehmen, können Sie Ostern zu Hause sein. Dafür kann ich mich verbürgen. Sie müßten dann allerdings auch den westlichen Behörden mitteilen, daß Sie nicht mehr beabsichtigen, auszureisen. Wäre das nicht ein faires Angebot?«

Jutta brauchte nicht lange zu überlegen.

»Wir sind nicht erpreßbar«, sprach sie für ihre Kinder mit. Der Major nahm ihr die Bilder wieder weg und betrachtete sie wohlwollend.

»Warum sagen Sie nicht schlicht und einfach ja zu ihren Kindern? Sind Sie nun Mutter, oder wollen Sie mit dem Kopf durch die Wand, um unbedingt in die BRD zu können? Was lockt Sie da so sehr, daß Sie bereit sind, auf Ihre Kinder zu verzichten?«

Nun schwang schon ein anderer Ton, eine kleine Drohung mit.

»Ich werde nicht auf meine Kinder verzichten, wenn Sie das meinen! Ich werde um sie kämpfen! Und wenn sie bei mir sein wollen, werde ich alle Hebel in Bewegung setzen, daß sie bei mir leben dürfen. Ich bin als Mutter verpflichtet, meinen Kindern ein Vorbild zu sein. Ich will ihnen zeigen, daß man sich wehren kann, wenn man sich wehren will. Ich kann in diesem Staat nicht mehr leben! Ich kann es nicht verantworten, meine Kinder in einem Staat zu erziehen, der noch nicht mal in der Lage ist, die einfachen Grundregeln der Menschenrechte einzuhalten. Glauben Sie mir, ich liebe meine Kinder. Aber ich kann hier nicht mehr leben. Ich kann es nicht verzeihen, was Leute wie Sie uns angetan haben. Niemals werde ich das vergessen! Deshalb sind auch diese Politseminare so sinnlos für mich. Nicht ich habe ein Unrecht begangen, sondern an mir wurde ein Unrecht verübt! Und das wissen Sie genau! Aber Sie wollen sich ein Volk aus lauter Ja-Sagern erziehen. Da passe ich nicht rein. Es hat keinen Zweck. Glauben Sie mir. Weder im Guten noch im Bösen! Ich komme hier schon irgendwie raus, auch ohne Ihre Hilfe! Ich will nicht zu denen gehören, die sich später schämen müssen!«

... denn es ist klar,
daß die Zukunft nicht den Zauderern gehört...

Der alte Stasi-Major schüttelte seinen Kopf und lachte.

»Sie – und Sie werden noch an meine Worte denken – werden zu denen gehören, die arbeitslos irgendwo herumlungern und dann Zeit genug haben, darüber nachzudenken, was sie alles aufgegeben haben. Ihre Töchter werden inzwischen Karriere machen und ihre Mutter verachten. Ihre Töchter werden sich schämen, solch eine Mutter zu haben!«

Jutta stand auf.

»Kann ich gehen?«

»Ich bitte darum!«

Entlassung in den Westen

Zwei Jahre und zwei Monate hatte Jutta in Hoheneck abgesessen, ehe erste Signale darauf hindeuteten, daß sie wohl bald entlassen werden würde. Sie brauchte nicht mehr ins Arbeitskommando. Es war stets eine hektische Unruhe im ganzen Block, wenn es auf Transport gehen sollte.

Eines Morgens wurde sie nach der Freistunde gegen halb acht in den Speiseraum geführt.

»Strafgefangene Gallus, packen Sie Ihre Sachen und kommen Sie mit!« hatte ihr eine Wachtel befohlen.

Auch Gisela, Loni und Sabine aus ihrem Arbeitskommando waren in dem Raum. Sie hatten zuvor alles aus den Zellenspinden mitgenommen und kleine Geschenke auf die Betten der anderen verteilt. Schokolade, selbstgebastelte Lockenwickler aus den Resten der Biberbettwäche, kleine Kissen, Zigaretten oder was eben so gefragt war.

Alle kamen in die sogenannte Schleuse.

Etwa fünfundzwanzig Frauen saßen hier in einem Raum ohne Fenster eng beieinander. Jede bekam zum letzten Mal eine Schüssel Eintopf zum Essen. Dann mußten sie bis zum Abend warten.

Es war der 17. Februar 1984. Abends kam der Mielke-Expreß, der sie dann in die Abschiebehaft nach Karl-Marx-Stadt brachte. Unsanft wurden sie ermahnt, nicht miteinander zu sprechen, sich ruhig zu verhalten, da ansonsten mit einem mehrwöchigen »Nachschlag« in Hoheneck zu rechnen sei. Alle waren mucksmäuschenstill. Schweigsam wie auf einem Friedhof vollzog sich das Einsteigen. Keiner der übrigen Häftlinge sollte mitbekommen, was geschah –, obwohl es alle wußten.

In der Abschiebehaft wurden die Frauen in Vierer- bis Sechserzellen gesteckt. Das war doch wesentlich angenehmer als in Hoheneck. Die meisten konnten damit rechnen, innerhalb von acht bis vierzehn Tagen ausreisen zu dürfen.

Jutta mußte erst noch in eine der sogenannten Klemmerzellen. Dort kamen jene hin, mit denen Rechtsanwalt Vogel unbedingt noch mal sprechen wollte. Ungeduldig erwartete sie den Termin. Was hatte er noch mit ihr besprechen wollen? Es war doch alles geklärt! Immer kam etwas dazwischen! Wieso mußte sie so viel Pech haben?

Als sie ihm in seinem kleinen Büro gegenübersaß, konnte sie schon aus seinem ernsten Gesichtsausdruck ablesen, daß es Komplikationen gab.

»Ja, Frau Gallus«, begann er, »ich habe die unerfreuliche Aufgabe, Ihnen mitzuteilen, daß Ihre Kinder auf gar keinen Fall eine Ausreisegenehmigung bekommen. Jetzt nicht und auch später nicht! Es ist nichts zu machen, da kann auch ich nicht eingreifen. Ihre Töchter werden in der Obhut Ihres geschiedenen Mannes bleiben. Sie haben jetzt natürlich immer noch die Möglichkeit, alles rückgängig zu machen und wieder nach Dresden zu kommen. Dann wird Ihnen wohl auch das Sorgerecht wieder übertragen werden. Falls Sie allerdings weiter darauf bestehen auszureisen, müssen Sie hier diese Erklärung unterschreiben. Sie beinhaltet, daß Sie mit der Pflegschaft ihrer Kinder durch den Vater einverstanden sind.«

Wieder fühlte sie sich diesem erpresserischen Druck ausgesetzt. War nun Vogel ihr Anwalt oder der Anwalt des Staates?

»Sie brauchen mich gar nicht so böse anzuschauen, ich habe das nicht verfügt, habe auch nicht darüber zu entscheiden. Es liegt bei Ihnen und ist eigentlich ganz klar. Entweder der Westen ohne Kinder oder der Osten mit Kindern.«

»Und weshalb werden nicht Claudia und Beate gefragt? Sie sind doch heute in einem Alter, in dem sie selbst entscheiden können. Mir wäre es am liebsten, und das wäre wohl auch das Normalste, daß man die Kinder fragt und dann eventuell eine Besuchsregelung gefunden wird.«

Vogel lachte.

»Sie kennen unsere Gesetze wohl immer noch nicht. Das ist vollkommen ausgeschlossen!«

Resignierend unterschrieb Jutta die Erklärung. Sie war der festen Überzeugung, daß es sich nur um eine vorübergehende Sache handeln konnte. Wenn sie erst im Westen war, hatte sie genug Möglichkeiten, sich für ihre Kinder einzusetzen. Aber jetzt wieder zurück nach Dresden, nach der langen Zeit sich beugen, das war unmöglich. Wie hätte sie vor die Augen ihrer Töchter treten sollen?

Nachdem sie die Unterschrift geleistet hatte, lief alles so ab wie bei den anderen. Sie mußte Übersiedlungskarten ausfüllen, zum Arzt gehen, angeben, wo sie die erste Zeit wohnen werde. Sie gab ihren Onkel in Bad Wildungen an. Sie hatte eine Nachricht erhalten, daß ihr Vater kurzfristig ins Krankenhaus eingeliefert worden sei. Eine Lungenoperation. Dann sollte sie ihren Ausreiseantrag nochmals detailliert begründen.

Ihr fielen so viele Dinge ein, daß sie nicht wußte, wo sie anfangen sollte. Was waren die Gründe? Es hatte schon in der Schule angefangen. Weil ihr Vater im Westen lebte, hatte sie keine höhere Schulausbildung machen dürfen. Erst viel später hatte sie in Abendkursen ein Fernstudium als Ingenieurin für Informatik absolvieren dürfen. Sie hatte sich ständig gefragt, warum sie ihren Vater nicht wenigstens besuchen durfte. Diese Abschottung, dieses verschwörerische Verhalten all der Personen, die im Dunstkreis der Partei lebten, hatte sie abgestoßen. Dann die vielen Lügen über den Westen, über die eigenen Errungenschaften, an die noch nicht mal die glaubten, die solche Propaganda verbreiteten. Und die vielen, vielen Uniformen, die in jeder kleinen Stadt, in jedem Amt präsent waren und einen daran erinnerten, daß man sich in einem Militärstaat befand. Und die Stasi-Schnüffler, die in allen Lebensbereichen unsichtbar, aber doch spürbar gegenwärtig waren und sich hinter jedem noch so freundlichen Gesicht, ob männlich oder weiblich, verbergen konnten. Die Kinder wurden nach den Eltern ausgefragt, wer den falschen Sender im Radio hörte, kam schon auf die Liste. Hätte sie wirklich alles aufgeschrieben, was ihr zu diesem Thema einfiel, sie hätte ein halbes Buch gefüllt und gleichzeitig riskiert, als Provokateurin wieder nach Hoheneck geschickt zu werden.

Also schrieb sie:

»Es ging mir und meinen Kindern bei unserem Ausreisewunsch in erster Linie um die Familienzusammenführung mit meinem in der Nähe von Aachen lebenden Vater. Nach dem plötzlichen Tod meiner Mutter hatte sich dieser Wunsch sehr verstärkt.«

Statt der politischen Motive ließ sie weiße Flecken auf dem Papier. Jetzt wollte sie nichts mehr riskieren. Zu nah war das lang erstrebte Ziel!

Als alle notwendigen Papiere ausgefüllt waren und Jutta die Aberkennungsurkunde der DDR-Staatsbürgerschaft in den Händen hielt, bekam sie ihre zivilen Kleider ausgehändigt.

Horst, auch ein Abschiebehäftling, der wegen Republikflucht fünf Jahre in Bautzen gesessen hatte, war in großer Sorge, daß seine in Hamburg lebende Frau ihn gar nicht mehr mögen würde. Immer wieder stand er vor dem Spiegel und fand sich in der viel zu großen Hose nicht schick genug. Seine Frau hatte es damals geschafft, die Grenze zu passieren. Sein Fluchtauto war kontrolliert und er war für seine entflohene Frau mitbestraft worden. Jetzt war er etwa dreißig Jahre alt und hatte richtig Panik davor, seine Frau nach so langer Zeit wiederzusehen.

Die Frauen in der Abschieberiege waren sich einig: Sie nähten ihm die Hosen etwas enger, kauften ihm ein hübsches Hemd und frisierten ihm die Haare.

Jetzt sah er wieder ein bißchen schicker aus, auch wenn ihm die lange Haft mehr als manch einem anderen aus den Falten um die Augen und aus den hohlen Wangen abzulesen war. Alle machten ihm Mut, beneideten ihn sogar, weil er sich schon ins gemachte Bett legen konnte.

Am Abend vor der geplanten Ausreise gab man Jutta ihren Führerschein zurück.

»Ich dachte, der sei in der Donau!« Sie war verwundert. Konnte es kaum fassen, wirklich das Dokument in den Händen zu halten.

Der junge Mann, der ihr die Fahrerlaubnis aushändigte, sah sie verwirrt an. Er konnte ja nicht wissen, was man Jutta damals in Severin erzählt hatte. Sie hatte es immer geahnt. Aber jetzt hielt sie den Beweis in ihren Händen. Sie war also von Anfang an in diese Falle gelockt worden! Der Diebstahl war nur eine fingierte Tat, um herauszubekommen, was sie tun würde und mit wem sie die Flucht wagen würde.

Doch wo hatte sie nicht aufgepaßt? Waren schon die ersten zwei

Jugoslawen nicht echt gewesen? Oder war tatsächlich dieser Milan aufgeflogen? Sie würde dieses Rätsel wohl nie endgültig lösen können.

Am nächsten Morgen fuhren sie mit einem Bus nach Herleshausen. Anwalt Vogel fuhr mit einem weißen Mercedes voraus. Im Bus verteilten drei Männer von der Staatssicherheit letzte Instruktionen.

»Keine Presse!« hämmerten sie jedem ein. »Sonst werden es Ihre Verwandten und die zurückgebliebenen Häftlinge nur ausbaden!«

Die Presse fürchteten sie wie der Teufel das Weihwasser. Vor allem die Wahrheit machte ihnen angst. Ihr propagandistisches Lügengebäude hätte wohl eine Menge Risse bekommen.

Es war bewegend, während der Busreise zu erleben, wie fremde Leute ihnen von draußen zuwinkten und Daumen drückend die Arme schwenkten. Unter der Bevölkerung mußte sich die Fahrstrecke der Ausgebürgerten schon herumgesprochen haben. Woher hätten sonst die Leute gewußt, wer in diesem Bus saß?

Wirkliche Erleichterung empfanden aber alle erst, als die Stasi den Bus vor der Grenze endgültig verlassen hatte und der Bus der bundesdeutschen Grenze entgegensteuerte. Viele lagen sich in den Armen, weinten, schimpften sich die Wut des vergangenen Leids von der Seele.

Ein Verpflegungsbus stand auf der BRD-Seite. Bei belegten Broten, Saft und Schnittchen begrüßten sich die Deutsch-Deutschen. Hier spielte sich ein bewegendes Stück Geschichte eines Volkes ab, die zwar durch einen Eisernen Vorhang getrennt, aber sich doch immer sehr nahe geblieben war.

Es war so überwältigend für Jutta, wieder frei zu sein, daß sie es gar nicht so richtig fassen konnte. Es war alles noch so ungewiß, so schreckliche Monate lagen hinter ihr.

Und die Zukunft, die in den Träumen so bunt gewesen war, verschwamm in der Realität zu einem vernebelten Farbklecks. Juttas einzige Hoffnung lag darin, bald ihre Töchter in die Arme schließen zu können. Sie hatte sehr viel Zuversicht, und sie wußte über ihren Bruder, daß beide Mädchen nach wie vor unbedingt zu ihr wollten. Die Sehnsucht war nicht kleiner geworden.

Gegen dreizehn Uhr war der Bus in Karl-Marx-Stadt losgefahren und gegen achtzehn Uhr im Notaufnahmelager Gießen, ihrer ersten westlichen Unterkunft, angekommen. Es war Ostern und in Gießen herrschte Hochbetrieb. Die Lager waren vollgestopft, und überall wimmelte es vor Menschen. Jutta wurde in eins der vielen Schlafhäuser eingewiesen. Sie teilte sich ein Zimmer mit einer Frau aus dem Bus.

Jutta hatte das Bedürfnis, erst einmal den letzten Schweiß aus der DDR-Haft abzuwaschen. Schon bei ihrer ersten Begegnung mit der neuen Zivilisation stand sie vor schier unüberwindbaren Problemen. Sie fand keinen Batteriehebel, mit dem das Wasser ein- oder auszuschalten war. Mindestens fünf Minuten fummelte sie an einem runden Metallknopf herum, ehe sie herausfand, das dieser nicht gedreht, sondern gedrückt werden mußte und daß dann automatisch eine dosierte Menge Wasser aus der Düse kam. Sie kam sich vor wie auf einem anderen Planeten. Alles roch hier ganz anders, war frisch und so hell.

Es war ihr fremd geworden, aus richtigen Fenstern zu schauen. Sie hätte sich am liebsten stundenlang vor das Fenster in ihrem Zimmer gesetzt und das Leben und die Natur draußen beobachtet. Welch ein Luxus, an einem Fenster sitzen zu dürfen! Einen Baum sehen zu können! Blüten zu riechen! Einen grünen Rasen, ganz kurz geschoren, mit nackten Füßen zu betreten! Ein Wunder!

Am liebsten hätte sie all die Eindrücke für sich still genossen, doch die Neuankömmlinge waren am Abend zu einem gemeinsamen Essen eingeladen.

Die ihnen zugeteilten Betreuer, zwei jüngere Männer, teilten ihnen mit, wo sie am nächsten Tag ihre Beratungsstellen finden würden und was sie bei der Eingliederung in die Bundesrepublik am meisten zu beachten hätten.

Jutta blieb nur zwei Tage in Gießen. Dann fuhr sie mit dem Zug weiter nach Bad Wildungen zu ihrem Onkel Martin. Fast drei Jahre später als geplant! Und ohne die Mädchen!

Aber um eine gewaltige Lebenserfahrung reicher.

Der Kampf um Claudia und Beate

Onkel Martin holte Jutta vom Bahnhof ab. Er strahlte und jubelte nicht, machte eher eine bedrückte Miene.

»Hallo, freust du dich gar nicht?« Jutta stand vor ihm und wollte ihn herzlich an sich drücken. Der große Mann mit dem braungebrannten, von tiefen Lachfalten geprägten Gesicht senkte den Blick und hatte offenbar Schwierigkeiten, die richtigen Worte zu finden.

»Kindchen«, seufzte er, »ich muß dir eine traurige Mitteilung machen. Sie haben vor fünf Tagen deinen Vater beerdigt. Eine Lungenembolie. Es ist ganz schnell gegangen.«

Jutta stand auf dem Bahnsteig wie angewurzelt. Ein eisiges Frösteln packte sie. Sie war nicht fähig, etwas zu sagen. Ihr ganzer Körper, einschließlich des Gehirns, schien wie gelähmt. War das nicht grotesk? Sie hatte sich so sehr darauf gefreut, ihren Mädchen endlich den Opa zu zeigen. Wie oft hatten sie von ihm gesprochen, ohne ihn wirklich zu kennen. Ein paar Erzählungen von ihrer Mutter, manchmal der Vorwurf, daß Jutta charakterlich im Temperament ganz nach ihm käme. Ein Abenteurer! So gerne hätten sie ihn persönlich erlebt, so gerne mit ihm über Mutter geplaudert. Er hatte sich auch schon so gefreut. Diese Nachricht war bitter, wenngleich Jutta kein Gefühl der schmerzlichen Trauer empfand. Dafür standen sie sich zu wenig nahe. Aber sie hatte das Gefühl, daß ihr das Leben etwas weggenommen hatte, ein Stückchen Heimat, die Erde für eine offene Wurzel, etwas, auf das sie so gebaut hatte. Jetzt gab es nur noch Onkel Martin und Tante Ilse.

Martin nahm ihren Koffer, hakte sich bei ihr unter. Langsam gingen sie weiter. Der Bahnhof war leer. Einsam hallte die Stimme der An- und Abfahrtsansage über die Gleise.

»Möchtest du, daß wir nach Aachen fahren, zum Grab?«, fragte Martin.

Jutta blieb stehen, faßte Martin am Ärmel und schaute ihn traurig an. »Nein. Ich habe ihn als Person nur aus meiner Kindheit in Erinnerung. Er hat in den letzten Jahrzehnten nur in meinen Vorstellungen existiert, in dem, was seine Briefe und Bilder uns vermittelten. Danke für dein Angebot, Martin, aber ich will, daß es so bleibt. Ich will und ich kann jetzt nicht an sein Grab! Ich muß es so akzeptieren. Ich will nicht nach seinem Tod in das eindringen, was er zurückgelassen hat. Das geht mich nichts mehr an. Verstehst du das?«

Martin nickte. »Ich habe auch kaum zu ihm Kontakt gehabt. Wir haben einmal im Jahr zu Weihnachten telefoniert. Er schien mir immer verschlossen. Aber am Grab standen viele Leute. Er war wohl doch beliebt«, seufzte Martin, als ob er einen Abschlußakzent auf dieses Thema setzen wollte. »Du wirst dich jetzt erst mal bei uns erholen, das ist dein Recht, nach allem, was du erlebt hast. Und dann sehen wir weiter.«

Doch Jutta blieb nicht lange in Bad Wildungen. Sie wollte sich erst gar nicht daran gewöhnen, abhängig zu sein. Suchte nach eigenen Wegen. Nicht, weil sie ihre Verwandtschaft nicht mochte, sondern weil sie endlich den langgehegten Traum einer eigenen freien Existenz und einer eigenen Wohnung verwirklichen wollte.

In Stuttgart-Weilimdorf gab es eine große Siedlung, die eigens für Um- und Übersiedler eingerichtet war. Hier wurde ihr eine kleine Wohnung, etwa fünfundsechzig Quadratmeter, zugeteilt. Der Bau war erst vier Jahre alt, und Jutta hatte das Gefühl, mitten ins Paradies geraten zu sein. Die Wohnung war für ihre Verhältnisse ausgesprochen schick und es war ein Glück, daß sie frei geworden war. Sie lag im Parterre, hatte einen kleinen Balkon, südseitig, mit Blick auf eine grüne Oase. Normalerweise wurden zunächst Familien berücksichtigt. Doch beim Amt waren sie davon ausgegangen, daß die Mädchen bald nachkommen würden. Onkel Martin half ihr bei der Einrichtung und bei den notwendigen Umzugsarbeiten.

Jutta hatte inzwischen schon mehrere Briefe an Politiker und Hilfsorganisationen geschickt, mit der Bitte, ihr bei der Ausreisebewilligung für ihre Töchter behilflich zu sein. Sie legte Kopien von einigen der vielen Briefe bei, die ihr Claudia und Beate in den letzten Jahren zugesendet hatten. Im Augenblick war allerdings der Postverkehr total unterbrochen. Juttas Briefe und Päckchen kamen nie in Dresden an, und umgekehrt erhielt auch sie von ihren beiden Kindern keine Post. Seit sechs Wochen war sie nun schon ohne Nachricht.

Auch die Behörden und Politiker schrieben nur die üblichen Ausweichantworten, bedauerten ihr Schicksal, sahen jedoch keine Möglichkeit, konkret zu handeln, versprachen aber immerhin, sich weiter zu bemühen. Jeder »bemühte« sich, aber keiner handelte.

Jutta war verzweifelt und allein. Sie stolperte von einem Tag in den anderen, ohne wirklich ihre Freiheit im Westen genießen zu können. Was war das alles ohne ihre Kinder. Es mußte einen Ausweg geben! Als sich nach einem halben Jahr immer noch keine Lösungen abzeichneten, entschloß sie sich, massiv an die Öffentlichkeit zu treten.

»Das ist der einzige Weg, erfolgreich zu sein«, hatte man ihr von Seiten der Internationalen Gesellschaft für Menschenrechte (IGFM) geraten. Man hatte ihr versprochen, dabei hilfreich zu sein. Auch die Organisation »Hilferufe von drüben«, die sich schon während der Haft um Jutta gekümmert hatte und ständig beim Amt für innerdeutsche Beziehungen um ihre Freilassung gekämpft hatte, sprach ihr Mut zu und riet, die Öffentlichkeit einzuschalten.

»Ich werde dein Schicksal im ZDF-Magazin publik machen«, bot ihr Gerhard Löwenthal, Moderator politischer Magazine beim ZDF und Präsident der Organisation »Hilferufe von drüben« an.

»Darauf müssen sie nach meiner Erfahrung reagieren«, meinte er. »Die Roten drüben wie die hier hassen mich zwar, weil ich die Wahrheit sage und niemanden schone. Aber sie werden wissen, daß du nicht alleine dastehst mit deinen Forderungen. Wir werden denen schon Dampf machen. Da kenn ich mich aus!«

Wegen seiner direkten Art und seiner offenen kämpferischen Haltung gegen die DDR mußte er oft Kritik einstecken und sich als Hetzer und Propagandist der Schwarzen beschimpfen lassen. Doch in der DDR galt »Löwi« als eine Art Volksheld. Sein ZDF-Magazin hatte traumhafte Einschaltquoten im Osten. Freund wie Feind saßen dienstags abends vor dem Bildschirm, um die Neuigkeiten aus der Widerstandsszene der DDR zu erfahren. Viele erfuhren durch seine Sendung, daß es überhaupt politische Häftlinge in der DDR gab und wie sie mißhandelt wurden. Immer wieder entlarvte er den zähnefletschenden Kampfhund Stasi, der den Parteigenossen der SED ihren vom Volk nicht legitimierten Machtbereich freibiß und viele Wunden und Narben in der Bevölkerung hinterließ. So merkwürdig Löwenthals drastische, bisweilen auf Konfrontation ausgerichtete Art manch einem erscheinen mochte – es gab wenige, die den Mut hatten, das begangene Unrecht in der DDR so konkret beim Namen zu nennen. Damit schuf er sich Feinde, nicht nur bei den Betroffenen, sondern vor allem bei jenen, die alles vertuschen wollten.

Jutta war überrascht, daß die DDR-Regierung in weiten Teilen der Politik und der Presse der Bundesrepublik so viel Ansehen genoß. Viele sprachen sogar offen darüber, die DDR als zweiten deutschen Staat anzuerkennen. Wie konnte man überhaupt darauf kommen, solch ein Unrechtsgebilde anerkennen zu wollen? Doch es gab zu viele wirtschaftliche Interessenfelder, die den Flirt zwischen den beiden deutschen Regierungen begünstigten. Der Preis war eine Art gegenseitiges Stillhalteabkommen. Man duldete sich, weil man Geschäfte miteinander betrieb. Da waren solche wie Jutta und ihresgleichen nur Störenfriede für beide Seiten.

Die Erfahrung, daß sich monatelang in ihrer Angelegenheit nichts tat, stärkte sie in dem Entschluß, mit aller Kraft an die Öffentlichkeit zu gehen.

Am vierten Oktober 1984 reiste Jutta nach Berlin, um sich mit einem Plakat an den Checkpoint Charlie zu stellen. Das selbstgefertigte Plakat trug sie vor dem Bauch. In riesigen Lettern stand darauf geschrieben: »GEBT MIR MEINE KINDER ZURÜCK!« Darunter hatte sie die Bilder von Claudia und Beate geklebt. Auf ihrem Rücken war zu lesen: »WAS MENSCHEN VERBINDET KÖNNEN GRENZEN NICHT TRENNEN!«

Die ersten Stunden des ersten Tages fühlte Jutta sich schrecklich. Sie war es nicht gewohnt, auf offener Straße zu provozieren, von vielen Leuten angestarrt zu werden.

Ein Hauptmann von der DDR-Seite kam bis auf wenige Schritte zur Demarkationslinie und fotografierte sie auffällig von allen Seiten. Immer mehr Leute, manchmal ganze Schulklassen, umkreisten Jutta und wollten genau wissen, was geschehen sei. Die wenigsten hatten überhaupt eine Ahnung, daß es politische Häftlinge in der DDR gab. Sie waren wirklich betroffen und versprachen, ihr zu helfen. Auch die Berliner Tagespresse, Radio und das Fernsehen berichteten über ihr Schicksal.

Jutta war inzwischen in den Hungerstreik getreten, wollte damit erzwingen, daß ihre Kinder sie wenigstens besuchen durften. Doch die DDR stellte sich taub. Nur abends, wenn Jutta in ihrem, von einer Freundin zur Verfügung gestellten Zimmer alleine war, schrillte das Telefon. Meist meldete sich eine anonyme Stimme am anderen Ende der Leitung.

»Wenn Sie nicht sofort damit aufhören, die DDR öffentlich zu diffamieren, wird das unangenehme Folgen für Sie haben. Wir haben da unsere Methoden!«

Es waren immer nur sehr knappe Anrufe. Oft nur: »Sie werden in den nächsten Tagen bedauerlicherweise einem der vielen Sexualverbrechen zum Opfer fallen. Schade!«

Es war schäbiger, mieser Psychoterror, der allerdings seine Wirkung nicht verfehlte. Jutta hatte Angst, auch wenn sie wußte, daß diese Drohungen wohl kaum in die Tat umgesetzt würden, sondern nur dem Zweck dienten, sie einzuschüchtern. Sie hätte am liebsten das Telefon abgeschaltet. Doch das war natürlich nicht möglich. Denn der intensive Kontakt zur Presse, der durch die Aktion zustandegekommen war, schützte sie im Augenblick mehr als irgendeine Waffe. Deshalb mußte die Leitung frei bleiben für Interviews und Gespräche.

»Hungerstreik am Ausländerübergang Checkpoint Charlie« betitelte die Berliner Morgenpost ihre Reportage über Jutta, die Bildzeitung wählte als Schlagzeile: »DDR läßt Kinderstars nicht zur Mutti in den Westen.« Eine Illustrierte schrieb: »Im DDR-Fernsehen leben Claudia und Beate Gallus in einer Musterfamilie. Die beiden Schwestern sind Stars der heiteren Familienserie ›Blick übern Gartenzaun‹! In Wirklichkeit ist ihnen zum Heulen zumute. Denn seit drei Jahren sind sie aus politischen Gründen von ihrer Mutter getrennt...«

Millionen Menschen aus Deutschland, Österreich und der

Schweiz lasen oder hörten von dem grausamen Trennungsschicksal einer Mutter von ihren beiden Töchtern.

In Wien hatte Vera Russwurm im »Insider«, einer österreichischen Jugendzeitschrift, zu einer weitreichenden Aktion unter dem Motto: »Um fünf Schilling eine Familie retten?« aufgerufen. Die Menschen wurden gebeten, eine Appellpostkarte mit der Frage »Wie lange sollen Claudia und Beate noch zwangsweise festgehalten werden?« an Erich Honecker, Marx-Engels-Platz, DDR-1020 Berlin oder an den Genossen Hahn, Rat des Bezirkes, Abteilung Jugendhilfe, Togliattistraße, DDR-8060 Dresden zu schicken.

Viele folgten diesem Aufruf, und viele bekundeten Jutta brieflich ihre Anteilnahme. Doch was konnten all die lieben Menschen mit ihren guten Absichten gegen einen sturen kommunistischen Machtapparat ausrichten? Nichts! Und noch mal nichts!

Die DDR blieb stumm, alle Verantwortlichen auf Tauchstation. Jutta fürchtete immer mehr, daß eventuell ihre Töchter darunter leiden mußten, daß sie so oft in den westlichen Medien in Erscheinung trat. Ging sie den falschen Weg? Doch welcher Weg war der richtige? Das konnte ihr niemand sagen. Es war schlimm, nicht einmal von den Mädchen zu hören. Wenn sie versuchte anzurufen, wurde sofort die Leitung unterbrochen. Einmal hörte sie ganz kurz Beates Stimme: »Ja, bitte«, hatte sie gesagt.

»Hier ist Mami«, hatte Jutta geantwortet. Sie hatte noch jenen Schrei der Freude vernommen, dann hatte es wieder in der Leitung gekracht. Und wieder, und wieder, und wieder! Es war offensichtlich, daß der Telefonapparat bei ihren Kindern abgehört wurde, um unerwünschte Gespräche von den Kindern fernzuhalten.

Wie sehr sehnte sich Jutta nach ihren beiden Töchtern! Es war unbeschreiblich! Sie hatte all ihre Hoffnung auf den Westen gesetzt und jetzt saß sie hier und war noch mehr von den Kindern getrennt als zuvor. Sie war so unglücklich! Alles schien fehl zu laufen.

An einem Sonntag nachmittag erwartete sie Gerhard Löwenthal. Sie hatte einen gedeckten Apfelkuchen gebacken. Ein bißchen Abwechslung würde ihr gut tun. Sicher brachte er auch neue Ideen mit, um ihr zu helfen. Doch sie war ziemlich deprimiert, als er kam.

»Wie geht's?« fragte er gespannt. »Noch keine positiven Reaktionen aus Bonn?«

Jutta sah in ihm wirklich einen Freund, einen, der um ihre Verzweiflung wußte, der sie nicht nur benutzte, um eine gute, tränenrührige Story zwischen Reklameseiten zu verkaufen.

»Es geht mir nicht gut«, sagte sie ehrlich. »Ich habe manchmal genug von allem. Ich will keine große Politik machen, im Schußfeld der Stasi stehen, ich will kein Medienfutter sein. Ich will nur, daß Claudia und Beate wieder bei mir sind. Daß es ist wie früher. Es ist so schrecklich, allein zu sein. Wir drei haben immer zusammengelebt. Ich habe ihnen Kleider genäht, mit ihnen gespielt, bin mit ihnen Eis essen gegangen, habe mir ihre kleinen und großen Sorgen angehört, habe ihre hübschen braunen Haare zu Zöpfen geflochten und abends so lange gebürstet, bis sie ihnen wie Seidenschals über die Schultern fielen. Ich habe sie geboren, Gerhard, bin mit ihnen gewachsen – mein geschiedener Mann hat damals doch noch nicht mal von seinem Besuchsrecht Gebrauch gemacht, obwohl wir im selben Haus leben mußten! –, und jetzt soll alles das zu Ende sein? Manchmal habe ich so viel Angst, daß ich sie nie wieder sehen werde. Ich sehe dann meinen Vernehmer vor mir, den mit der Strickjacke, wie er grinst und mir sagt: ›Die Kinder werden Sie nicht mehr bekommen!‹ Ich habe einen Fehler gemacht, Gerhard, der Preis ist zu hoch – zu hoch«, sie geißelte sich selbst mit Vorwürfen.

»Nein, Jutta, wir werden es gemeinsam schaffen! Bestimmt! Keiner wird dich im Stich lassen. Ich am allerwenigsten. Das weißt du«, versuchte er ihr Mut zu machen.

Wie konnten Menschen aus ideologischen Gründen so gemein sein? Wem brachte es einen Vorteil? Es war nicht zu verstehen! Der einzige Lichtblick in Juttas Leben: Sie traf sich ab und zu mit Fussel, die in der Nähe von Konstanz eine Arbeit als Kindergärtnerin gefunden hatte und recht zufrieden mit sich und der Welt war. Sie tauschten Erinnerungen aus, und Fussel ermutigte sie enthusiastisch.

»Dein Kampf wird sich auszahlen, das weiß ich. Wer kämpft, gewinnt!«

»Oder er geht unter«, ergänzte Jutta pessimistisch.

Am kommenden Wochenende, es war drei Wochen vor Weihnachten, hatte sich Jutta mit ihrem Bruder in Prag verabredet. Nur für einen Tag. Claus brachte ihr Briefe und Tonbandaufzeichnungen der Kinder mit.

»Sie sind genauso verzweifelt wie du, wollen weg. Zweimal sind sie schon ausgerissen, aber man wendet alle Tricks an, sie in der DDR zu halten. Sie sollten neue Rollen im Fernsehen bekommen, für die Unterschrift, daß sie nicht mehr zu ihrer Mutter wollen. Aber das haben sie nicht gemacht. Sie sind genauso stur wie du. Die Stasi wird sich bei den beiden die Zähne ausbeißen. Die kennen die Malornyschen Dickschädel nicht«, scherzte Claus.

Jutta lächelte.

»Mensch, Claus, das ist das tollste Weihnachtsgeschenk, was du mir machen konntest! Bestimmt. Ich bin so stolz auf meine Mädels! Wenn wir nur zusammenhalten, dann werden sie nachgeben *müssen*. Meinst du nicht auch?«

»Doch bestimmt!«

»Sag mal, hast du auch keine Nachteile, privat, wegen mir?«

»Es geht, das Übliche«, Claus verdrehte die Augen. »Du weißt schon.«

Jutta wußte nur zu gut.

»Sag mal, warst du schon bei Herbert am Grab?« fragte Claus plötzlich unvermittelt.

Jutta schüttelte den Kopf. »Nein, Claus, ich kann nicht. Ich will da nicht hin! Jetzt noch nicht. Ich habe noch so vieles mit mir selbst zu tun. Dann die Mädels, das deprimiert mich alles. Ich kann niemandem helfen, wenn ich dorthin gehe. Vielleicht störe ich dort nur. Was wissen wir schon von unserem Vater.«

Claus schaute nervös auf die Uhr. Weil es Winter war, fuhr er mit dem Zug. In zwanzig Minuten mußte er am Bahnhof sein. Diese Begegnung war viel zu schnell vorübergegangen. Jutta hielt ihn lange fest, ehe sie tränenüberströmt seinem Zug nachwinkte.

»Es wird eines Tages alles anders kommen, bestimmt!« hatte er sie zum Schluß getröstet.

Alles anders!

Da mußte man sich heimlich mit seinem Bruder im Ausland treffen, weil es die Bonzen so wollten. Weil sie ihr Vergnügen daran hatten, denen weh zu tun, die dem selbstherrlichen Machtapparat SED nicht zu Füßen lagen.

Jutta las im Zug, als sie nach Stuttgart fuhr, mehrmals die Briefe ihrer Töchter. Immer wieder schrieben sie:

»Wir wollen unbedingt zu Dir! Bitte Mami, laß uns hier nicht allein! Wann wird es denn Wirklichkeit, daß wir uns wiedersehen?!!! Wir hoffen so sehr!!!

Deine Mäuse Claudi und Beate.«

Ja, wann würde es Wirklichkeit? Das war die zentrale Frage, um die sich alles drehte. Vielleicht dürfen die Kinder bis Weihnachten ausreisen, hoffte Jutta. Sie wollten es doch so gerne! Das war ganz offensichtlich. Die Kinder litten genauso unter den Umständen wie sie selbst. Das spürte Jutta aus den Zeilen, die sie schrieben. Niemals die Hoffnung aufgeben, so lautete ihre Parole, an der sie alle festhalten wollten. Doch es war so schwer, wenn am Horizont nicht mal der kleinste Hoffnungsschimmer zu erkennen war.

Es geschah, wie erwartet, nichts. Weil es Jutta nicht ausgehalten hätte, das Weihnachtsfest bei Onkel Martin zu feiern, so, als ob alles in Ordnung wäre, stellte sie sich in Bonn vor die dortige DDR-Vertretung. Sie hatte einen kleinen Weihnachtsbaum gekauft und neben sich aufgestellt. Es war eisig kalt, und sie holte sich rote Finger und auch ein rotes Gesicht, aber sie blieb stehen. Sie wollte an diesem Tag protestieren. Ihr blasses, schmal gewordenes Gesicht, wurde von einer dicken Pudelmütze eingerahmt.

Eine amerikanische Journalistin, die in Bonn akkreditiert war und mehr zufällig an der DDR-Vertretung vorbeikam, stellte sich zu Jutta. Eine kleine Blonde, mit knallroten, plüschigen Ohrwärmern.

»Das ist wirklich unglaublich!« schüttelte sie den Kopf, als Jutta ihr die Zusammenhänge erklärte. Sie war noch jung, kam direkt aus Washington und war erst seit wenigen Monaten in der Bundesrepublik als Korrespondentin für mehrere Zeitungen tätig. Einige Tage später erschien eine Reportage von ihr in der New York City Tribune unter dem Titel »East German refugee keeps lonely vigil on Bonn street.« Sie hatte Juttas Adresse und schickte ihr ein Belegexemplar ihrer Reportage mit folgendem Gruß:

»Ich hoffe und bete für Dich und Deine Kinder, Susan.«

Es blieben unerfüllte Wünsche wie all die Monate zuvor. Doch Jutta hatte wenigstens die Tonbänder und die Briefe. Außerdem war ihr über »Hilferufe von drüben« ein Mann vermittelt worden, der in der DDR ein Netz von Deckadressen aufgebaut hatte und für einen reibungslosen Postverkehr garantierte. Er war Mönch in einem Kloster in Münster und nannte sich Bruder Theo. Ein gemütlicher Mensch mit sehr viel Schalk und Humor.

»Laß mal, wir tricksen die vom Stasi schon aus, wir sind besser als die«, tröstete er Jutta.

Seither klappte es wirklich fabelhaft. Jutta war glücklich. Endlich stand sie wenigstens in Verbindung mit ihren beiden Töchtern. Das war ein enormer Gewinn. Sie war auf dem laufenden, wußte, was geschah. Bruder Theo war wie ein Geschenk des Himmels. Wo immer er konnte, stellte er die durch die Stasi zerstörten Kommunikationsfäden wieder her. Allerdings nur im familiären Bereich. Für politische Kurierdienste hätte er seine Kontaktbörse im Osten nicht mißbraucht. Ein wirklich rühriger Mönch, der seinen Heiligenschein, wenn er denn je einen bekam, wahrlich verdient hätte!

Auf politischer Ebene tat sich nichts. Ein Ludwig Rehlinger, Staatssekretär beim Ministerium für innerdeutsche Beziehungen, schien dafür eingesetzt, die Geduldsfäden der Betroffenen zu stählen und sie pressescheu zu machen. Man solle abwarten. Auf was und wie lange, wurde nie gesagt. Jutta wollte aber nicht warten.

Mit Hilfe der Internationalen Gesellschaft für Menschenrechte wollte sie weiterhin handeln, öffentlich gegen das Vorgehen der DDR in ihrem Fall protestieren.

Für den April 1985 war eine Audienz von Honecker beim Papst angekündigt. Sie wollte diese Begegnung nutzen, um dem Papst eine Petition zu übergeben. Sie hoffte so sehr, daß sein Einsatz direkt bei Erich Honecker etwas bewirken würde. Konnte Honecker es sich leisten, dem Papst zu widersprechen? Das würde doch auf ihn selbst zurückfallen, sein internationales Ansehen schmälern. Sie wollte doch nur ihre Kinder, keine Rache, keine politische Agitation, nur ihre beiden Mädchen wieder bei sich haben. War das etwa zu viel verlangt? Würde man mit diesem Wunsch etwa die DDR schädigen? Die Mädchen würden sich ohnehin nicht erpressen und eingliedern lassen. Das hatten sie oft genug geschrieben und auch auf ein Tonband gesprochen.

»Bitte, Lieber Gott, wenn es Dich gibt und es wird Dich wohl geben, dann gib mir die Kraft und den Mut, das alles durchzustehen und nicht schlapp zu machen«, betete Jutta einen Tag vor ihrem Abflug nach Rom.

Jutta stellte sich noch vor Honeckers Besuch vor die Botschaft der DDR und veranstaltete einen stummen Protest. Als man in der Botschaft bemerkte, was sich vor dem deutschen Amtssitz ereignete, wurden die italienischen Carabinieri zu Hilfe gerufen. Sie umzingelten Jutta und baten sie freundlich mitzukommen, da sie angezeigt worden wäre und es sich bei ihrem Auftreten um eine nicht genehmigte Demonstration handle.

Jutta fürchtete zunächst, wieder ins Gefängnis zu müssen. Sie hatte nicht geahnt, daß man in Italien festgenommen wird, wenn man ein Plakat in der Hand hält.

Sie versuchte sich herauszureden, doch ihre Personalien wurden aufgenommen. Sechs Stunden saß sie in einem Raum fest. Dann kamen Freunde von der Internationalen Gesellschaft für Menschenrechte mit einigen Journalisten. Gemeinsam erklärten sie der Polizei, worum es sich handle, und daß Jutta von ihrer Organisation die Genehmigung habe, beim Papst ihre Petition abzugeben. Jutta hatte einen Brief verfaßt, den sie persönlich dem Papst überreichen wollte. Man hatte sehr viel Verständnis für ihre Lage und ließ sie gehen, jedoch mit dem ausdrücklichen Verbot, vor der Botschaft der DDR zu demonstrieren.

Am Abend las Jutta nochmals den Brief durch, den sie an den Papst verfaßt hatte:

Sehr verehrter Heiliger Vater! *21. 4. 85*
Ich sehe das Licht der Erlösung nach einem langen Weg des Leidens und Hoffens in Zusammenhang mit der Audienz, die Sie dem Staatschef der DDR, Herrn Erich Honecker, gewähren. Nach meiner Scheidung war ich alleinige Erziehungsberechtigte meiner beiden Töchter Beate und Claudia, die jetzt 12 und 14 Jahre alt sind.

Da einer offiziellen Übersiedlung zu meinem in der Bundesrepublik lebenden Vater nicht stattgegeben worden war, hatte ich mich mit meinen Kindern gemeinsam zu einem Fluchtversuch über Rumänien entschlossen. Nach dem Mißerfolg dieses Versuchs mußte ich bis zu meinem vorzeitigen Freikauf durch die Bundesrepublik am 18. 4. 84 21 Monate im Frauenzuchthaus Burg Hoheneck in unmenschlicher Terrorhaft mit Mördern und Verbrechern zubringen. Die Kinder standen trotz psychischen Drucks seitens der Staatssicherheitsorgane der DDR zu mir und schrieben viele Briefe. Sie wollen zu mir ziehen, das schreiben sie fast täglich und haben es mir auch über ein Tonband vermittelt, da wir offiziell über das Telefon nicht miteinander sprechen dürfen. Da ich psychische und physische Schäden meiner Töchter in dieser jahrelangen Verfolgungslage aufs äußerste befürchten muß und ich auch selbst als Mutter an dieser Zwangstrennung mitten durchs Herz kaputt gehe, flehe ich Sie an, sich bei der Audienz mit dem DDR-Staatschef Honecker mit all Ihrer Fürsprachemöglichkeit für unsere Familienzusammenführung einzusetzen und ihn damit an Menschenrechte und international eingegangene Vereinbarungen zu erinnern. Mit ergebenster Hochachtung, eine hoffende Mutter
Jutta Gallus

Sie traf den Papst am kommenden Vormittag, als dieser die Gemeinde der Gläubigen segnete und auf dem Petersplatz jene Gruppe von Menschen aufsuchte, die ihm eine persönliche Botschaft übergeben wollte.

Jutta zitterten die Knie. Was sollte sie nur sagen? Verstand er überhaupt ihre Sprache? Sie konnte weder polnisch noch italienisch. Sie hatte Angst sich zu verhaspeln, vor lauter Aufgeregtheit zu vergessen, was sie sagen wollte. Doch als er bei ihr stand und um ihr Anliegen bat, vergaß sie alle Ängste. Es ging nur noch um Beate und Claudia.

Der Papst nahm ihre Hand, ein Begleiter sammelte ihren Brief ein und legte ihn zu den anderen. Jutta berichtete ihm in wenigen Worten, worum es ging.

»Ich verspreche«, sagte der Papst in gutem Deutsch mit leichtem polnischen Akzent, »daß ich mich bei Erich Honecker für Sie verwenden werde. Aber ich bin kein Politiker und ich kann nur hoffen, daß er Ihrer Bitte, durch mich übertragen, folgen wird. Auch ich bin der festen Überzeugung, daß Kinder zu ihrer Mutter gehören, daß es da keine politischen Barrieren und Grenzen geben darf.«

Dann segnete er sie »Im Namen des Vaters, des Sohnes und des Heiligen Geistes«, und schritt mit würdevollen Gesten zum nächsten Schicksal. So viele gab es, die sich Hilfe von ihm erhofften. So viele gab es, die ihm auf dem Petersplatz unter einem strahlendblauen italienischen Himmel ihre tragischen Geschichten erzählten! War er nur ein Tröster in der Not oder konnte er wirklich etwas bewirken?

Jutta zweifelte, obwohl sie hoffte. Sie glaubte an Gott, nicht so absolut vielleicht wie andere, aber sie glaubte an ein höheres Wesen. Doch die Kirche war ihr all die Jahre fremd geblieben. Sie hatte durch ihre Erziehung nie viel damit zu tun gehabt und hatte auch nicht viel übrig für die rituellen Zeremonien in den Meßfeiern. Trotzdem war sie froh, nichts unversucht gelassen zu haben, auch wenn sie ahnte, daß aufgrund dieses Gespräches keine direkte Wirkung zu erwarten war.

Auch nach der Audienz blieb die DDR stumm.

Mittlerweile war sie und eine gewisse Gisela Mauritz, deren Sohn anscheinend zwangsadoptiert worden war, beim Amt für innerdeutsche Beziehungen auf den ersten beiden Plätzen der Dringlichkeitsliste. Das hieß konkret, daß keine Möglichkeit versäumt werden sollte, die DDR bei diplomatischen Verhandlungen auf die ungelösten Fälle der beiden Frauen hinzuweisen. Es ging immer wieder um dasselbe: Frauen, Väter, Eltern wollten ihre Kinder wiederhaben. Es mußte Hunderte, ja vielleicht sogar Tausende solcher Schicksale geben!

Jutta erfuhr sehr viel von den anderen, weil sie selbst so aktiv war und häufig mit den Organisationen, die anderen ehemaligen DDR-Häftlingen halfen, zu tun hatte.

Da waren Otto und Bärbel Grübel, die gemeinsam mit ihren Kindern Ota und Jeanette im Mai 1973 eine Republikflucht über die Tschechoslowakei versucht hatten. Das war vierzehn Jahre her und wie ihr eigener Versuch mißglückt. Sie waren wegen Republikflucht zu jeweils zwei Jahren und zehn Monaten Haft verurteilt worden. Seitdem waren sie von ihren beiden Kindern getrennt. Hörten nie wieder etwas von ihnen. Der Staat hatte ihnen das Erziehungsrecht bereits während der Haft abgesprochen. Als das Ehepaar im Mai 1975 von der Bundesrepublik freigekauft worden war, hatten sie nicht die geringste Ahnung, wo und bei wem ihre Kinder steckten. Sie blieben bis heute wie vom Erdboden verschluckt.

Angesichts solcher Schicksale war Jutta froh, daß sie wenigstens Kontakt zu ihren Kindern hatte. Sie waren zu groß gewesen, um sie wegnehmen und in eine SED-konforme Fremdfamilie stecken zu können.

Die Kinder der Grübels waren drei und vier Jahre alt, als die Flucht mißlang. In dem Alter können Kinder noch vergessen. Aber bei Claudia und Beate war keine Gehirnwäsche mehr möglich. Das war Juttas einzige Hoffnung. Denn ihre Mädchen ließen sich offensichtlich nicht vom dummen Geschwätz der Stasi und von SED-Bonzen beeindrucken. Sie verfolgten wie Jutta dasselbe Ziel.

Doch warum riskierte die DDR solche groben Menschenrechtsverletzungen, obwohl sie gleichzeitig um internationale Anerkennung warb? Weshalb dieser Zirkus um die ohnehin Abtrünnigen? Es konnte nur damit zusammenhängen, daß die Partei davon ausging, daß Kinder in erster Linie dem Staat und erst in zweiter Linie den Eltern gehörten. Wie sonst wären solche Maßnahmen zu erklären? Die Persönlichkeit, die Arbeitskraft, die Gesundheit, jeder Mensch und jedes Ding gehörte der Partei. Die SED hatte nun die Aufgabe, im Sinne aller, die verstaatlichten Menschen so zu organisieren, daß sie der Staatslinie treu blieben und nicht absprangen. Deshalb war es nach dem Familienrecht der DDR oberste Elternpflicht, die Kinder staatskonform beziehungsweise SED-konform zu erziehen. Wer dies nicht tat, war asozial, staatsfeindlich, mußte logischerweise damit rechnen, daß ihm die Kinder weggenommen wurden.

Wie streng der »Kinderentzug« gehandhabt wurde, hing offenbar von der Parteitreue der einzelnen Personen im Jugendamt ab. Tatsache war jedoch, daß jeder Vertreter im Jugendamt prinzipiell dazu legitimiert war, Kinder aus politischen Gründen ihren Eltern wegzunehmen. Ein Orwellscher Staat, der seine Bürger zu gefügigen Wesen instrumentalisierte.

Daß solche Methoden nicht erst im Laufe der SED-Regierung ausgeheckt wurden, sondern im Regime, im System tief verankert und verwurzelt waren, erfuhr Jutta nach und nach durch das Bekanntwerden anderer Schicksale, die vereinzelt in irgendeiner Zeitung mit ein paar Zeilen auf der Allerweltsseite Platz fanden. So hatte sie eines Abends mehr zufällig die Stuttgarter Zeitung durchgeblättert und war dabei auf einen Artikel des Journalisten Franz J. Schmid gestoßen. Unter dem Titel »Eltern ins Gefängnis, dem Kind den Namen geraubt« berichtete er über das Schicksal des Christian Dertinger, der in der DDR im Alter von acht Jahren seiner wahren Identität beraubt worden war. Sie las:

Daß der Staatssicherheitsdienst nicht nur fähig war, die zu Staatsfeinden erklärten Menschen für Jahre verschwinden zu lassen, daß er es sogar fertigbrachte, einem völlig unverdächtigen Kind seine Identität zu nehmen, das zeigt ein Schicksal, das nur Eingeweihten bekannt ist.

Die Rede ist von Christian Dertinger aus Leipzig. Als ihm 1953 die Eltern genommen wurden, als ihm damals ein neuer Name gegeben wurde, war er acht Jahre alt. Sein Schicksal führt mitten in die Nachkriegsgeschichte, mitten in die Auseinandersetzung, die mit der Gründung der beiden deutschen Staaten verbunden war. Vater Georg Dertinger war der erste Außenminister der 1949 gegründeten DDR. Der Journalist und Jurist gehörte zu den Gründern der CDU in der damaligen Sowjetzone und wurde deren Generalsekretär. Zwangsläufig hatte er engen Kontakt mit Jakob Kaiser (später Minister für gesamtdeutsche Fragen in Bonn), Ernst Lemmer, Otto Lenz, die alle ihre politische Karriere im Westen fortsetzten. Georg Dertinger blieb auch dann noch, als die Ost-CDU brutal auf den Kurs der SED getrimmt wurde. Ungeachtet seiner exponierten Stellung hat er wohl die Kontakte zu CDU-Leuten im Westen niemals ganz abreißen lassen, möglicherweise ist ihm dies zum Verhängnis geworden. Am 15. Januar 1953 wurde Georg Dertinger in Berlin mitten in der Nacht verhaftet, zugleich seine Frau, die heute in Bonn lebt, seine damals 76 Jahre alte Schwiegermutter und die beiden älteren Kinder, 15 und 14 Jahre alt. Georg Dertinger wurde später wegen Verschwörung gegen die DDR zu 15 Jahren Zuchthaus verurteilt, seine Frau wegen Mitwisserschaft zu acht Jahren; die Großmutter wurde nach eineinhalb Jahren Untersuchungshaft ohne Urteil entlassen. Der älteste Sohn Rudolf saß wegen angeblicher Spionage bis 1956 im Jugendknast Dessau, seine Schwester Octavi wurde 16 Monate in Schutzhaft genommen.

Blieb noch der Jüngste der Familie, der achtjährige Christian, den man beim besten Willen nicht zum Spion oder Konterrevolutionär erklären konnte. Christian Dertinger erinnert sich noch genau jener schlimmen Nacht als das Haus umstellt und die Mutter abgeholt wurde. Die Stasi-Leute erzählten ihm, die Mutter müsse nur mal eben nach Berlin, am Morgen werde sie wieder daheim sein. Christian verzog sich mit dem Hund in sein Zimmer. Doch als er am anderen Morgen aufwachte, war auch die geliebte Großmutter weg. Unterdessen wurde das Haus von der Polizei auf den Kopf gestellt. Bei der Durchsuchung sei damals auch sein Schiffsmodell zu Bruch gegangen. Nachmittags wurde er nach Pankow gebracht, dort traf er die Geschwister. Der Bruder war aus einem Konvikt geholt, die Schwester beim Klassenausflug festgenommen worden. Ein Paar, dessen Namen sie nie erfuhren, vermutlich Stasi-Mitarbeiter, betreute die drei. Das Grundstück war Tag und Nacht von Polizeibeamten mit Hunden bewacht. Im März wurden Bruder und Schwester abgeholt. Wie sich später herausstellte, kamen sie in einen sogenannten Jugendwerkhof, eine Art Fürsorgeerziehung. Jetzt war Christian Dertinger endgültig von seiner Familie getrennt. Der nächste Lebensabschnitt kündigte sich an, als er nach Schönebeck, 15 Kilometer südlich von Magdeburg, gebracht wurde. Dort empfing ihn eine sehr mütterliche, etwas füllige, kleine Frau, drückte ihn an sich und nahm ihn wie einen eigenen Sohn auf. Bei den Pflegeeltern blieb er sieben Jahre lang und fühlte sich eigentlich wohl und geborgen. Dem knapp neun Jahre alten Jungen wurde bei der Ankunft in Schönebeck folgende Geschichte erzählt, die ihm zu einem neuen Leben verhalf. Die Dertingers seien gar nicht seine richtigen Eltern, sie hätten ihn nur adoptiert. Denn seine Mutter und sein Vater seien 1944 bei einem Luftangriff auf Berlin ums Leben gekommen. Sein richtiger Name sei auch gar nicht Dertinger, wurde ihm vorgelogen, vielmehr heiße er Müller und so wurde er auch künftig genannt. Die Geschichte tischte ihm ein Mann auf, der sich als sein Vormund vorstellte. Der war Stasi-Chef von Schönebeck und daraus machte er auch gar keinen Hehl. Die Dertingers aber wurden als Staatsverbrecher abgestempelt, die die DDR verraten hätten und nun im Gefängnis säßen. Christian war zu überzeugten Kommunisten gegeben worden; Tante Lieschen und Onkel Emil kümmerten sich um ihn wie um den eigenen Sohn. Onkel Emil hatte die KPD als Abgeordneter im Landtag vertreten. Während des Dritten Reichs war er untergetaucht und hatte sich als Elbschiffer durchgeschlagen. In seinem Haus wurde der Junge atheistisch-kommunistisch erzogen. Der Kampf für die Befreiung der Arbeiterklasse war selbstverständliches Familiengespräch. Christian besuchte die Oberschule, sollte sein Abitur machen und eines Tages die Komintern-Schule in Moskau besuchen, so zeichnete der Vormund vom Staatssicherheitsdienst seinen Lebensweg. Christian Dertinger hatte die von der Stasi entworfene Legende geglaubt. Schließlich gab es noch andere Kriegswaisen in seiner Klasse, so daß ihm das vorgegaukelte Schicksal gar nicht so absonderlich erschien. Sehnsucht nach den Eltern und Geschwistern hat er vielleicht im stillen mit sich herumgetragen, sich aber selbst wohl nicht recht eingestanden. Doch dann kündigte der Vormund eines Tages den Besuch der Großmutter an, dem der Junge etwas beklommen entgegensah. Die alte Dame war zuvor vom Stasi instruiert worden, daß sie die für den Jungen entworfene Lebenslüge zu akzeptieren habe, sie durfte ihn nicht über die wahren Verhältnisse aufklären. Die Großmutter hielt sich auch bei späteren Kontakten daran. Erst von seinem Bruder, den er für den Adoptivbruder hielt, hörte Christian, damals gegen 13 Jahre alt, der Spionagevorwurf gegen die Eltern stimme auf keinen Fall. »Da läuft eine krumme Sache!« sagte ihm Rudolf. Etwas irritiert hörte es Christian, doch sein Glaube an die erfundene Lebensgeschichte wurde dadurch nicht erschüttert. Er konnte es auch nicht verstehen, daß die Geschwister nach der Haftentlassung über Berlin in den Westen gingen. Erst viel später erfuhr er, daß ihnen eine Schulbildung bis zur Reifeprüfung verweigert worden war. Christian Dertinger war 16 Jahre alt, als seine scheinbar heile Welt und die des recht-

schaffenen kommunistischen Ehepaars in Schönebeck zusammenbrach. Ohne jede Vorankündigung eröffnete ihm der Vormund von der Staatssicherheit am 25. November 1960, daß seine Mutter aus dem Gefängnis entlassen worden sei und ihn zurückverlange. Nun war auf einmal nicht mehr von der Adoptivmutter die Rede. Sein Wunsch, in Schönebeck das Abitur zu machen, wurde ihm rundweg abgeschlagen. »Es geht nicht, nach dem Gesetz mußt du zu deiner Mutter!« Anderntags wurde er nach Annaberg im Erzgebirge gebracht, traf dort eine völlig fremde Frau – die Mutter – »mit der ich nichts anfangen konnte«, erzählt Christian Dertinger, und dann »fehlt mir für drei Tage der Film«. Er sei damals in die schwerste Krise geraten. Der Großmutter, einer Frau von massiver Frömmigkeit und unerschütterlicher Selbstsicherheit, und einem katholischen Pfarrer, der ihm Freund wurde, verdankt er es wohl, daß er trotz dieses Jugendschicksals ein fröhlicher, weltoffener Mensch wurde. Die Pflegeeltern konnten es niemals verwinden, daß sie von ihren Gesinnungsgenossen hintergangen wurden, denn auch sie hatten geglaubt, eine Kriegswaise aufzuziehen. Tante Lieschen, die Pflegemutter, starb wenige Wochen, nachdem Christian weggebracht worden war. Onkel Emil setzte seinem Leben selbst ein Ende. Der Elbschiffer fesselte sich selbst Hände und Füße und stürzte sich in einen See. »Der Mann ist aufs schlimmste beschissen worden«, sagt Christian Dertinger. Der Kommunist Emil ist einer von Tausenden.

Jutta ließ die Zeitung sinken. Niemals hatte sie in der DDR von solchen Schicksalen gehört. Diese Verbrecher! Sie spielten mit Menschen, wie es ihnen gerade in ihr politisches Kalkül paßte. Wie viele solcher Schicksale mochte es wohl geben? Warum schwiegen alle? Solche Berichte gab es viel zu selten. Und die Politiker rührten nicht daran! Die Mauer, der Eiserne Vorhang, ein Schutzwall –, um solche Verbrechen vertuschen zu können!

Nur wenige Jahre später wäre die Geschichte des kleinen Christian wohl ganz anders verlaufen. Er hätte seine Mutter gar nicht mehr erst zu Gesicht bekommen, sondern wäre ganz »legitim« zwangsadoptiert worden. Denn inzwischen hatte man die Gesetze im tiefen Schatten der Mauer den Verhältnissen angepaßt.

Jutta schnitt die Reportage aus und klebte sie in ihre Dokumentenmappe. Was für ein Staat! Und wie feige Politiker waren! Warum nannte niemand die Verbrechen beim Namen, wenn sie doch bekannt waren? Sie jedenfalls, und dessen war sie sich hundertprozentig sicher, würde um ihre Kinder weiterkämpfen. Um jeden Preis!

Eine neue Gelegenheit dazu bot sich im Juli 1985 in Helsinki. Es war der zehnte Jahrestag der KSZE-Konferenz. Die Außenminister von mehr als dreißig Nationen trafen sich, um gemeinsam über die Menschenrechtssituation in der Welt zu sprechen. Das war ein günstiger Moment, um auf ihr Schicksal aufmerksam zu machen. Doch ganz so einfach war es nicht. Denn im Vorfeld der KSZE-Konferenz war der finnischen Polizei deutlich gemacht worden, daß Demonstrationen verboten seien. Wenn schon im liberalen Rom die Polizei eingeschritten war, wie würde man sich in Finnland verhalten?

»Es gibt nur eine Möglichkeit«, meinte Wolfgang Riegle, der in der Internationalen Gesellschaft für Menschenrechte die DDR-Sektion betreute. »Wir besorgen dir Handschellen, und du mußt dich vor dem Konferenzgebäude anketten. Sonst werden sie dich gleich wegschaffen. Mit Handschellen wird deine Aktion vielleicht Aufregung erzeugen und die Presse mobilisieren.«

Jutta war sich unschlüssig. Sie wollte nichts tun, was die Gesetze des Landes verletzen könnte. Sie wollte sich nicht mit fremden Polizisten anlegen. Andererseits bot diese Konferenz eine gute Gelegenheit, mit den beiden deutschen Außenministern zusammenzutreffen. Sie waren mächtig genug, um auf Honecker und den Staatssicherheitsdienst einzuwirken.

»Kann ich mich denn auf euch verlassen?« fragte sie Riegle.

»Sicher! Wir sind ganz in deiner Nähe. Das ist doch klar! Wir passen auf, daß dir nichts passiert«, klopfte der schwergewichtige junge Mann Jutta kumpelhaft auf die Schulter.

Mit seiner Unterstützung wollte es Jutta wagen. Sie hoffte von ganzem Herzen, daß sie damit einen Schritt weiterkam.

Es war ein trüber regnerischer Tag, als sie in Helsinki in der Nähe jener Kongreßhalle, wo die Außenminister und ihre Berater tagten, aus der Straßenbahn ausstieg. Vor der Halle war auf einem

Mittelstreifen, der die Hauptstraße in Fahrbahn und Gegenfahrbahn unterteilte, ein halbhohes Geländer.

Es ging alles sehr schnell. Sie kettete sich an und warf die Schlüssel in den davor liegenden Gulli. Das Plakat hatte sie sich auf ihren Pullover genäht. Es trug die Aufschrift:

»GROBE MENSCHENRECHTSVERLETZUNG IN DER DDR! KINDER DÜRFEN NICHT ZU IHRER MUTTER!«

Es dauerte nur wenige Minuten, bis zwei Polizisten auftauchten und sie wegholen wollten. Doch das ging nicht. Inzwischen hatte sich schon eine Menschenmenge um sie versammelt und auch Journalisten waren gekommen. Selbstbewußt forderte Jutta ein Gespräch mit Außenminister Genscher von der Bundesrepublik und Außenminister Fischer von der DDR.

Sie blieb länger als eine Stunde angekettet. Die eisernen Fesseln konnten nur mit Hilfe eines Bolzenschneiders durchtrennt werden. Währenddessen erzählte sie bereitwillig der umherstehenden Presse ihre Geschichte und weshalb sie in Helsinki sei.

Die meisten zeigten Verständnis für ihr Anliegen, lobten ihren Mut und wollten ihr helfen. Unter Protestrufen der umherstehenden Passanten wurde Jutta nach der »Befreiung« durch die finnische Polizei mitgenommen und vorläufig verhaftet. Sie kam ohne Befragung für mehrere Stunden in einen fensterlosen Raum mit dämmrigem Licht und einer Holzpritsche. Auf Intervention der bundesdeutschen Botschaft wurde sie wieder freigelassen. Aufgrund des heftigen Presseengagements hatte ihr Außenminister Hans-Dietrich Genscher sogar einen Termin für den kommenden Vormittag eingeräumt. Jutta hatte vorsorglich einen Brief vorbereitet, den sie ihm mitgeben wollte:

Helsinki, den 26. 7. 85

Sehr geehrter Herr Genscher,
ich wende mich heute mit der Bitte an Sie, sich persönlich noch während Ihrer Anwesenheit zum 10jährigen Jahrestag der KSZE-Schlußakte in Helsinki für unsere Familienzusammenführung einzusetzen.

Nur kurz einige Angaben – die gesamte Akte befindet sich im Bundesministerium für innerdeutsche Beziehungen.

Nach einem mißglückten Fluchtversuch entzog mir das Jugendamt Dresden das Sorgerecht für meine beiden Mädchen Claudia und Beate. Das ist auch in der DDR rechtswidrig. Am 29. 3. 84 wurde ich von Dr. Vogel und fünf Staatssicherheitsleuten zu einer schriftlichen Erklärung gezwungen, in der folgendes zum Ausdruck gebracht werden sollte: »Mein vorläufiges Einverständnis, daß die beiden Mädchen zur einstweiligen Pflegschaft aus dem Heim zum Kindesvater dürften.« Bei Verweigerung dieser Erklärung drohte man mir:

1. *Keine Übersiedlung in die Bundesrepublik,*
2. *Zurückführung in das Zuchthaus Hoheneck und die Drohung, daß ich dann meine Kinder nie wieder sehen würde.*

Zu diesem Zeitpunkt war mir allerdings, wie mir später Rechtsanwalt Neumann mitteilte, das Sorgerecht für meine Kinder in Abwesenheit entzogen worden.

Lug und Trug stehen solchen willkürlichen politischen Machenschaften zur Seite.

Ich erhoffte mir viel von der Bundesregierung, indem ich glaubte, daß sie dieser Art von Rechtswidrigkeit die Stirn bieten könnte.

Steht die Bundesregierung dieser Menschenrechtsverletzung der DDR wirklich hilflos gegenüber? Kann sie keinen Druck ausüben?

Das würde bedeuten, daß die Willkür und Menschenrechtsverletzungen der DDR akzeptiert werden, da bisher nichts Konkretes zur positiven Lösung in meinem Fall unternommen wurde.

Soll meine Hoffnung und die so vieler Menschen wirklich vergeblich sein?

- *Bis 1981 waren Zwangsadoptionen in der »DDR« an der Tagesordnung,*
- *jetzt diese Art von »Regelung« mit Hilfe von erpresserischen und betrügerischen Machenschaften.*
- *Was wird noch alles mit Kindern geschehen, wie lange sieht die Bundesregierung dem noch zu?*

Meine Pflicht meinen Kindern gegenüber ist es, alle Kräfte dafür einzusetzen, damit dieses Unrecht bekannt wird und nicht unter den Tisch gekehrt wird.

Sie verzeihen mir bitte, wenn ich damit einen Keil in die Diplomatie treibe, aber wären Sie in meiner Situation, dann würden auch Sie alle Kräfte für Ihre Kinder einsetzen. Deshalb bin ich auch nach Helsinki gekommen, damit mich recht viele Menschen in meinem schweren Kampf für die Freiheit meiner Kinder unterstützen.

Ich kann Sie als Mutter nur bitten und appelliere an Ihre Menschlichkeit und Gerechtigkeit sowie an Ihre Persönlichkeit als Außenminister, setzen Sie sich persönlich für eine schnelle positive Lösung meines Falles bei den DDR-Behörden ein.

In der Hoffnung, keine Fehlbitte an Sie gerichtet zu haben, verbleibe ich
mit freundlichen Grüßen
Jutta Gallus

Jutta hatte es geschafft. Im Foyer des Hotels hatte sie Gelegenheit, mit Hans-Dietrich Genscher persönlich zu sprechen. Er begrüßte sie höflich. Sie setzten sich auf schwarze Ledersessel. Die grellen Glasleuchter blendeten.

Jutta wiederholte die schon im Brief angedeuteten Forderungen und klagte erneut die DDR an. Der Außenminister wirkte ruhig, entspannt, nahm sich Zeit. Sie tranken einen Kaffee.

»Uns sind die Hände gebunden«, entschuldigte Genscher die mangelnde Bereitschaft der Bundesregierung, sich für Juttas und ähnliche Fälle mit Hilfe der Öffentlichkeit einzusetzen. »Wenn wir etwas erreichen, dann nur über den Weg der stillen Diplomatie. Das erfordert bei der dauernd angespannten Lage zwischen Ost und West sehr, sehr viel Sensibilität im Umgang miteinander. Und die Kollegen aus der DDR lassen sich da nicht reinreden.«

Jutta wurde unruhig. Was sollte sie in ihrer Situation mit diesen allgemeinen Aussagen anfangen? Sie wollte ihre Mädchen und sonst nichts.

»Es kann doch unmöglich zu großen diplomatischen Verwicklungen kommen, nur weil ich endlich meine Kinder bei mir haben möchte. Die Mädchen schreiben mir fast täglich, sie sprechen auf Band, daß sie zu mir wollen, was soll ich denn tun? Soll ich als Mutter ihnen vielleicht sagen: Tut mir leid, aber die Stasi hat etwas dagegen, und weil die Stasi etwas dagegen hat, darf ich nicht für euch kämpfen, sonst kommt es zu diplomatischen Verwicklungen? Glauben Sie, das verstehen Kinder?«

Genscher schien ratlos. Er fuhr sich mehrmals durch das Haar. Seine Augen ruhten auf Juttas Gesicht. Er winkte einem Fotografen, der auf sie zukam, ab.

»Was soll ich dazu sagen! Ich werde das mit Herrn Fischer erörtern. Das kann ich Ihnen versprechen. Aber es ist letztlich eine Angelegenheit der DDR. Und ich habe kein Recht, mich da einzumischen. Wir können fragen, bitten, verhandeln, aber wir können nichts erzwingen. Damit wäre die Bundesregierung überfordert. Das müssen Sie verstehen. Ich möchte auch an Sie appellieren. Haben Sie Vertrauen, wir, und ich persönlich, garantieren Ihnen, daß wir alles Menschenmögliche, alles, was in unserer Macht steht, tun werden, um Ihnen zu helfen.«

Das war in hübschen Worten verkleidet, persönlich gesagt, dasselbe, was Jutta schon seit einem Jahr hörte: Wir werden uns bemühen! Dann entschuldigte er sich bei ihr wegen der vielen Termine und der Hektik außenministerlicher Verpflichtungen und verließ in Begleitung einiger Männer das Hotel.

Auch Jutta stand auf und irrte zunächst im Foyer umher. Alle waren hier in hektischer Bewegung. Männer standen in Gruppen zusammen, heftig gestikulierend. Jutta setzte sich etwas abseits.

Es gab keinen Zweifel. Genscher hatte recht. Die eigentlich Schuldigen und Verantwortlichen waren in der DDR zu suchen. Die Bundesregierung konnte schließlich nicht die Armee schikken, um Claudia und Beate zu befreien. Man war darauf angewiesen, daß die DDR eines Tages in einem Anflug höchster Gnade, dekoriert mit vielen Devisen, dem Drängen in ihrem Fall nachgab. Durch benachbarte Gespräche hatte sie mitbekommen, daß die DDR-Delegation im zweiten Stock des Hotels Unterkunft bezogen hatte. In dem allgemeinen Gewühle würde es sicher nicht auffallen, wenn sie hochging, um zu versuchen, Außenminister Fischer zu sprechen. Jetzt, wo sie schon einmal im Hotel war, sollte sie die Chance nutzen. Von Fischer hatte sie keinen offiziellen Gesprächstermin bekommen. Doch sie hatte auch für ihn vorsorglich ein Schreiben aufgesetzt.

Vielleicht hatte sie Glück. Keiner würde Verdacht schöpfen. Denn das Hotel war aus Sicherheitsgründen zwar sehr bewacht, aber wer einmal drinnen war, wurde nicht behindert.

Sie fuhr mit dem Fahrstuhl hoch und sah, wie Fischer mit einem Mann auf dem langen schmalen Korridorgang sprach. Mit schnellen Schritten lief sie auf die beiden Männer zu. Fischer sah sie verwundert an, als wollte er fragen –, was macht die Frau hier? Jutta hatte einen roten Kopf. Sie wußte nicht recht, wie sie ihn ansprechen sollte.

»Wollen Sie zu uns?« fragte er sie unsicher, als sie so abrupt vor ihm stehen blieb.

»Ja«, sagte Jutta schüchtern. Sie hatte jenes beklemmende Gefühl in sich, das den ganzen Körper in eine Zwangsjacke einzuhüllen scheint.

»Ich würde Sie gerne alleine sprechen«, bat sie ihn.

»Worum geht es?« fragte er freundlich.

»Mein Name ist Jutta Gallus, ich habe ...« In knappen Worten erzählte sie ihm ihre Geschichte.

»Wie sind Sie hier reingekommen?« fragte er verwundert.

»Das ist doch jetzt egal, oder?« antwortete sie.

»Ich möchte Sie nur bitten, sich wirklich im Sinne des KSZE-Abkommens für mich einzusetzen. Politiker werden nicht an ihren Worten, sondern an ihren Taten gemessen. Ich will nichts weiter, als daß dieses Unrecht beendet wird. Ich will überhaupt nicht, wie immer wieder von seiten Ihrer Staatssicherheitstruppe behauptet wird, die DDR diffamieren. Mir ist die DDR und überhaupt die Politik egal. Aber ich will endlich meine Kinder! Und dafür werde ich alles tun. Ich lasse mir von niemandem mehr angst machen! Sobald meine Kinder hier sind, werden Sie nichts mehr von mir hören. Das müßte doch auch im Interesse der DDR sein.«

Oskar Fischer schien dem temperamentvollen Vortrag einer ehemaligen Mitbürgerin ziemlich hilflos ausgeliefert. Dennoch blieb er ruhig, versuchte zu beschwichtigen. Er war Diplomat, hätte genauso gut ein anderes Land vertreten können. Hätte, seinem biederen Aussehen nach zu urteilen, genauso gut in irgendeinem anderen höheren Beamtendienst stehen können. Er war wohl einer dieser vielen angepaßten Karrieristen, die, egal wo man sie eintopft, Wurzeln schlagen und nach allen Seiten austreiben. Ein typisch deutscher, korrekter Mann mit Disziplin, kühlem Charme, klassisch-elegantem Haarschnitt und dezenter Tupfenkrawatte.

Ein wenig unsicher verschränkte er seine Arme und versuchte sich herauszureden.

»Ich kenne ehrlich gesagt Ihren Fall nicht, weiß aber sehr wohl, daß es manchmal auf der mittleren Verwaltungsebene zu eifrige Genossen gibt und man sich streiten kann, ob hier im Einzelfall nicht doch das Maß überschritten wurde. Aber um Ihr Anliegen genau überprüfen zu können, muß ich mir die Sachlage auch von der Gegenseite anhören. Ich denke, Sie haben dafür Verständnis, daß ich Ihnen jetzt keine genauere Auskunft geben kann. Aber ich werde mich darum kümmern, bestimmt«, reichte er ihr zum Abschied die Hand. »Jetzt muß ich mich leider verabschieden!«

Zögernd erwiderte Jutta seinen Händedruck.

Noch einer, der sich bemühen wollte. Die Kette der Bemühungen riß nicht ab. Dabei wäre alles so einfach gewesen. Man hätte nur die x-mal gestellten Ausreiseanträge der Mädchen genehmigen brauchen und fertig!

Die Kinder kommen

Als einzige Reaktion auf Helsinki erhielt Jutta im November 1985 Post aus Bonn. Vom Bundesminister des Auswärtigen, genauer vom Leiter des Ministerbüros.

Sehr geehrte Frau Gallus,
Bundesminister Genscher hat mich nach Rückkehr von seinen Reisen in die Vereinigten Staaten und nach China gebeten, Ihnen folgendes mitzuteilen.
Bei seinem Gespräch mit DDR-Außenminister Fischer Ende September des Jahres in New York ist von ihm die Frage der Ausreise Ihrer Kinder erneut mit großem Nachdruck behandelt worden. Außenminister Fischer sagte zu, diese Bitte weiterzugeben. Eine Antwort auf diese Bitte ist bisher nicht eingegangen. Der Bundesminister wird Ihr Anliegen auch weiterhin nach seinen besten Kräften unterstützen.
Mit freundlichen Grüßen
Dr. Michael Jansen

Der »große Nachdruck« verpuffte allerdings allmählich, denn außer diesem Schreiben hatte Jutta nie mehr etwas aus dieser Richtung gehört. Und es war mittlerweile Januar 1986. Unzählige Menschen hatten sich ihrem Anliegen angeschlossen. Sie hatte es mit Öffentlichkeit, mit Unterstützung von Politikern, ohne Öffentlichkeit versucht, doch es rührte sich absolut nichts. Bis auf die Tatsache, daß nun auch ihre Töchter drangsaliert wurden, weil sie sich immer noch weigerten, dem Druck der SED nachzugeben. Je älter sie wurden, desto stärker wandten sie sich selbständig an ihre Behörden und forderten ihr Recht. Das hatte Konsequenzen. Sie wurden auf Schritt und Tritt bewacht, durften ihre höhere Schulausbildung nicht fortsetzen, konnten ihre tänzerische Ausbildung nur noch unter großen Repressalien ausüben.

Jutta war verzweifelt, obwohl sie sich in ihrem Anliegen nie allein zu fühlen brauchte. Es gab immer mehr, auch prominente Persönlichkeiten, die um die Ausreise von Claudia und Beate mitrangen. Doch die Zeit verstrich Monat um Monat.

Jutta hatte jetzt eine feste Arbeit bei einer Werbefirma, war nach München in eine Dreieinhalb-Zimmer-Wohnung umgezogen und hatte schon alles für die Mädchen eingerichtet. Sie waren alle drei fest davon überzeugt, daß die Ausreise nicht mehr lange dauern konnte.

Doch die Zeit verging und Jutta mußte schon allein deshalb aktiv bleiben, um für Claudia und Beate Akzente zu setzen. Sie waren ja ganz alleine auf sich angewiesen. Briefe schreiben und Päckchen schicken war auf die Dauer kein Ersatz. Die beiden waren jetzt ohnehin keine Kinder mehr. Sie waren ja fast schon Erwachsene. Jutta zehrte in stillen Stunden von Fotos und den vielen lieben Zeilen, die sie schickten. Sie freute sich darüber, daß sich die Geschwister so gut verstanden.

Über die Internationale Gesellschaft für Menschenrechte hatte sie eine Einladungskarte für die Gedenkfeier zum Anlaß des Berliner Mauerbaus erhalten. Es hatte sich viel Presse, nahezu aus der ganzen Welt, angesagt. Konnte sie es wagen, die Feier zu stören? Andererseits war gerade diese Feier ideal, um auf ihren Fall hinzuweisen. Es wurde in der Politik immer zu viel gefeiert, zu viel geredet und zu wenig gehandelt. Was hatte sie zu verlieren?

Im Reichstag war am dreizehnten August 1986 wirklich alles aufmarschiert, was Rang und Namen hatte. Diese Gedenkfeier war eine riesige Veranstaltung, zu der sich Kamerateams aus der ganzen Welt aufbauten. Fünfundzwanzig Jahre Berliner Mauer war *das* Thema!

Als Hauptredner waren Bundespräsident Richard von Weizsäkker, Bundeskanzler Helmut Kohl, der SPD-Ehrenvorsitzende Willy Brandt und die Ministerin vom Amt für innerdeutsche Beziehungen, Dorothee Wilms, angesagt.

Jutta hatte seitlich der fünften Reihe von vorn Platz genommen. Ihr Protestlaken trug sie zusammengefaltet unter einem weiten Pullover. Sie hatte noch Zweifel, ob sie es überhaupt wagen würde, damit nach vorne zu gehen.

Walter Priesnitz, der ihren Fall beim »Innerdeutschen« bearbeitete, saß als Ehrengast in der ersten Reihe. Er hatte Jutta entdeckt und drehte sich während der Feierlichkeiten ab und zu besorgt um. Sie lächelte ihm zu, hob ihre Hände hoch und winkte, als Zeichen, daß sie nichts bei sich hatte. Doch er schien etwas zu ahnen. Sie hatte sich vorgenommen, vor dem Bundeskanzler ans Mikrofon zu treten.

Willy Brandt hielt gerade seine Ansprache. Sie schaute auf die Uhr: elf Uhr fünfundvierzig.

Während des Applauses nutzte sie die Gelegenheit.

Sie hatte Angst, aber gleichzeitig das Gefühl, getragen zu werden. Irgendeine Kraft lenkte sie. Bundeskanzler Kohl war schon auf dem Weg zum Rednerpult, als sie sich zum Mikrofon vordrängte. Sie sah, wie Kohls Bodyguards von den Stühlen sprangen, dann in einer merkwürdigen Stellung verharrten, sich aber nicht vor die Kameras trauten, um sie wegzuzerren. Der Bundeskanzler blieb im Hintergrund stehen.

Jutta entrollte das weiße Tuch:

»KEINE GROSSEN SPRÜCHE – VIER JAHRE TRENNUNG VON MEINEN KINDERN SIND GENUG!«

Tausendfünfhundert Versammelte und ein Millionenpublikum vor den Fernsehern zu Hause erlebten diesen bewegenden Auftritt.

»Hier sehen Sie ein lebendes Beispiel für das, was jenseits der Mauer geschieht. Seit vier Jahren flehen meine Töchter Claudia und Beate darum, zu mir ausreisen zu dürfen. Wegen einer mißglückten Republikflucht im Sommer 1982 wurden wir getrennt. Ich mußte länger als zwei Jahre ins Gefängnis und habe seit dieser Zeit meine Kinder nicht mehr gesehen. Das sind Fakten! Ich fordere hiermit alle Politiker auf, konkret zu handeln, nicht nur zu reden und denen drüben heimlich für große Summen Geldes Menschen abzukaufen. Wann wird die DDR endlich in die Pflicht genommen, die Menschenrechte einzuhalten? Claudia und Beate, wenn ihr mich jetzt seht, sollt ihr wissen, daß ich nicht locker lassen werde, bis ihr bei mir seid. Haltet durch!«

Die Tränen krampfhaft unterdrückend, schaffte sie es noch, ihre kleine Parole an die Kinder weiterzugeben. So wie sie es ihr damals im Flugzeug zuriefen, als sie sich das letzte Mal sahen.

»Haltet durch!« rief sie noch einmal, ehe sie die Tribüne verließ und dem Bundeskanzler Platz machte.

Ein seitlich stehender Kameramann klatschte spontan, als sie abtrat. »Bravo!« rief er ihr zu. »Das war großartig!«

Bundeskanzler Kohl hielt seine Rede, ohne auch nur mit einem Wort auf die Worte seiner Vorrednerin einzugehen.

Zaghaft suchte Jutta den Blick von Walter Priesnitz. Sie fand ihn auch. Zornig blickte er zu ihr herüber. Jutta wußte, wie sehr er eigene Aktionen der Betroffenen haßte. Er hatte allerdings wenig Gelegenheit, ihr Vorhaltungen zu machen. Denn auf einmal war Jutta von Journalisten umringt, die sie alle nach der Feier sprechen wollten. Die kämpferische Mutter mit dem langen Pferdeschwanz und der neckischen Haartolle in der Stirn bot jedem Journalisten eine reizvolle Story. Ihr Auftreten hatte eingeschlagen wie eine Bombe. Sie war für die Medien die Hauptattraktion mitten in einer eher langweiligen Zeremonie. Jutta hatte das Gefühl, von den Medien erdrückt zu werden. Es war ein Durcheinander wie auf einem Jahrmarkt. Junge, Alte, Männer, Frauen drängelten sich, um ihr Mikrofone vor das Gesicht zu halten.

»Where do you come from?«

»Wie alt sind die Kinder?«

»Hallo, hier Rias Berlin, könnten wir uns nicht mal in einer ruhigen Ecke unterhalten?«

»Die Bunte, wo kann ich Sie telefonisch erreichen? Wir wollen Ihre Geschichte groß rausbringen.«

So viele Fragen zur selben Zeit. Jutta wußte gar nicht, wem sie zuerst antworten sollte. Es war ihr fast peinlich. So viele scharten sich um sie, und die großen Redner standen abseits, fast alleine da. Das waren sie sicher nicht gewohnt.

Selbst das amerikanische und das japanische Fernsehen sendeten für die Hauptnachrichten Juttas Anliegen als hautnahes Beispiel für die Spannung der Menschen zwischen den beiden deutschen Staaten.

Jutta war glücklich, daß die Öffentlichkeit so spontan an ihrem Schicksal Anteil nahm. Das mußte doch endlich Wirkung zeigen! Und das tat es auch! Aber auf ganz andere Weise, als sie es sich vorgestellt hatte.

Gleich am nächsten Vormittag setzte sich das »Innerdeutsche« mit ihr in Verbindung. Walter Priesnitz war am Apparat.

»Na großartig, ich habe doch gleich geahnt, daß Sie nicht umsonst dahin gekommen sind. Was glauben Sie wohl, was Sie damit erreichen? Es ist Ihnen gelungen, die gesamte Führung der DDR zu verärgern!« polterte er am anderen Ende der Leitung.

»Na, das ist doch wenigstens etwas«, konterte Jutta. »Ihnen ist ja im vergangenen Jahr noch nicht mal das gelungen. Wenn Sie zwei Jahre in Hoheneck wegen nichts gesessen hätten, würden Sie diese Verbrecher auch nicht mit Samthandschuhen anfassen. Die ganze Welt müßte jeden Tag daran erinnert werden, was das für Schurken sind. Vielleicht würde sich dann manches ändern. Es soll ihnen ruhig in die Haut fahren. Millionen Bürger der DDR haben das gesehen, und das ist gut so.«

»*Sie* werden darunter zu leiden haben und sonst niemand!« drang es Jutta an das Ohr. »In moralischer Hinsicht brauchen Sie mich nicht zu belehren, mit wem wir es drüben zu tun haben. Wir haben schließlich ein gemeinsames Ziel. Glauben Sie bloß nicht, daß die sich durch solche Aktionen erpressen lassen. Sie werden unserem Ministerium die Schuld geben und noch mehr Bedingungen für die Freilassung Ihrer Töchter stellen. *Das* sind die Konsequenzen.«

»Aber Sie haben doch bisher nichts erreicht. Was soll ich denn tun. Warten und warten, bis ich alt und grau bin?« widersprach Jutta heftig.

»Wir werden weiterhin verhandeln, das habe ich Ihnen gesagt. Das ist eine Frage von Geld und eventuell sogar von einem Austausch, aber alles im Rahmen der geheimen Diplomatie. Ich kann Ihnen dazu nichts Näheres sagen, Sie würden doch damit zur nächsten Zeitung rennen. Eins steht fest. Sie haben eine Menge Geschirr zerschlagen, und ich kann Sie nur warnen. Lassen Sie um Himmels willen die Presse aus dem Spiel!«

Jutta war wütend. Politisch gesehen hackten alle auf ihr herum und nichts tat sich. Also folgte sie dem Rat von Staatssekretär Priesnitz und hüllte sich erneut in Schweigen.

Doch es verstrichen siebzehn lange Monate, ehe er sich wieder meldete. Jutta hatte ihm kurz vorher eine Kopie des letzten Briefes ihrer Kinder vom vierzehnten Januar 1988 geschickt. Ohne Kommentar, nur den Inhalt:

Liebe Mami!
Wir beide möchten unbedingt zu Dir und das auf dem schnellsten Weg. Wir möchten nicht mehr länger hierbleiben, wir halten es nicht mehr aus. Wir brauchen Dich doch!
Deine Claudi und Beate

Die Reaktion aus dem »Innerdeutschen« erfolgte prompt.

»Wir stehen sozusagen vor einer Lösung«, meinte Priesnitz. »Glauben Sie mir, Pressekampagnen nehmen jegliche Basis für Verhandlungen. Ich verspreche Ihnen«, wiederholte er mehrmals, »daß Ihre Sache so bald wie möglich zur Klärung kommt. Ein hoher Bonner Politiker wird in drei Monaten Gast bei Erich Honekker sein. Wir werden ihm Ihren Fall wärmstens ans Herz legen. Es wird ganz sicherlich zu einer Einigung kommen. Nur bleiben Sie bitte ruhig!»

Jutta versprach ihrerseits, sich an die Abmachung zu halten.

Sie brachte in Erfahrung, daß es sich bei der politischen Persönlichkeit, die zu Honecker fahren sollte, nur um Alfred Dregger handeln konnte. Es war reiner Zufall, daß sie ihm später, während einer politischen Veranstaltung der Konrad-Adenauer-Stiftung begegnete. In der Hoffnung, von ihm direkt etwas über das Gespräch mit Honecker zu erfahren, sprach Jutta ihn an.

»Entschuldigen Sie, Herr Dr. Dregger, daß ich Sie einfach so anspreche. Mein Name ist Jutta Gallus, ich bin die Mutter der beiden Mädchen, um die es geht.«

Dr. Dregger winkte etwas unbeholfen ab. Er versuchte sich scheinbar krampfhaft zu erinnern, wo er seine Gesprächspartnerin unterbringen konnte.

»Sagen Sie, kennen wir uns überhaupt?« fragte er dann mit einem charmanten Lächeln. »Ich lerne so viele Menschen kennen, und in meinem Alter wird man vielleicht vergeßlich, aber ich habe im Moment keine Ahnung, wovon Sie sprechen.«

Jutta wurde es ganz heiß. Sollte sie sich getäuscht haben? Nein, das war unmöglich. Es hatte doch auch in der Presse gestanden.

»Sie hatten doch letzten Monat eine Visite bei Erich Honecker!«

Dregger nickte. »Ja! Sind wir uns dort begegnet?«

Jutta konnte es kaum fassen. Hatte man sie beim »Innerdeutschen« angelogen, nur um sie zu vertrösten? Es hatte offensichtlich kein Gespräch mit Honecker stattgefunden. Zumindest nicht zu ihrem Anliegen. Jutta erklärte ihm den ganzen Sachverhalt, und er schien sichtlich betroffen.

»Das war sicherlich keine böse Absicht«, entschuldigte er das Vorgehen beim »Innerdeutschen«. »Selbstverständlich hätte ich Ihren Fall zur Sprache gebracht, wenn man mir das gesagt hätte. Es tut mir aufrichtig leid für Sie, daß ich Ihnen hier im Moment keine befriedigendere Antwort geben kann. Aber ich werde gleich morgen nachhaken und mich selbstverständlich dafür einsetzen, wenn sich Ihre Angaben als richtig erweisen.«

Jutta glaubte ihm. Sie hatte das Gefühl, daß er es ehrlich meinte.

Ihr selbst war der ganze Abend verdorben. Sie hatte keine Freude mehr an dem kalten Büfett. Wieder hatte man sie an der Nase herumgeführt. Doch länger wollte sie sich das nicht gefallen lassen. Gleich am nächsten Tag setzte sie einen dementsprechenden Brief an das »Innerdeutsche« auf und schickte ihn weg:

Sehr geehrter Herr Dr. Priesnitz,
mit großer Betrübnis und Sorge stelle ich fest, daß mir auch im freien Deutschland offiziell Unwahrheiten übermittelt werden. Ich bin wahrlich so enttäuscht von Ihnen und Ihrer Hinhaltetaktik, daß mir einfach die Worte fehlen.

Sie gaben mir als Mutter die Hoffnung, indem Sie mir durch Frau Böckle am 24. 5. 88 telefonisch übermitteln ließen, daß, so wörtlich: »eine kompetente politische Persönlichkeit« bei der Begegnung mit SED-Chef Honecker noch in derselben Woche meinen Fall persönlich konkret zur Sprache bringen wird. Eine Resonanz Ihrerseits gab es danach leider nicht, so daß ich bei meinem Telefonat am 24. 6. 88 von Frau Böckle auf weitere zehn Tage vertröstet wurde.

Am 25. 6. 88 nutzte ich meinerseits die Gelegenheit, in der Residenz in München nach der Konrad-Adenauer-Preisverleihung Herrn Dr. Dregger persönlich daraufhin anzusprechen, da er zu diesem oben genannten Zeitpunkt als einzige »kompetente politi-

sche Persönlichkeit« in Ostberlin bei Herrn Honecker weilte. Herr Dregger war überrascht, wußte nichts von seinem Auftrag.

Das »Spielchen«, ich erlaube es mir bei aller Bescheidenheit einmal so zu nennen, geht bereits wieder ein Jahr, wo Sie versuchen, mich mit Hoffnungen, Versprechungen von der Öffentlichkeit fernzuhalten.

Stellen Sie sich doch bitte nur einmal die Situation umgekehrt vor, wenn Sie der »Betroffene« wären.

Wie lange sollen meine Töchter noch den Schikanen ausgesetzt sein? Claudia, jetzt 17 Jahre alt, wurde bereits aus der Abiturientenklasse ausgewiesen und »darf« in der Waffelfabrik Radebeul ab fünf Uhr in der Früh am Fließband stehen. Beate war den Schikanen der Sowjets bei der Reise nach Leningrad, wo sie einen Tanzauftritt hatte, total ausgeliefert.

Aufgrund dieser Tatsache sehe ich mich gezwungen, wieder selbst zu handeln. Sie werden mich mit Sicherheit in Bälde zu gegebenem Anlaß in Bonn und Wien sehen.

Ich erwarte von Ihnen eine verbindliche Antwort auf meinen Brief innerhalb von zehn Tagen.

Mit freundlichen Grüßen

Ihre
Jutta Gallus

»Sie können mir nun glauben oder es auch sein lassen«, antwortete ihr Walter Priesnitz sofort, »aber Ihre Töchter werden noch dieses Jahr ausreisen dürfen. Ich flehe Sie in Ihrem eigenen Interesse an, nichts zu unternehmen. Wenn ich mein Versprechen, das ich Ihnen jetzt so konkretisiert habe, nicht erfülle, können Sie tun und lassen, was Sie wollen, denn dann sind auch unsere Verhandlungen gescheitert.«

Jutta wollte nichts riskieren und hielt sich an diese Aufforderung. Sie hatte immerhin einen Zeitraum genannt bekommen, und das war schon viel.

Jeden Tag wartete sie und hoffte auf den erlösenden Anruf. Sie hatte auch ihren beiden Mädchen schon Bescheid gegeben, daß sie sich auf ein baldiges Wiedersehen freuen durften. Alles in ihrer Münchner Wohnung wartete schon so lange auf Claudia und

Beate. Sie hatte jeden Pfennig gespart, um die Wohnung nett und kuschelig einzurichten. Die helle, weiche Polstergarnitur mit den pastellfarbenen Streifen würde ihnen bestimmt gefallen. Und der Korbsessel und die weiß gelackte Stehlampe und der schöne Balkon, von dem man abends den Fernsehturm über der Münchner Silhouette leuchten sah. Jutta saß an ihrem Schreibtisch, über ihren Abrechnungen für die Werbefirma und träumte von der Zukunft. Für heute wollte sie Schluß machen.

Einen Monat später wurde sie informiert, daß die Kinder innerhalb der nächsten acht Wochen ausreisen durften. Es handle sich nur noch um einige Formalitäten. Eine dieser »Formalitäten« kam aus Berlin von Prof. Dr. jur. h.c. Wolfgang Vogel. Er schrieb:

Sehr geehrte Frau Gallus,
Sie können sich erinnern, was ich Ihnen im Bus gesagt habe? Keine Öffentlichkeit! Es stimmt mich traurig, daß es so kommen mußte. Nun ist die Zeit eine andere. Und ich bin bereit, zum guten Ende beizutragen.

Voraussetzung ist, daß ich Ihr Wort, dem ich glauben würde, habe, daß Sie sich ab sofort – vor allem aber auch nach der Ausreise – zurückhalten. Fälle danach müßten es sonst ohne mein Zutun büßen.

Ich denke, wir sehen uns alsbald in Berlin.

Wissen sollen Sie noch, daß mir die beiden Geschöpfe, so wie ich sie erlebte, Mut machen. Ich werde diese zunächst ängstlichen, dann strahlenden Augen nicht vergessen.

Vermerk: Ich benötige ein an mich gerichtetes Schreiben der Kindesmutter, daß sie bereit ist, das Erziehungsrecht für ihre beiden Töchter zu übernehmen. Ferner sollten Sie auf Unterhaltszahlungen mit Rücksicht darauf verzichten, daß der Kindesvater in den vergangenen Jahren für den Unterhalt allein aufgekommen ist.
Mit freundlichen Grüßen

Prof. Dr. Vogel
Rechtsanwalt

Sofort setzte Jutta einen entsprechenden Brief auf. Jetzt wurde also wahr, worauf sie so lange gehofft hatte!

Am fünfundzwanzigsten August 1988 war es dann soweit. Jutta erhielt vom »Innerdeutschen« ein Telegramm.

»Ihre Kinder kommen!«

Da stand es schwarz auf weiß. Schon am nächsten Tag sollte der Termin sein. Sie mußte noch am gleichen Abend nach Berlin fliegen. Am nächsten Vormittag sollte im Bundeshaus die Übergabe durch die beiden Rechtsanwälte Vogel und Neumann erfolgen.

Vor dem Bundeshaus hatte sich eine riesige Traube von Reportern versammelt. Jutta hatte niemanden direkt informiert. Es war trotzdem irgendwie durchgesickert. Obwohl sie sich der Presse gegenüber sehr dankbar verpflichtet fühlte, sah auch sie sich im Moment außerstande, Rede und Antwort zu stehen. Nach genau sechs Jahren würde sie ihre Mädchen wieder in die Arme nehmen dürfen, sie ansehen, sie drücken. Dafür mußte jeder Verständnis haben, daß sie die ersten Stunden allein sein wollte. Das Treffen wurde kurzfristig in die Kanzlei Neumanns verschoben. Es war geplant, daß Vogel, in Begleitung seiner Frau, Claudia und Beate nach Westberlin bringen würde.

Jutta wartete schon ungeduldig in der Kanzlei. Priesnitz hatte die undankbare Aufgabe übernommen, die Presse zu vertrösten und hinzuhalten. Er wollte später nachkommen.

Endlich kamen sie! Sechs Jahre hatte sie um diesen Augenblick gekämpft! Als kleine schutzbedürftige Mädchen hatte Jutta sie verlassen müssen, jetzt traten ihr zwei selbstbewußte Teenager gegenüber. Die schönste Phase im Erwachsenwerden ihrer Kinder hatte Jutta nicht miterlebt. Aber sie wollte ab heute nur noch nach vorne sehen. In die Zukunft schauen, die Tage, Wochen, Monate und Jahre mit Claudia und Beate genießen. Das hatte sie sich für ihr Münchner »Dreimädel-Haus« vorgenommen.

In ihrem gelben Hosenanzug und den dunklen Haaren wirkte Jutta wie immer vital und energisch, dazu angetreten, alles zu erreichen, was ihr das Leben an Chancen bot. In Wirklichkeit fühlte sie sich keineswegs als Siegerin. Rein äußerlich sah man ihr wenig von den Anstrengungen der letzten Jahre an. Aber innerlich wühlte immer noch ein dicker Kloß aus Wut, Angst, Ohnmacht, in den sich jetzt die riesige Freude mischte, bald ihre liebsten Wesen, die sie auf der Welt hatte, umarmen und mitnehmen zu dürfen.

Sehnsuchtsvoll starrte sie auf die Tür, durch die Vogel und die Kinder erwartet wurden.

Endlich öffnete sie sich.

Es war, als ob ein Wunder geschehen würde. Sie hatte so lange um diesen Augenblick gekämpft, und jetzt, als er spür- und greifbar nahe war, konnte sie es kaum fassen.

»Mami!« riefen beide aus einem Munde. Mehr brachten sie alle nicht heraus. Sie lagen sich stumm in den Armen und weinten sich den ganzen Kummer der letzten Jahre von der Seele. Die beiden freuten sich von ganzem Herzen, und ihre Augen strahlten trotz der Tränen vor Glück.

Dann plapperten sie mit einem Mal drauf los und waren nicht mehr zu beruhigen. Sie waren noch genauso hübsch wie damals, ihre Mädchen. Schlank und gepflegt, trugen sie wie alle Jugendlichen in ihrem Alter abgeriebene helle Jeans, Ringel-T-Shirts und Turnschuhe. Sie erzählten »von dem Typ, der ihnen vor etwa zwei Wochen ganz offiziell die Nachricht gebracht hatte ... Von der Ballettmeisterin und den vielen, vielen Tanzstunden ... Davon, daß sie nie etwas alleine unternehmen durften ... Daß ihr Vater sie so weit ganz nett behandelt habe ... Daß sie jetzt glücklich seien ... Daß sie ihre Mami so vermißt haben ... und schon so gespannt auf München seien«. Besonders Beate, die Jüngere, war sehr lebhaft.

Jutta hörte mit Begeisterung zu. Sie badete in dem Wortschwall ihrer Kinder. Es war ein Gefühl, als ob nach einer langen schwierigen Krankheit das erlösende Wort kommt: Alles wieder gesund! – und man die Schmerzen schnell vergißt. Eine Stunde lang hatten Jutta, Claudia und Beate Zeit für sich alleine. Dann ging es zum offiziellen Teil des so glücklichen Tages über.

Nach einem kleinen Sektempfang für alle, die an diesem glücklichen Ausgang beteiligt waren, ging Jutta zu Walter Priesnitz, der inzwischen auch eingetroffen war und sich irgendwo am Rande der Szene herumdrückte. Sie reichte dem eleganten, hochgewachsenen Mann, der wohl schon die Fünfzig überschritten hatte, nicht nur die Hand, sie umarmte ihn herzlich wie einen guten Freund und drückte ihm einen dicken Kuß auf die Wange.

»So, das mußte sein«, lachte sie dem überraschten Priesnitz ins

Gesicht. »Ich danke Ihnen, wirklich, und möchte mich entschuldigen, wenn ich manchmal etwas grob reagiert habe. Das war nicht so gemeint, schon gar nicht gegen Sie persönlich. Aber es gibt welche in Ihrem Amt, da ist man im Zweifel, für welche Seite die arbeiten. Trotzdem vielen, vielen Dank. Sie wissen gar nicht, was dieser Tag heute für mich bedeutet. Ich glaube, ich kann es selbst noch nicht so recht begreifen. Es ist wie ein Wunder. Manchmal habe ich schon nicht mehr daran geglaubt. Ich..., ich bin wirklich glücklich und ich weiß nicht wie ich Ihnen das jemals danken kann...« Wieder kullerten ihr dicke Tränen über die Wangen.

Gerührt drückte er sie an sich. Sie waren ein großes Stück ihres Schicksals gemeinsam gegangen. Und Jutta Gallus würde ihm sicher auch über seine Amtszeit hinaus in Erinnerung bleiben. So genervt, aber auch so imponiert hatten ihm wenige.

»Es ist schon okay«, antwortete er bewegt. »Ich habe Sie immer verstanden. Nur kraft meines Amtes habe ich das nicht so zeigen dürfen. Emotionen sind für kühle Verhandlungen kein guter Ratgeber. Aber im stillen, glauben Sie mir, habe ich viel über Sie nachgedacht und Ihren Mut bewundert. Wenn alle Kinder solche Mütter hätten, vielleicht würde dann manches anders sein in der Welt. Und ihr«, wandte er sich an die beiden Mädchen, »seid ihr denn jetzt auch froh, eure tolle Mami wieder zu haben?«

»Und wie!« strahlte Beate. Claudia sagte nichts. Sie hängte sich nur bei Jutta ein, legte den Kopf an ihre Schulter und sah sie an. Diese vertrauensvolle Geste sprach mehr als tausend Worte.

Freudige Augen, viele Umarmungen und Tränen beherrschten das nüchterne Büroambiente der Anwaltskanzlei. Jutta zitterte der Sekt im Glas, als sie gemeinsam auf die Zukunft anstießen.

Im Anschluß an den Empfang war für alle ein Bummel durch Westberlin organisiert worden. Es war ein sonniger, klarer Sommertag, der die Gruppe lachender, fröhlicher Menschen begleitete.

Am Nachmittag kam dann endlich auch die Presse zu ihrem Recht. Jetzt gab Jutta jedem bereitwillig Auskunft. Sie wußte, daß sie dem Heer von Journalisten eine Menge zu verdanken hatte, auch wenn manche Politiker das nicht zugeben wollten. Sogar das ZDF drehte für das Heute-Journal ein Interview mir ihr und den

Kindern. Die ganze Nation sollte von dem glücklichen Ausgang dieses deutsch-deutschen Familiendramas erfahren.

Am Abend flogen sie mit der letzten Maschine nach München. Dort wurden sie wie Stars empfangen. Viele hundert Menschen hatten sich auf dem Flugfeld eingefunden, um sie zu begrüßen, sie mit Blumen und Geschenken zu überhäufen. Für Jutta geschah alles wie in einem wunderschönen Traum. Auch die Mädchen waren überwältigt.

Geduldig ließen sie das Blitzlichtgewitter der Fotografen über sich ergehen. Jeder in der Republik würde in den nächsten Tagen über Fernsehen, Radio oder Zeitung erfahren, was sich am fünfundzwanzigsten August in der Kanzlei von Anwalt Neumann ereignet hatte.

Als Beate ungeduldig fragte, wie lange sie noch Interviews geben müßten, antwortete Jutta leise: »Die Öffentlichkeit hat früher mit uns gelitten und gekämpft, jetzt hat sie auch ein Recht darauf, sich mit uns zu freuen!«

Auch Gerhard Löwenthal und eine Delegation der Organisation »Hilferufe von drüben« waren gekommen. Sie hatten im Hotel Arabella einen Empfang vorbereitet. Müde, aber aufgedreht nahmen die drei glücklichen Menschen daran teil und freuten sich über die vielen guten Wünsche.

Erst weit nach Mitternacht kamen sie in ihre Dreieinhalb-Zimmer-Wohnung heim, die in einem Hochhaus-Komplex im Münchner Vorort Unterschleißheim lag.

»Endlich allein!« rief Claudia. Ihr brummte der Schädel. So viele Eindrücke an einem einzigen Tag! Wer sollte das verkraften?

»Ach, Mami«, seufzte sie, »ich hatte schon geglaubt, ich müßte mein Leben lang in dieser lauten Waffelfabrik bleiben. Es ist so schön bei dir«, sie drehte sich im großen Wohnzimmer um. »So richtig gemütlich. Wir werden dir auch ganz bestimmt helfen, damit du nicht so viel Arbeit hast mit uns – stimmt's?« sie stieß ihre Schwester in die Seite.

»Ist doch ohnehin klar, oder?« entgegnete Beate.

»Jetzt machen wir drei erst mal zwei Wochen Ferien! Da zeig ich euch hier die neue Umgebung. Es ist wunderschön, ihr werdet sehen. Ich hab mir den ganzen Urlaub aufgehoben. Und dann sehn wir weiter. Wenn ihr wollt, könnt ihr hier das Abi machen. Nur wegen Englisch. Da müßt ihr vielleicht ein bißchen nachlernen. Aber erst unternehmen wir was. Alles andere hat noch Zeit.«

Es wurde drei Uhr früh, ehe sie ins Bett kamen. Es gab so vieles zu erzählen, Erinnerungen auszutauschen.

Claudia und Beate schliefen sofort ein. Doch Jutta lag noch lange wach. Die letzten Jahre liefen wie ein Film vor ihren Augen ab. Ständig war sie irgendwie unter Hochspannung gestanden. Jetzt war sie so sehr zufrieden. Jetzt konnte nichts mehr passieren, was sie erschüttern würde. Den Alltag würden sie schon meistern. Sie hatte alles im Griff. Und die Mädels waren sehr lieb. Nicht verschlossen oder pubertär verstockt, wie sie manchmal befürchtet hatte.

Früher, in Dresden, war Jutta jeden Abend vor dem Schlafengehen in das Zimmer ihrer Kinder gegangen, um ihnen leise gute Nacht zu sagen, um zu sehen, ob sie gut schliefen. Jetzt waren sie erwachsen. Im Grunde brauchten sie ihre Mutter nicht mehr. In zwei, drei Jahren würden sie selbständig sein, einen festen Freund haben. So viel kostbare, gemeinsame Zeit war ihnen gestohlen worden. Jutta stand auf. Mochte es lächerlich sein. Es sah ja niemand. Leise schlich sie sich in das Zimmer der Mädchen.

Beate lag seitlich zur Wand. Claudia lag auf dem Bauch. Sie hielt das zusammengeknautschte Kissen ganz fest in ihren Händen. Im Zimmer lag ein Hauch von dem neuen Parfüm, das sie sich in Berlin geleistet hatten. Ein blumiger Duft von Nina Ricci.

»Gute Nacht, ihr Mäuse.« Sie gab jeder einen Kuß. Es war fast wie früher. Denn es ist klar, daß die Zukunft nicht den Zaudernden gehört, sondern denen, die, ohne schwach zu werden, das durchstehen, wofür sie sich einmal entschieden haben – Romain Rolland hatte in diesem Fall recht behalten.

Adventfeier für Häftlinge

Das erste Advent-Wochenende jeden Jahres gehörte in dem kleinen Kurort Waldliesborn, in der Nähe von Lippstadt, den ehemaligen politischen Gefangenen aus der DDR.

Etwa fünfhundert Menschen hatten sich auch am letzten Novemberwochenende des Jahres 1988 in der Festhalle des Gasthauses Hubertushof eingefunden, um gemeinsam die Freiheit zu feiern, aber auch, um gemeinsam über ihre schweren Haftschicksale zu berichten.

Peter Clausen, Vorsitzender des Vereins »Hilferufe von drüben« und Gerhard Löwenthal, Gründer dieses Vereins, erhielten lang anhaltenden Applaus von ihren Schützlingen, als sie in ihrer Begrüßungsrede auf ihr zehnjähriges Bestehen hinwiesen.

»Natürlich«, meinte Löwenthal ironisch, »begrüßen wir auch recht herzlich die Damen und Herren von der Staatssicherheit, die, wie wir wissen, jährlich unter uns weilen.« Einige grölten »Raus!«, die meisten beklatschten mit zittrigen Händen den Zynismus des Redners.

Viele hatten erst vor wenigen Tagen, einige vor wenigen Wochen oder Monaten die Gefängnisse der DDR verlassen. Ihnen stand noch immer die Angst in den Augen geschrieben, und sie machten sich große Sorgen um ihre in der DDR verbliebenen Verwandten. Wie Perlen auf einer Schnur reihte sich hier Schicksal an Schicksal, jedes einzelne ein Existenzkampf, jedes einzelne ein psychischer Trümmerhaufen. Mitten im Wohlstand, mitten in einem Sozialstaat, mitten in einem Land, das so viel Wert auf die Menschenrechte legte.

Jetzt waren alle aus dem achtundachtziger Haftjahrgang zusammengekommen, um beim gemeinsamen Wurstbrotessen mit Apfelsaft oder Wein die Zukunft zu planen. Von anderen zu erfahren, wie sie es machten. Über Behördenstrukturen in dem neuen Deutschland informiert zu werden. Kleine Tips und Kniffe im Alltag konnte jeder gut gebrauchen. Und natürlich miteinander sprechen. Von dem Unglaublichen, das man erlebt hatte, das sich Sozialismus nennt.

»Sie lassen noch nicht mal die Toten in Ruhe«, erzählte ein junger Arzt, der selbst in mehreren Krankenhäusern der DDR erlebt hatte, daß man den Toten die Hirnanhangdrüse herausoperierte, um sie für zwanzig Dollar zur Insulingewinnung an den Westen zu verkaufen. Die Angehörigen wurden von diesen Maßnahmen nie unterrichtet.

Still wurde es im Saal, als der Liedermacher Gerd Knesel zur Melodie von »Es waren zwei Königskinder« ein Lied, das er Claudia und Beate Gallus widmete, vortrug.

Den Refrain:

»Und so werden sie lauter die Rufe,
die Rufe nach Menschlichkeit,
laßt die Kinder zu ihren Eltern
nach so langer Trennungszeit.«

sangen alle mit. Jutta hielt ihre beiden fest im Arm.

Die drei Frauen waren glücklich. Sie hatten sich in ihrem Münchner Alltag gut zurechtgefunden. Beide Mädchen hatten Anschluß in einem Gymnasium bekommen und wollten das Abitur machen. Sie hatten es geschafft, waren fröhlich.

Doch die hagere Frau am gegenüberliegenden Tisch blieb stumm. Gisela Mauritz. Ihr blieb der Text in der Kehle stecken. Mit ihren halblangen Haaren, die sie vor das Gesicht hängen ließ, versuchte sie ihre Tränen zu verbergen. Nach einer mißlungenen Republikflucht hatte man ihr ihren Sohn Alexander geraubt und in eine andere Familie zur Adoption gegeben. Sie selbst saß insgesamt sechseinhalb Jahre in Haft und war erst nach vierzehn Jahren diesen Sommer freigekauft worden. »Hilferufe von drüben« wollte sich für ihr Schicksal einsetzen.

Jutta ging zu ihr und tröstete sie.

»Deinen Alexander finden wir bestimmt. Wenn sich der Löwi mal einer Sache angenommen hat, läßt der nicht mehr locker. Das ist ein Dickschädel ganz besonderer Art.«

»Wer spricht da über mich«, donnerte Gerhard Löwenthal und setzte sich gewichtig in die Runde.

Alle nannten ihn zärtlich-respektvoll »Löwi«. Er setzte sich zu Gisela und Jutta an den Tisch. Er rief noch den Clausen, den Knesel, den Erhard Göhl von der UNO-Delegation und den Helmut Kamphausen zu sich und legte fest: »Wie ihr wißt, stecken die Roten nicht nur Leute ohne Grund in die Gefängnisse, sie klauen auch Kinder. Hier sitzt eine Frau, ihr kennt sie – Gisela Mauritz. Man hat ihr vor vierzehn Jahren ihren kleinen Alexander weggenommen, und niemand sagt der Frau, wo er ist. Beim Ministerium für Innerdeutsche lahmen sie wie immer. Das ist jetzt unsere Aufgabe.«

»Das wäre was für dein ZDF-Magazin gewesen...« meinte Helmut, mit Wehmut in der Stimme, daß diese Sendung vom ZDF abrupt abgesetzt worden war.

»Ach was, Schnee von gestern«, unterbrach ihn Löwenthal. »Sie muß in eine Sendung, die *jetzt* gut läuft und die vor allem im Osten gesehen wird. Gisela erzählt ganz ausführlich, was damals passiert ist, das stößt dann mit Sicherheit auf Interesse. Dann die öffentliche Suchmeldung nach Alexander. Das ist es! Die Presse und die Medien müssen so lange da ran, bis wir eine Spur haben.«

»Da werden die vom Ministerium wieder Gift und Galle spukken. Einmischung in ihre Bemühungen«, warf Peter Clausen ein.

»Na und?« konterte Löwi. »Was ist wichtiger, denen auf den Schlips zu treten oder der Frau zu helfen? Die wissen doch auf Garantie schon längst, wo der Junge ist. Das ist eins der vielen Stillschweigeabkommen, um die roten Bonzen nicht zu verärgern. Diplomatische, äußerst sensible Balanceakte...« äffte er Jürgen Aretz, einen der vielen Mitarbeiter im Innerdeutschen, nach. »Die reden immer wie die Katze um den heißen Brei. Kriechen denen drüben zu Kreuze. Werfen denen das Geld in Säcken nach und die roten Socken lachen sich eins, wenn sie ihre Partys in Wandlitz feiern. Freuen sich, daß sie ein paar Blöde gefunden haben. Mit Öffentlichkeitsarbeit erreicht man mehr.«

Jutta nickte. Auch sie war der Überzeugung, daß sich ihr öffentlicher Kampf um die Kinder gelohnt hatte.

Auch Gisela stimmte zu. Sie hätte jede kleinste Chance genutzt, um Alexander wiederzufinden. Detailliert erzählte sie allen am Tisch ihre Geschichte. Jeder kannte sie zwar in groben Zügen, jeder wußte, daß sie außergewöhnlich lange in Haft war, doch die Einzigartigkeit ihres Schicksals wurde erst bewußt, als sie von ihren Gefühlen, ihren Sorgen, ihrem Alltag berichtete.

Jutta, die für ein anderes Frauenschicksal besonders viel Sensibilität aufbrachte und sich an ihre eigene Situation erinnert fühlte, blieb bis weit nach Mitternacht mit ihren Töchtern bei ihr sitzen und machte ihr Mut.

»Vielleicht kannst du im nächsten Jahr deinen Alexander mitnehmen, wie ich jetzt Claudia und Beate. Bestimmt. Du hast viele Freunde, die sich alle für dich einsetzen. Das bleibt nicht ohne Wirkung!«

DER FALL MAURITZ

Der Leidensweg der Gisela Mauritz begann in den siebziger Jahren. Mitten in Deutschland. Und alle sahen weg.

Fluchtversuche

Es war einer jener lauen Märzabende des Jahres 1974. Gisela war müde. Sie hatte einen arbeitsreichen Tag hinter sich. Mindestens vierzehn Fachpublikationen der Chemie waren durch ihre Hände gegangen, nach den neuesten wissenschaftlichen Ergebnissen ausgewertet und in diverse Sachregister geordnet worden. An manchen Tagen hatte sie den Eindruck, daß sie sich von der Wissenschaft um so mehr entfernte, je mehr sie versuchte, ihr nachzulaufen.

»Alles Leben ist Chemie«, das war ihr Leitfaden gewesen, als sie sich an der Universität Greifswald für dieses Studienfach eingeschrieben hatte. Der Gedanke mit Hilfe der Chemie den Hunger auf der Welt zu beenden, die Krankheiten zu besiegen und vielen lebensbedrohlichen Übeln wirksame Widerstände entgegenzusetzen, beflügelte sie in ihrer Arbeit. Doch viel lieber hätte sie selbst in einem Forschungsteam experimentiert, statt zu sichten, was andere taten. Das wäre vielleicht weniger ermüdend gewesen.

Wie immer ging Gisela erst einmal nach Hause, um die eingekauften Sachen abzuladen, ehe sie ihren kleinen Sohn Alexander von der Kindertagesstätte abholte. Mehr routinemäßig öffnete sie noch den Briefkasten. Ein mit Blumenaufklebern verzierter Brief mit dem Absender: Moni und Peter aus Frankfurt/BRD, fiel heraus.

Mit einem Schlag war Gisela hellwach. Mehr als drei Monate hatte sie auf ein Zeichen von den beiden gewartet. Sie hatte schon geglaubt, irgend etwas wäre schiefgegangen. Gut, sie hatten verabredet, anfangs nicht zu schreiben – doch so lange?

War ihnen also die Flucht geglückt! Verrückt! Die beiden Spinner im Westen! Die Glücklichen!

Hastig eilte Gisela die beiden Treppen hoch. Sie wollte den Brief erst in ihren eigenen vier Wänden öffnen. Gisela stellte schnell den Warenkorb in eine Ecke ihres großen Altbauzimmers, das gleichzeitig Wohn-, Schlaf-, Koch- und Waschfunktionen erfüllte.

Der Brief enthielt nur wenige Sätze, mit schwarzem Filzstift und großen Druckbuchstaben hingeschmiert. Typisch Moni!

Das Wetter ist gut! Die Sonne scheint! Wir sind gesund! Die Bäume stehen in voller Blüte! Peter fühlt sich wohl! Du doch auch? Am vierten April werden wir bei Bernd ein Konzert besuchen. Es fängt um neunzehn Uhr an. Du kannst ja an uns denken! Du weißt wie sehr wir seine Musik lieben! Du doch auch, oder? Bis demnächst
Deine Lieben
Moni und Peter

Das war eine geheime Sprache, die vorher vereinbart worden war und in etwa folgenden Inhalt hatte:
Die Flucht hat geklappt! Wir sind gut angekommen! Haben schon eine Wohnung! Peter fängt morgen mit seiner neuen Arbeit an. Komm doch auch! Am vierten April bekommst du gegen neunzehn Uhr von einem jungen Mann namens Bernd Besuch. Er wird dir alles weitere berichten. Wir freuen uns auf dich und Alexander!

Nervös faltete Gisela den Brief zusammen und legte ihn unter die Pullover in ihrer Wäscheschublade. Schon halb fünf. Vor zehn Minuten hätte sie Alexander abholen sollen. Sie spurtete den langen Kilometer bis zum Kinderhort. Er erwartete sie. Hatte schon den Anorak an und sein Brottäschchen um den Hals. Normalerweise konnten er und seine Erzieherin sich auf Giselas Pünktlichkeit verlassen.

»Wo warst du?« fragte er enttäuscht.

»Beim Bäcker war solch ein Andrang«, log Gisela. »Und du magst doch abends immer deine frischen Schrippen, oder?«

»Mit Kala!« blinzelte er verschmitzt. Wieder fröhlich trippelte er neben seiner Mutter her.

»Aber nur auf eine Seite«, ermahnte sie ihn.

Kala war Schokolade, und Alexander aß für sein Leben gern Butterbrötchen mit Schokoladenstückchen. In Erwartung dieser feinen Schleckerei merkte er auch nicht, daß seine Mutter unruhiger war als sonst. Die Hauptsache, sie war da! Denn er hatte nur sie. Einen Vater hatte der kleine Kerl nie kennengelernt. Gisela war für ihn neben den Erzieherinnen die einzige Bezugsperson.

Für Gisela war Alexander ein Wunschkind. In ihrem Tagebuch hatte sie dazu geschrieben:

»Wir beide sind nie mehr alleine. Wir haben uns. Du und ich – wir gehören zusammen. Deine Geburt war so stark, so voller Kraft und Leben. Wie ein kleines Naturereignis kamst du über mich. Dein kleines Leben werde ich beschützen und behüten, bis du ein großer Mann bist und selbst Leben zeugen kannst. Du bist mein Ursprung und meine Zukunft, und ich werde deine Hängematte zwischen diesen beiden Polen sein. Dein Lebensquell, deine Freundin, dein Ratgeber, aber auch dein Schicksal. Egal, was kommen mag, eins wissen wir genau: Wir beide gehören zusammen. Auch wenn du keinen Papa hast wie andere Kinder. Ich werde ihn ersetzen. Mit dir Drachen bauen, mit dir Rechenaufgaben lösen, mit dir ans Meer fahren. Ich hab dich lieb, mein kleiner Alexander, und ich könnte dich immerzu anschauen, wenn du abends in deinem Kissen liegst. Ich freue mich so sehr, daß es dich gibt.«

Als Alexander schlief, kramte Gisela nochmals den Brief hervor. Konnte sie es wagen? Diesen gewaltigen Schritt zu tun? Eine Flucht? War das nicht zu riskant für sie und ihr Kind?

Andererseits würde sie die Flucht ja nicht auf eigene Faust wagen. Sie hatte es mit Profis zu tun. Der Westen würde ihr und Alexander ein besseres und schöneres Leben bieten. Jeder Mensch hatte doch nur ein Leben zu verantworten. Wäre es da nicht töricht, solch eine Chance einfach an sich vorbeiziehen zu lassen? Wie oft würden sich wohl solche Chancen im Leben ergeben? Was hatte sie aufzugeben?

Zu ihrer Stiefmutter und ihrem Vater hatte sie nur noch alle paar Monate Pflichtkontakte. Die würden es kaum merken, wenn sie ging. Mußte sie es nicht als einen Wink des Schicksals betrachten? Bis zum vierten April blieben ihr noch zehn Tage. Bis dahin müßte sie eine Entscheidung getroffen haben.

Es waren harte Tage. Mit niemandem konnte sie ihre Gedanken austauschen. Die meisten ihrer Kollegen am Arbeitsplatz waren hörige Genossen. Nicht aus Überzeugung, sondern um vorwärts zu kommen. Und vorwärts kam man nur, wenn man sich strikt an die Parteilinie hielt. Gisela hatte sich bislang um alle Parteiangelegenheiten erfolgreich drücken können.

Alexander war eine glaubhafte Ausrede. Als alleinerziehende Mutter konnte sie nicht noch abends auf irgendwelchen SED-Veranstaltungen die Anwesenheitsliste bereichern. Dennoch hatte auch sie ihre Verpflichtungen. Kamen hohe politische Persönlichkeiten aus dem sozialistischen Ausland, mußte sie wie alle Mitarbeiter des Instituts zu sogenannten Klatschabordnungen. Lächerlich! Gisela fühlte sich jedesmal gegängelt, wenn sie an solchen Klatschritualen teilnehmen mußte. Aber man konnte sich dem nicht entziehen. Es war eingeteilt, wer wann und wo aufzutreten hatte. Eine Weigerung wäre mit Minuspunkten in der Personalakte bestraft worden und hätte den privilegierten Arbeitsplatz gefährdet. Gisela war für den kommenden Dienstag in den Karl-Marx-Saal bestellt. Irgendein rumänischer Abgeordneter aus dem Agrarministerium sollte kommen und mußte bejubelt werden. Einer der vielen Fehler im System! Ein Staat konnte nicht gleichzeitig Wissen und Denkfähigkeit in seine Leute pumpen, um sie dann für solch lächerliche Veranstaltungen wie Marionetten tanzen zu lassen. Gisela fieberte dem vierten April entgegen. Ihr Entschluß saß fest in ihrem Kopf. Sie wollte unter allen Umständen den Osten verlassen! Was hatte sie zu verlieren, außer ein paar alten Möbeln und einem rostigen Fahrrad? Um ihre Musiksammlung und die Bücher sollten sich die Nachbarn schlagen.

Pünktlich um neunzehn Uhr läutete es am vierten April bei Mauritz, Chausseestraße sechsundvierzig.

Es war Bernd. Ein junger schlaksiger Typ mit halblangen Haaren und einer gepflegten Hippiekultur am Leib. Er war Student. Mathematik im vierten Semester. Für die gefährlichen Kurierdienste wurde er in Devisen bezahlt. Es war seine Aufgabe, die Ausreisewilligen über die Fluchtpläne zu unterrichten.

Gisela bot ihm ein paar Schnittchen und Bier an. Sie wollte, daß er erst sprach, wenn Alexander schlief.

»Ist das nicht ein gefährlicher Job?« Gisela wunderte sich, daß es Leute wagten, ihre Zukunft derartig aufs Spiel zu setzen, wenn sie selbst nicht die Absicht hatten, zu fliehen.

»Ich bin eben ein Spieler«, sagte er nur, ehe er wie ein Profi zur Sache kam. »Sie wissen, daß Sie für die Flucht 15000 Westmark zu zahlen haben?«

Gisela nickte. »Meine Tante wird mir dabei helfen. Außerdem verdiene ich sicherlich bald selbst gutes Geld. Ich bin Diplomchemikerin. Ich habe mich schon in diversen Zeitungen informiert. Da stehen massenhaft Anzeigen drin. Die brauchen qualifizierte Leute.«

»Gut! Dann werde ich ihnen jetzt alles erläutern. Es ist im Prinzip einfach. Sie müssen nur penibel darauf achten, daß kein Mensch von der Sache Wind bekommt. Haben Sie den leisesten Zweifel, daß Sie beobachtet werden, bleiben Sie einfach von dem vereinbarten Treffpunkt weg. Das ist besser, als wenn wir es riskieren, verpfiffen zu werden. Das ist ganz wichtig! Sie wissen, auf Flucht steht Gefängnis und nicht zu knapp.«

»Auf Beihilfe zur Flucht nicht weniger«, scherzte Gisela.

»Kann das hier etwa eine Wanzenstube sein?« fragte er vorsichtig.

»I wo, ich bin total integer. Ich habe nie in meinem Leben irgend etwas mit der Stasi zu tun gehabt. War immer brav, gut und sozialistisch angepaßt.«

»Warum hauen Sie dann ab?«

»Eben deshalb!«

Bernd, wohl sein Deckname, lachte. »Na gut. Am elften Mai soll es losgehen. Sie kennen die Transitstrecke bei Magdeburg?«

»Kein Problem!«

»Da sollen Sie hinkommen, genau an Kilometerstein einhunderteins. Sie werden dort von einem Lkw erwartet. Sie steigen ein, verstecken sich dort in einem präparierten Raum und nach hoffentlich zwei Stunden ist alles passiert. Nur wegen ihres Sohnes gibt es ein paar Schwierigkeiten. Das Fluchtunternehmen will jedes Risiko ausschalten. Deshalb müssen Sie Ihrem Kleinen Valium spritzen. Eine kleine Dosis. Völlig ungefährlich. Das ist nur, damit er von der ganzen Geschichte nichts mitbekommt und schläft. Stellen Sie sich vor, er würde an der Grenze schreien. Das wäre das Ende!«

Gisela erschrak. Diese Schwierigkeit hatte sie nie bedacht. Es war allerdings nur zu verständlich und mußte wohl sein. Sie willigte ein und versprach, bis zum elften Mai ein ganz normales Leben zu führen. Keine Hektik, kein Kofferpacken, nichts. Sie dürfe während der Flucht höchstens eine größere Handtasche mit den nötigsten Papieren mitnehmen.

»Die drüben sind ganz nett. Da bekommen Sie dann ohnehin alles, was Sie anfangs brauchen. Die unterstützen jeden Flüchtling.«

Es klang alles so verlockend. Als Bernd gegangen war und sie die Teller und Biergläser in der abgeschabten Steinspüle zusammenstellte, kamen ihr die Tränen. Sie dachte an ihre eigene Kindheit. An die Birkenallee, den Dorfteich, die schnatternden Gänse, an die Vorkriegstintenflecken auf den hölzernen Klassenpulten in der Ernst-Thälmann-Schule, an die vielen, vielen Kleinigkeiten, die einem im Laufe der Jahre so vertraut geworden waren. Selten hatten sie sich wie an jenem Abend mit solcher Intensität wieder gemeldet. Es war, als ob sie gewarnt werden sollte. Oder doch nur ein Hauch von Sentimentalität? Sicher würde es bewegend sein, eine neue Welt zu betreten und die alte nie mehr besuchen zu dürfen. Warum mußte auch diese dämliche Mauer und dieser dämliche Grenzstreifen mitten durch Deutschland, mitten durch Berlin laufen? Politik! Wer verstand das schon! Wahrscheinlich noch nicht mal diejenigen, die solch Eiserne Vorhänge erdacht und verwirklicht hatten. Irgendwie mußte »Ideologie« etwas mit »idiotisch« zu tun haben!

Es näherte sich der Tag, an dem die geplante Flucht stattfinden sollte. Alexander hatte eine leichte Grippe. Deshalb hatte Gisela nicht nach einer Ausrede suchen müssen, um zu Hause bleiben zu können. Um vierzehn Uhr war die Verabredung. Sie nahmen den Neun-Uhr-Zug. Er sollte gegen zwölf Uhr dreißig in Irxleben sein. Vom Bahnhof aus würden sie mit einem Taxi zum Anglerhaus fahren. Dann sollten es nur noch etwa siebenhundert Meter bis zu jenem bewußten Kilometerstein sein.

Es klappte alles bestens. Alexander war aufgeregt. Mit dem Zug fahren mochte er. Es war ein warmer Frühsommertag. Trotzdem hatte Gisela ihrem Sohn und sich selbst Jacken angezogen. Wer weiß, wo sie die Nacht verbringen mußten. Alexander stellte tausend Fragen. Warum sie hierher gefahren seien. Ob sie jemanden besuchen würden. Warum sie hier spazierengingen. Weshalb und warum, weshalb und warum...

Gisela hatte kaum die Kraft, ihm alle die Fragen zu beantworten. Aber sie wollte ihn nicht mit ihrer Nervosität anstecken. Einweihen konnte sie ihn aber erst recht nicht. Im Augenblick wünschte sie sich, er wäre schon größer und könnte begreifen, was da geschah. Vielleicht mit ihm diskutieren, mit ihm Pläne schmieden für das neue Leben.

Doch aus den Plänen wurde nichts. Der LKW kam nicht. Fast eine Stunde hatten sie ausgeharrt, ehe sie wieder zum Anglerhaus zurückgingen.

»Na, den Onkel aus dem Westen besucht?« Der Fremde vor dem Anglerhaus warf ihnen einen schelmischen Blick zu.

»Wir haben viele Westautos gesehen. Fords, Opels, Mercedesse und einen Porsche«, zählte Alexander die Automarken auf, die an dem Kilometerstein vorbeigebraust waren.

»So, so«, nickte der Fremde.

»Die Jungens!« lächelte Gisela. »Ein Ausflug an die Autobahn ist für die genauso schön wie Eisessen.«

Das war das Stichwort. Der Fremde verschwand im Kiosk und holte für Alexander ein Eis am Stil aus der Truhe. Der bedankte sich artig, und dann marschierten sie die drei Kilometer zurück zum Dorf.

Irgend etwas mußte passiert sein! Gisela hatte Angst vor der Heimkehr. Vielleicht wurde sie dort schon erwartet? Doch es geschah nichts.

Erst am dritten Tag meldete sich Bernd. Er wollte nichts genau erklären, sagte nur, daß etwas schiefgelaufen sei. Daß Vorsicht besser sei, als ein Risiko einzugehen. Das begriff sie zwar, sie ermahnte ihn jedoch, auch an ihr Nervenkostüm zu denken.

Das schien allerdings wenig zu fruchten. Auch beim zweiten Treffen, an einem anderen Kilometerstein und zu einer anderen Uhrzeit kam niemand. Gisela hatte es schon aufgegeben, als Bernd ihr einen neuen, dieses Mal hundertprozentig stattfindenden Termin nannte. Der vierzehnte Juni abends gegen zehn Uhr.

Sie drohte: »Wenn es dieses Mal nicht klappt, gebe ich auf!«

Die Flucht

Dieses Mal mußte der LKW kommen. Er mußte! Er mußte! Sonst würde sie aufgeben. Dieser Gedanke begleitete Gisela, als sie auf dem schmalen Ackerstreifen zur Autobahn ging. Alexander kannte mittlerweile diese Art Ausflüge. Er freute sich schon auf die vielen Autos, die er beobachten konnte. Die letzten Wochen hatte Gisela panische Angst gehabt, Alexander könnte in der Kindertagesstätte irgend etwas über diese merkwürdigen Spaziergänge ausplaudern. Deshalb mußte der LKW kommen.

Es war noch eine Viertelstunde Zeit, als sie sich hinter einem Busch an der Autobahn versteckten. Alexander war vom Laufen müde, so daß er sich gern hinsetzte. Gisela hatte zum ersten Mal wirkliches Herzklopfen. Diese Spannung schnürte ihr fast die Kehle zu. Sie nahm Alexander zu sich auf den Schoß.

»Wir werden jetzt gleich ein Abenteuer erleben! Hast du Lust?« flüsterte sie ihm ins Ohr.

»Was denn für ein Abenteuer?«

»Wir werden ein Stück mit einem Lastwagen fahren. Eine kleine Reise.«

Alexander schien begeistert. »Au fein, mit einem Kipper?«

»Nein, mit einem ganz normalen Transporter.«

»Darf ich vorne sitzen? Bitte...«

Gisela drückte ihren Kleinen ganz fest an sich. »Nein, mein Schatz, das geht nicht. Wir dürfen nur mitfahren, wenn wir hinten sitzen.«

Sie hörte, wie hinter ihr ein Fahrzeug hielt. Der Motor lief noch. Der Fahrer, ein etwas schwergewichtiger unrasierter Typ, winkte ihr aufgeregt zu: »Kommen Sie schnell. Ich darf hier eigentlich nicht halten. Wir dürfen nicht auffallen. Mein Kollege wird Ihnen alles erklären.«

Der Kollege, ein jüngerer Mann, gepflegt, mit Brille, half ihnen in den Laderaum. Hinter schweren Holzkisten saß noch ein Paar.

»Ich dachte, wir sind allein?« flüsterte Gisela dem jungen Mann zu.

»Nein, nein, die wollen auch rüber.« Dann zeigte er auf eine große Holzwand. »Hier, wenn ich Ihnen ein Zeichen gebe, gehen Sie da rein! Zwischen Fahrerhaus und Ladefläche befindet sich dieser kleine Zwischenraum. Da gehen Sie rein und rühren sich nicht mehr von der Stelle. Im Raum befindet sich eine Lampe. Solange sie auf rot geschaltet ist, müssen Sie vorsichtig sein. Grün heißt, daß wir drüben sind! Ich werde vorher aussteigen. Sie rühren sich erst, wenn unser Mitarbeiter von der anderen Seite die Tür öffnet! Verstanden? Gut?«

»Gut«, wiederholte Gisela schüchtern.

Der LKW rollte inzwischen Richtung Grenzübergang Helmstedt. Es waren noch etwa vierzig Kilometer. Alexander fand das alles sehr lustig. Er juchzte vor Vergnügen und versteckte sich hinter den Holzkisten.

Der junge Mann holte aus der Innentasche seiner Jacke eine Spritze und drückte sie Gisela in die Hand. »Hier, das ist für Ihren Sohn. Das Valium. Sie wissen schon. Das muß sein! Am besten Sie geben ihm das gleich. Es hält für die ganze Nacht.«

Mißtrauisch betrachtete Gisela die Spritze. Wie wollte sie Alexander beibringen, daß dieser Stich notwendig war? Er hatte doch solche Angst vor Spritzen.

»Hätte es nicht auch Tabletten oder irgend etwas anderes gegeben?«

Der junge Mann zuckte mit den Schultern. »Ich habe nichts weiter dabei. Es muß sein«, drängte er.

»Können nicht Sie...«, versuchte Gisela diese Aufgabe auf ihn zu übertragen.

Er schüttelte mit dem Kopf. »Nein, das mach ich nicht! Ich kann ihn höchstens für einen Augenblick ablenken.«

Gisela rief Alexander zu sich. »Sie müssen ihn festhalten, sonst bricht noch die Nadel ab!«

Ihr stand der Schweiß auf der Stirn. Sie rätselte noch. Sollte sie nicht doch lieber Alexander einweihen. War es fair einfach zuzustechen, ohne daß er etwas wußte? Dann ergab sich eine Gelegenheit. Ihr war der Schlüssel unter eine Kiste gefallen.

»Sei doch so lieb und hilf mir, Alexander«, bat sie ihren Sohn. »Du hast kleine Händchen und kannst viel besser unter die Kiste greifen.«

Alexander war stolz, seiner Mama helfen zu können. Er legte sich bäuchlings flach auf den Boden und streckte seinen rechten Arm unter die Kiste.

»Jetzt!« rief sie dem jungen Mann zu. Er packte Alexander an den Schultern, während ihm Gisela in Windeseile die Hose runterzog und die Spritze in den Po trieb. Ihr liefen die Tränen übers Gesicht, als Alexander für einen Moment aufschrie. Alexanders Wut richtete sich gegen den jungen Mann.

»Der böse Mann hat mir eine Spritze gegeben«, schniefte er. Er kannte das Gefühl gut genug.

»Ich weiß«, tröstete Gisela den Kleinen. »Aber der Mann ist nicht böse. Er bringt uns vielleicht zu Tante Gerda.«

Alexander hatte schon bald den Stich vergessen und wurde zusehends müde und schläfrig. Bereits nach zehn Minuten war er in Giselas Armen eingeschlafen. Ab und zu seufzte er noch im Schlaf.

Mit dem Paar hatte Gisela keinen Kontakt. Inzwischen war es auch schon Zeit geworden, sich in das Versteck zu begeben.

»Viel Glück!« sagte der junge Mann noch, ehe er halb im Fahren aus dem Laderaum sprang. Es war mittlerweile dunkel draußen.

Gisela hielt Alexander fest an sich gepreßt.

»Lieber Gott, wenn es Dich gibt, dann hab jetzt ein Erbarmen mit uns zweien! Wir wollen doch nichts Böses. Wir wollen nur ein neues Leben anfangen. Bitte, laß sie uns nicht erwischen!«

Es war mucksmäuschenstill im Laderaum. Es roch würzig nach Obst und Gemüse. Vermutlich befanden sich in den Kisten Frischwaren.

Der LKW bremste. Gisela hörte Stimmen und das Klappern von Stiefelabsätzen. Jemand öffnete den Laderaum.

»So, Erdbeeren und Salat haben Sie geladen? Und was sonst noch?« fragte eine herrische Stimme.

»Nichts, das Zeug soll früh morgens in Braunschweig sein.«

»Guck mal nach!« beorderte der mit der herrischen Stimme einen anderen.

Gisela hielt den Atem an. Bloß jetzt nicht husten oder niesen!

»Und was ist das da?« Jemand trommelte mit der Faust an ihre Holzwand. »Machen Sie die auf!« ordnete er an.

Gisela schloß die Augen. Jetzt waren es nur noch Sekunden, bis sie entdeckt würden. Warum nur – warum?

Der mit der herrischen Stimme blickte sie von oben herab an, als habe er schon gewußt, daß hinter der Wand Leute saßen.

»Seltsame Früchte transportieren Sie da«, fauchte er den Fahrer an.

»Ich habe damit nichts zu tun«, wollte der sich verteidigen. »Ich habe keine Ahnung, wie die Frau und das Kind und die Leute hier reinkommen.«

»Raus, na los!«

Als ob sie dieser Faustschlag an die Tür benebelt hätte, torkelte Gisela aus dem Verschlag. Alexander schlief fest. Er ließ sich wie ein Mehlsack auf ihre Schultern fallen. Sie blickte in die Mündungen von Maschinenpistolen. Hunde bellten. Acht Uniformierte standen um sie herum.

»Hol mal eine vom Roten Kreuz«, drehte sich der Herrische zu einem seiner Kollegen um. »Die sollen den Kleinen abholen! Und Sie«, nickte er Gisela zu, »kommen mit mir! Die Fahrt ist zu Ende. Der Fahrer geht mit dem Oberleutnant Kasch, der Laster wird konfisziert«, kommandierte er weiter.

Schwerfällig hob Gisela ihre Tasche hoch. Es war, als ob sie Blei beinhalten würde. Was sollte nun geschehen? Sie hatte gewußt, daß es passieren konnte, aber nie damit gerechnet, daß es passieren würde. Ein paar Meter nur. Auf dem Weg zur Kaserne konnte sie rübersehen. Der Lichtstreifen am anderen Ende der Grenze, knapp hinter dem Hochsitz war der Westen. Der Westen, dachte sie, er verleitet so viele. Weckte Wünsche, Hoffnungen, Träume.

Als ob der Typ mit den schwarzen Schnürstiefeln ihre Gedanken gelesen hätte, lästerte er: »Rübergucken können Sie, rübermachen is nich! Schade, wa? War wohl nischt! Das gibt mindestens drei Jahre. Schade um Sie. So hübsch kommen Sie da nich mehr raus. Was die bloß alle mit dem Westen haben. Letzte Woche drei Fluchtversuche hier bei uns. Die denken wohl, bei unsern Grenzern laufen lauter Trottel rum. Da rein!« Er packte Gisela unsanft am Arm und schob sie durch die Tür zur Kaserne.

In einem kleinen Raum, in dem ein Tisch mit einer Schreibmaschine stand und zwei nichtuniformierte Männer Gisela schon zu erwarten schienen, sollte sie Platz nehmen. Zuvor mußte sie ihre Taschen abgeben und wurde von einer Frau zur Leibesvisitation geführt. Sie fanden die Einwegspritze.

»Für Ihren Sohn, was?« bemerkte einer der Männer, ein etwa vierzigjähriger mit leicht gewelltem Haar und Brille, und legte die Spritze auf den Tisch.

»Ja«, sagte Gisela. Das war ihr erstes Wort seit sie aus dem Verschlag herausgekrochen war. Dieses »Ja« wiederholte sie in dieser Nacht mindestens hundert Mal. So viele Fragen wurden gestellt, und sie hatte beschlossen, sich nicht zu wehren. Sie war in flagranti erwischt worden, was hätte es für einen Sinn gehabt zu leugnen?

Personalien? Motive? Fluchtpläne? Namen von Fluchthelfern? Adressen von Menschen in der BRD, die von der Flucht wußten? Und immer wieder die Frage nach der Spritze.

»Ist Ihnen denn nicht klar gewesen, daß Sie Ihren Sohn mit dem Zeug gefährden? Das ist ein Betäubungsmittel!«

Gisela schluckte. Es war ganz offensichtlich, worauf die Vernehmer hinauswollten. Und sie hatte Mühe, sich nach all dem Erlebten zu konzentrieren. Es war wohl schon drei Uhr früh, und sie hatte ein großes Bedürfnis nach Schlaf.

»Ich habe Ihnen schon ein paar Mal gesagt, was es dazu zu sagen gibt. Es war notwendig. Ich habe meinem Kind doch keinen Schaden zufügen wollen. Das wissen Sie doch ganz genau. Warum fragen Sie permanent danach? Ich bin Chemikerin und kenne mich auch mit pharmazeutischen Produkten aus. Es ist ganz harmlos.«

»Aber Sie sind keine Ärztin? Das war verantwortungslos. Wie die ganze Flucht. Sie kennen doch unsere Gesetze.«

»Ja, auf Gedeih und Verderb!«

Der Jüngere beugte sich über den Tisch. »Nun werden Sie mal bloß nicht frech hier! Ihnen ist wohl nicht ganz klar, was da auf Sie zukommt? Im Gefängnis werden die noch ein paar freundlichere Worte für Sie haben.«

So ernst die Lage auch war, Gisela mußte plötzlich lachen. »Das ist absurd! Wirklich absurd! Können Sie sich eigentlich vorstellen, was Sie da machen? Sie klagen mich an, weil ich da rüber will. Da rüber!« zeigte sie in eine imaginäre Ferne. »Nur ein paar Schritte! Deswegen dieser Aufstand? Ich als die große Verbrecherin am Staat? Was habe ich denn getan? Sie machen sich an mir schuldig, wenn Sie mich nicht da rüber lassen! Das ist es doch! Und dafür werden Sie eines Tages bezahlen müssen! Aber jetzt spielen wir dieses Theater bis zur Perfektion. Die Herren auf Verbrecherjagd. Das gibt Pluspunkte in der Kader-Akte, was?«

»Jetzt sind Sie aber ruhig!« schnaubte der Jüngere. »Republikflucht, Kindesmißhandlung und dann noch solche Töne! Gesetze sind dafür da, daß man sich dran hält! Das gilt für uns alle! Ein Staat ohne Gesetze ist kein Staat!«

»Ich habe, verdammt noch mal, diese Gesetze nicht gemacht! Und wenn Sie es genau wissen wollen, auch nicht dafür gestimmt.«

»Aber benutzt!«

Ein Arzt betrat das Zimmer. Er bestätigte, was Gisela x-mal an jenem Abend wiederholt hatte. »Das Kind hat ein mildes Schlafmittel erhalten. Es hat keinerlei Auswirkungen auf seinen Gesundheitszustand. Er ist jetzt schon wieder hellwach.«

»Kann ich zu ihm?« mischte sich Gisela ein.

»Nein!« klang es schroff aus dem Mund des Jüngeren. »Sie warten hier, bis Sie abgeholt werden.«

»Und Alexander?«

»Das werden wir schon regeln. Sie erhalten dann Bescheid.«

Gisela hatte Kopfschmerzen, Magendrücken und Darmbeschwerden in einem. War dies alles Wirklichkeit? Sie und Gefängnis. Ob es dort eine Mutter-Kind-Einrichtung gab? Sie wagte es nicht, jemanden danach zu fragen. Der Morgen dämmerte schon, und alle waren gereizt. Aber irgendwie mußte ein sozialistischer Staat doch diese Frage gelöst haben. Wenn sie die Mütter inhaftierten, was geschah dann mit den Kindern? Alexander! Bestimmt würde er gleich nach ihr fragen, wenn er aufwachte. Weshalb durfte sie nicht zu ihm? Das waren nur blanke Schikanen. Der Arzt hatte schließlich bestätigt, daß die Spritze völlig harmlos war.

»Mein Alexander!« Was hätte sie darum gegeben, jetzt mit ihm im Bett zu kuscheln. Sie würden wohl beide noch schlafen, dann gemeinsam aufstehen, Zähne putzen, frühstücken und sich auf den Abend freuen. Alexander war schon so selbständig. Er konnte seit einem Jahr die Schuhe binden und sich selbst anziehen. Das dauerte zwar ein bißchen länger, und trödeln mochte er auch zu gern, aber es war nie so hektisch wie bei anderen. Das lag daran, daß sie alleine waren. Gisela brauchte keinem Mann morgens Rede und Antwort zu stehen, die Hemden zurechtzulegen. Es war eigentlich alles recht unkompliziert, auch wenn alleinerziehende Mütter von der Umwelt meist bedauert wurden.

»Sie werden abgeholt!« riß einer der beiden Uniformierten Gisela aus ihrer Gedankenwelt. Sie erschrak, weil ihr urplötzlich wieder zum Bewußtsein kam, daß sie nun geradewegs ins Gefängnis marschierte.

Draußen stach ihr die Morgensonne in die Augen, als sie das Gebäude in Begleitung von zwei neuen Herren, beide noch ganz jung, verließ. Zwei grüne Ladas parkten seitlich vor der Kaserne. Sie sah, wie Alexander in Begleitung von zwei Männern zu dem vorderen Lada ging. Instinktiv drehte er sich um. Für Sekunden hatten sie Gelegenheit, sich anzuschauen.

»Mami!« rief Alexander.

Er wollte zu ihr laufen. Ein Hauch von Freude streifte über sein Gesicht. Seine Arme stemmten sich gegen den Druck der großen Männerhände. Er drehte seinen Kopf, so weit es ging.

»Mamiiii!...« rief er jetzt energischer.

Doch die Männer ließen ihn nicht los. Sie handelten geübt schnell. Hoben ihn auf den Rücksitz und sperrten zu.

Gisela winkte, stand aber da wie angewurzelt. Warum rannte sie nicht zu ihm? Was lähmte sie? Die Schuld? Hätte sie nicht damit rechnen müssen? War sie eine Rabenmutter? Wie würde ihr kleiner Sohn wohl die nächsten Tage leiden müssen! Ohne sie! Was verstand er vom Westen, vom Osten? Wenn es noch nicht mal die Erwachsenen verstanden? Eine Umarmung, ein Kuß! Doch würde dann der Abschied noch tiefer brennen? Ob sie ihn zur Oma brachten, oder gab es ein Kinderheim in der Nähe der Haftanstalt?

Sie fühlte, wie ihr das Blut aus den Adern wich. Die Tränen stauten sich hinter den Augen. Ein Schock! Sie fror am ganzen Körper, obwohl der Himmel mit seinen weißlich zerfaserten Streifenwölkchen einen heißen Sommertag ankündigte.

Eine Rote-Kreuz-Schwester reichte ihr ein Taschentuch.

»Weinen Sie nur! Schämen Sie sich nicht. Die ersten Tränen sind immer die schlimmsten, aber dann geht es weiter. Seien Sie tapfer, Ihr Kleiner ist es auch!«

»Danke.« Gisela warf einen flüchtigen Blick auf die Frau mit der warmherzigen Stimme.

»Alexander hat viel von Ihnen erzählt und von dem bösen Mann mit der Spritze. Von seiner Mami hat er richtig geschwärmt. Die Befrager haben nichts Böses über Sie von Alexander rausgekriegt.«

Gisela wandte sich jetzt ganz der Rot-Kreuz-Schwester zu.

»Habe ich Schuld?« Sie suchte in den Augen dieser netten Frau eine Antwort.

Diese zuckte nur mit den Schultern. »Sie hätten es vielleicht wissen müssen. Man wird Ihnen vorwerfen, daß Sie sich und Ihr Kind in Gefahr gebracht haben. Aber was geschehen ist, ist geschehen. Gucken Sie nach vorne, geben Sie am besten alles zu, seien Sie kooperativ – Unmenschen werden das schon nicht sein.«

Diese Frau machte Mut. Jemand, eine Fremde, hatte ihre Seele gestreichelt. Das tat gut nach dieser furchtbaren, langen Nacht.

Sie hatte wieder Hoffnung, als sie ins Auto stieg und in eine ungewisse Zukunft gefahren wurde.

In Untersuchungshaft

Die ungewisse Zukunft machte ihre erste Rast in Berlin-Hohenschönhausen. Hätte Gisela geahnt, daß hier schon bald die DDR-Prominenz ein- und ausgehen würde, hätte sie aus Freude darüber, daß die Geschichte solch eines Gebäudes auch ihre gerechten Phasen haben konnte, wie der Papst den Boden der Zellen geküßt. Denn nichts auf der Welt haßte sie im Augenblick mehr als die Obrigkeit des Staates, in dem sie aufgewachsen war und der sie jetzt so unmenschlich leiden ließ. Anders konnte man diese U-Haft nicht bezeichnen.

Gisela hatte Einzelunterbringung. Sieben Schritte maß die Zelle im Umlauf. Tausende Male durchschritt sie den winzigen Raum während ihres dreimonatigen Aufenthaltes. Wie der berühmte Tiger im Käfig sortierte sie ihre Gedanken, war wütend, traurig, zornig, unruhig.

Sie befolgte den Rat der Rot-Kreuz-Schwester. Gab alles zu, machte jedoch keinen Hehl aus ihrem Verlangen, die DDR zu verlassen. Obwohl der Tatbestand somit bekannt war und sie nie den Versuch machte, das Vorgefallene zu entschärfen, wurde sie in den drei Monaten fast täglich vernommen. Der Hauptanklagepunkt sollte es sein, daß sie in Kenntnis der Sachlage ihren Sohn Alexander der Gefahr der Flucht mit allen möglichen Konsequenzen ausgesetzt hatte. Ihr Vernehmer, es war immer derselbe, ein kleiner Dicker mit Stirnglatze, brachte es während einer der letzten Verhöre vor der Gerichtsverhandlung auf den Punkt:

»Sie haben es doch wohl billigend in Kauf genommen, daß Ihr Sohn bei einem eventuellen Fluchtversuch des Fahrzeugs einer Schußgefahr ausgesetzt wird. Sie haben also aus eigenem egoistischem Bestreben heraus Ihren Sohn dieser möglicherweise tödlichen Gefahr ausgesetzt. Ihre Fluchthelfer mußten Sie doch davon unterrichtet haben. Außerdem, wer hat Ihnen das Valium besorgt?«

Gisela wußte zum damaligen Zeitpunkt noch nicht, daß bereits in diesen Verhören der Grundstein für eine nach dem DDR-Staatsverständnis legitimierte Zwangsadoption gelegt wurde. Vielleicht hätte sie sich ansonsten mehr zurückgehalten.

Von ihrem kleinen Holzstuhl aus, der in der linken Ecke des Zimmers stand, blickte sie direkt in die schießschartenschmalen Augen ihres männlichen Gegenübers. Er saß auf einem Podest, hinter einem großen Holzschreibtisch, umnebelt von Zigarettenrauch und würzigem Kaffeegeruch. Diese Positionierung hatte etwas Entwürdigendes. Sie war von vornherein dazu geschaffen, dem Vernehmer eine Herrscherrolle zu garantieren. Er konnte gar nicht anders, als von oben herab zu blicken und sie konnte nicht anders, als von unten hinaufzuschauen.

Doch Gisela hatte es im Verlauf der vielen Verhöre gelernt, daß ein gerader fixierender Blick, auch wenn er von unten kam, seine Wirkung nicht verfehlte. Ihr Stasi-Hauptmann konnte nur selten diesem Blick standhalten. Meist blätterte er schon nach wenigen Sekunden nervös in den Akten herum und kam auf ein anderes Thema. So war es auch dieses Mal. Mit ihrem festen Blick und ihrem Schweigen übernahm sie die Gesprächsführung.

Gisela fixierte ihn, räusperte sich, ehe sie langsam und bestimmt zu sprechen begann. Jede Vernehmung fing mit diesem Spiel und mit nahezu identischen Dialogen an.

»Ich sage überhaupt nichts, wenn Sie mir nicht sagen, wo mein Sohn Alexander ist.«

»Ihrem Kind geht es gut.«

»Ich will wissen, *wo* er ist und mich selbst davon überzeugen!«

»So ein Unsinn! Sie sind hier in U-Haft! Nicht im Kindergarten!«

»Ich will wissen, *wo* es Alexander gut geht!«

»Es geht ihm gut!«

»Wo? In einem Heim? Bei meinen Eltern? Bei Freunden? Im Ausland?«

»Das kann ich Ihnen nicht sagen!«

»Dann sage ich auch nichts!«

»Das brauchen Sie auch gar nicht!« schrie er dann jedes Mal. »Wir wissen, was wir brauchen!«

»Und weshalb muß ich dann fast jeden Tag hier sitzen?«

»Weil wir so nett sind, Ihnen eine Chance zur Einsicht geben zu wollen! Wenn Sie Ihr Verhalten nicht nur zugeben, sondern auch begreifen und einsehen, daß Sie falsch gehandelt haben, kann sich das auf Ihr Urteil, vor allem auf Ihr Strafmaß, positiv auswirken.«

Gisela schüttelte ihren Kopf. »Warum begreifen Sie nicht? Ich will raus aus der DDR, und zwar jetzt noch stärker als vorher. Mit jedem Tag, den ich hier zubringe und den ich von meinem Kind getrennt bin, treibt es mich noch mehr raus. Sie wollen, daß ich lüge, aber das kann ich nicht. Ich bin für mich und Alexander auf der Suche nach einem Leben im Westen. Sie können Menschen und ihre Lebensinteressen nicht einfach wegmauern, einsperren und so tun, als sei nichts! Ich gebe alle Punkte zu, derer ich angeklagt bin, aber ich fühle mich nicht schuldig und Sie werden mir das auch nie einreden können.«

Wütend knallte der Hauptmann seinen Aktenordner auf den Tisch. Seine Mimik und sein betont gelangweiltes Vorbeischauen an Gisela sprachen Bände. Er holte tief Luft, als er Gisela über den Stand der Dinge aufklärte.

»Nächste Woche ist Ihre Verhandlung. Es sieht, offen gesagt, schlecht für Sie aus. Sie sind ein störrisches Frauenzimmer, zeigen keine Reue, beantworten keine Fragen, waren nie kooperativ. Ich habe auch keine Lust mehr, mich mit Ihnen herumzustreiten. Einige – und Sie gehören dazu – scheinen es selbst in Haft nicht zu begreifen, wer hier die Macht hat. Sie sind hochmütig, stolz, wollen mit dem Kopf durch die Wand. Doch die Wände, das haben schon andere als Sie erkannt, sind aus Stahl. Nicht wir, sondern *Sie*«, er betonte das »Sie« so, als wolle er mit dem Zeigefinger auf Gisela deuten, »werden sich Blessuren holen! Dicke Beulen, wenn Sie es genau wissen wollen! Und *Sie*«, wieder betonte er das »Sie«, »haben das ganz alleine zu verantworten!«

Gisela saß stumm da. Sie hatte einen roten Kopf bekommen und würgte am eigenen Speichel. Diese Drohung war nicht die übliche Angstmacherei, es war der bittere Ernst, der aus seinen Worten sprach.

Ihre Begleitperson, die sie zur Zelle zurückbringen sollte, wurde gerufen. Als ob sie jemand an der Leine führte, ließ sie sich von der Genossin in der mausgrauen Uniform zurück in die Zelle bringen. Auf ihrer Pritsche liegend, dachte sie lange nach.

Die Wochen zuvor war ihr nie so bewußt wie an jenem Tag geworden, wie völlig hilflos sie war. Irgendein Pflänzchen, voller Kraft und Energie, aber gebeutelt vom rauhen politischen Klima der Zeit. Würde sie widerstandsfähig genug sein? Oder würde sie verwelken ohne Licht, ohne Alexander, ohne das Bewußtsein, auch nur ein bißchen Verständnis erhoffen zu dürfen? In einem Monat würde Weihnachten sein. Ohne Alexander! Wo war ihr kleiner Liebling? Wohin hatten sie ihn verschleppt?

Irgendwie hatte Gisela dennoch immer Hoffnung. Wenn sie erst verurteilt war, würde sie sicher in eine Haftanstalt kommen, in der es eine Art Mutter-Kind-Abteilung gab. Ein sozialistischer Staat konnte doch nicht so grausam sein, ihr wochen- oder monatelang ihr Kind zu entziehen! Das war bestimmt nur während der Verhörphase so eine Bestimmung. Mit dem Gedanken an Alexander, an seinen blonden Lockenkopf, an sein glucksendes Lachen, wenn sie ihm den Clown vormachte, schlief sie unter ihrer kratzigen Decke ein.

Der Tag der Gerichtsverhandlung rückte näher. Was sollte sie sagen? Sollte sie lügen, um den Eindruck einer reuigen Strafgefangenen zu erwecken? Sollte sie die Wahrheit sagen, sich noch einen Rest Zivilcourage behalten? Es war schwer, eine Strategie zu entwickeln. Zumal Gisela auch ihrem Charakter nach nicht zu den Menschen gehörte, die im voraus planen. Sie war schon immer ein impulsiver Mensch gewesen, der seinem Gewissen mehr gehorchte als seiner Umwelt.

Als der Tag der Urteilsverkündung gekommen war und Gisela sich dem Gremium aus Richter, Staatsanwalt, Protokollanten, Zeugen und Uniformierten gegenübersah, waren alle guten Vorsätze bezüglich der richtigen Strategie verflogen. Jetzt oder nie! Sie wollte sich nicht beugen. Sie mußte die Wahrheit sagen; das war sie sich selbst schuldig!

Als sie gefragt wurde, ob sie der Anklageschrift etwas entgegenzusetzen habe, stand sie auf, blickte um sich und erzählte ihre Version der Ereignisse.

»Hohes Gericht, sehr geehrte Vertreter der Anklage. Es gibt in der Tat keinen Zweifel daran, daß ich mich jetzt mit meinem Sohn Alexander in der BRD wohl fühlen würde, wenn nicht Grenzsoldaten der DDR meine Absicht vereitelt hätten. Ihr Vorwurf, daß ich meinen Sohn Alexander in zweifacher Hinsicht gefährdet habe, ist völlig aus der Luft gegriffen. Laut eines gesundheitlichen Gutachtens hat die Valiumspritze meinen Sohn in keinerlei Hinsicht beeinträchtigt. Im Gegenteil! Meine Sorge galt meinem Kind, das sich durch unsere allgemeine Aufregung nicht anstecken und verängstigen lassen sollte. Den Entschluß, in die BRD umzusiedeln, faßte ich in der festen Überzeugung, mit diesem Schritt für meinen Sohn, für seine Entwicklung, für seine Lebensperspektive und Zukunft das Beste zu tun. Ich wäre auch lieber wie jeder normale Mensch in jedem normalen Land einfach über die Grenze gegangen, anstatt auf heimlichen Wegen fliehen zu müssen. Glauben Sie, mir hat es Freude bereitet, Angst, Unsicherheit und Kosten auf mich zu nehmen, nur um die Grenze passieren zu können? Es ist unmenschlich, grausam und brutal, Menschen wie Vieh in einem ummauerten Gehege zu halten! Wie lange, glauben Sie, werden sich das die Menschen gefallen lassen? Ich wollte Alexander nicht in einem Land aufwachsen lassen, das seine Bevölkerung einsperrt, manipuliert und demütigt. Wenn das ein Verbrechen ist und Sie es vor Ihrem Gewissen verantworten können, mich deshalb verurteilen zu können, dann tun Sie es!«

Sie zitterte, als sie sich wieder auf ihren Stuhl setzte. Aus den versteinerten Mienen rund um sich herum und vor allem vorne am Richterpult, konnte sie erkennen, daß ihr Appell kein Gehör gefunden hatte, geschweige denn auch nur einen Funken Respekt und Verständnis. Im Gegenteil: Aus der Urteilsverkündung ging klar hervor, daß ihre wenigen Sätze im Gerichtssaal ausschlaggebend dafür waren, das Strafmaß um ein Jahr zu erhöhen. Sachlich trug die Richterin vor, welche Straftaten der Angeklagten zur Last gelegt wurden.

»Die Angeklagte, Gisela Mauritz, hat nicht nur versucht, mit Hilfe einer feindlichen Fluchthilfeorganisation die DDR illegal zu verlassen, sie hat zudem in fahrlässiger Weise Gesundheit und Leben ihres Sohnes Alexander aufs Spiel gesetzt. Nachdem die Angeklagte ein langes Chemiestudium in Greifswald absolviert hatte, glaubte sie wohl, nun die Lorbeeren in der BRD kassieren zu können. Es ist davon auszugehen, daß materielle Gründe die Angeklagte bewegten, die DDR zu verlassen. Das ist in den Augen der sozialistischen Volksgemeinschaft Sabotage am Volkseigentum. Denn wer hat wohl die Ausbildung der Angeklagten bezahlt, wenn nicht wir alle, das Volk? Dennoch hätten wir ein milderes Urteil aussprechen können, wenn die Angeklagte auch nur einen Funken Reue gegenüber ihren Taten gezeigt hätte. Aber statt dessen beschimpfte und belehrte sie die sozialistischen Vertreter der DDR. Das hat mit dazu beigetragen, daß ein Strafmaß von viereinhalb Jahren für Republikflucht für die Angeklagte festgelegt wird. Vollzogen wird das Urteil in der Strafvollzugsanstalt Stollberg.«

Nach der Nennung des Strafmaßes brach Gisela zusammen. Mit diesem Urteil hatte man ihr vollends den Boden unter den Füßen weggerissen.

Viereinhalb Jahre! Die Zahl brannte sich Gisela wie eine Seriennummer ins Gehirn. An was sie auch dachte, was sie auch überlegte, immer wieder tauchte diese Zahl auf. Manchmal völlig ohne Zusammenhang. Viereinhalb Jahre wegen Republikflucht! Das waren 54 Monate! Das waren 1642 Tage! Gisela war übel. Sie konnte während der wenigen Tage bis zum Haftantritt in Hoheneck kaum etwas zu sich nehmen. Die Vorstellung, fast ein halbes Jahrzehnt vom normalen Alltag ausgeschlossen zu sein, lähmte ihren gesamten Organismus.

Einen Tag vor ihrer Reise nach Hoheneck durfte sie erstmals Besuch von ihrem Vater empfangen. Sie freute sich. Vielleicht hatte er eine Ahnung, wohin sie Alexander gesteckt hatten? Eine großzügige halbe Stunde war ihnen für ein Gespräch eingeräumt worden.

Als erstes legte er ihr ein kleines Päckchen hin. Mit ein paar Süßigkeiten, einem Waschlappen und Seife. Alles Mangelware in Hoheneck, so hatte er sich erkundigt. Er schien bedrückt. Mehrmals strich er sich über das Doppelkinn, ehe er stockend zu erzählen begann, daß sein Bandscheibenschaden ihn in diesem Jahr besonders plage und das Unkraut im Schrebergarten wuchere wie nie zuvor. Er konnte es nicht verbergen, daß ihm sein Auftritt und die ganze Situation peinlich war.

»Papa!« unterbrach ihn Gisela. »Glaubst du wirklich, daß das Unkraut in deinem Schrebergarten im Augenblick so wichtig ist? Ich bin hier! Verurteilt wegen versuchter Republikflucht! Zu viereinhalb Jahren! Übermorgen werde ich meine Haft in Hoheneck antreten. Ich weiß bis zum heutigen Tag noch nicht, was mit Alexander ist. Niemand durfte bisher mit mir sprechen. Und du...«, Gisela standen Tränen in die Augen, »tust so, als wäre nichts. Was ist mit Alexander? Ihr müßt doch etwas wissen, ihr seid doch seine Großeltern? Wo ist er?«

Ihr Vater vermied es, sie anzusehen. »Ich weiß genausowenig wie du, wo Alexander ist. Man hat uns erzählt, er sei in einem Kinderheim untergebracht. Es geht ihm wohl sehr gut da.«

Gisela fühlte, wie das Blut in ihren Schläfen pochte. »Das heißt, du hast ihn noch nicht gesehen, seit ich hier bin?«

»Nein!«

»Und du hast dich auch nicht bemüht, ihn zu sehen? Das darf doch einfach nicht wahr sein! Da steckt Martha dahinter!«

Ihr Vater wurde erregter, lauter. »Du hast es nötig, andere zu beschuldigen! Wer hat denn den Schlamassel verursacht?« Vornübergebeugt, flüsterte er seiner Tochter zu: »Sollen wir uns jetzt mit der Stasi anlegen, nur weil du abhauen wolltest? Welcher Teufel hat dich geritten? Du bist die Mutter! Du trägst die Verantwortung! Wir sind alt, und Martha ist nicht Alexanders leibliche Oma.«

»Martha... seit wir uns kennen, hat sie mich nicht leiden mögen. Und jetzt hetzt sie dich gegen mich auf, was?«

Gisela mußte sich zusammennehmen, um nicht ihren eigenen Vater anzuschreien. So sehr hatte sie sich auf dieses Gespräch gefreut, auf einen Menschen, der ihr vertraut war.

»Du hast mich sehr enttäuscht, Gisela«, brummte ihr Vater. »Ich bin ein alter Genosse, bin in der Partei. Wie stehe ich jetzt da? Meine Tochter! Hast du auch mal an uns gedacht? Deine Geschwister? Die haben wegen dir jeden einzelnen durch die Mangel genommen. Ich war immer so stolz auf dich, Gisela. Ein Einserabitur. Dann das Studium. Meine Tochter! Du hast doch alle Chancen gehabt! Wer so sein Leben wegwirft, für den sind viereinhalb Jahre noch zu wenig, das ist meine Meinung, wenn du Wert darauf legst, daß ich ehrlich bin.«

Gisela stand auf. Noch bevor die Zeit abgelaufen war, drehte sie sich von ihrem Vater weg. Unkontrollierbar liefen ihr dicke Tränen über die Wangen. Dann stürzte sie sich wieder abrupt zu ihm, stützte ihre Hände auf den Tisch und brüllte ihm ins Gesicht: »Du hast überhaupt keine Ahnung, was hier gespielt wird! Geh doch, glaub deinen Genossen! Verdrängt doch, bis ihr platzt! Ich kann auch alleine kämpfen! Sag Martha einen schönen Gruß. Ich komme auch allein zurecht. Ich werde schon rausfinden, wo Alexander ist. Ich habe auch noch Freunde, Freunde, hörst du Papa, Freunde!«

Welche Freunde? Wo waren sie alle? Karin, Mechthild, Angelika?

Zwei Frauen vom Besucheraufsichtspersonal zogen Gisela mit sich. Ihr Vater saß immer noch schwerfällig auf dem Stuhl, als sie das Zimmer verlassen mußte.

Die Einsamkeit in ihrer Zelle empfand Gisela nach diesem Gespräch als Erleichterung. Wenn sich selbst der eigene Vater von ihr distanzierte, was blieb da noch? Die Hoffnung auf einen Freikauf durch den Westen? Sie durfte nur nicht müde werden, Ausreiseanträge für sich und Alexander zu stellen. Das war schließlich laut Gesetz nicht strafbar. Es mußte für alle ganz klar zu erkennen sein, daß sie nicht mehr umzupolen war.

Gisela beobachtete, wie sich die rot gefärbte Wintersonne in den Glasbausteinen hinter den Gitterstäben brach. Der warme Ton ließ die klare frostige Luft draußen erahnen. Es war Samstag. Normalerweise würde sie jetzt mit Alexander, ihrer Freundin Hanni und deren Tochter Sandra etwas unternehmen. Eislaufen, ins Kindertheater gehen, gemeinsam backen oder sonst was. Abends würden sich dann die beiden Mütter bei einem Glas Wein und einem leckeren Essen zusammensetzen und über verbotene Bücher sprechen. Hanni hatte immer welche über die Kirche organisiert. Gisela hatte vor allem für Solschenizyn, Simmel und Remarque eine Ader. Sie mochte spannende, unterhaltsame, aber auch zeitkritische Stoffe.

Dann würden sie sich über Mode unterhalten, über Zukunftspläne, über Kinder. Darüber, daß sie es schon schaffen würden, ihre Kinder auch alleine großzuziehen. Hanni war geschieden und hatte – wie sie immer wiederholte – für mindestens zehn Jahre von Männern genug.

Hanni, die Kinder, die Wohnung, die Flucht, der Vater, alles kreiste an jenem Abend unkontrollierbar durch Giselas Kopf. Bis sie einschlief und die Nacht ihr im Niemandsland des Schlafes ein paar Stunden Ruhe gönnte.

Das Leben begann härter zu werden und Gisela spürte es jeden Tag.

In Hoheneck

Der Transport nach Hoheneck fand in einem geschlossenen Wagen statt. Gisela saß wie ein Schwerverbrecher in einer winzig kleinen Kabine, in der sie die Beine anziehen mußte, um überhaupt sitzen zu können. Es mußte eigens Kabinen für Dicke geben, wie sonst hätten sie in diesem schmalen Gehäuse transportiert werden können?

Die Haftanstalt erlebte Gisela nur vom Innenhof her. Es war ein klotziger, alter, viereckiger Bau. Bewacher, die ihre Pistole griffbereit an der Gürtelschnalle trugen, führten sie zur Aufnahme und zur Effektenkammer. Dann durchlief sie die übliche Gefangenenprozedur, die jede Neuaufgenommene über sich ergehen lassen mußte. Leibesvisitation, Duschen, Gefängnisordnung lesen und unterzeichnen, Empfang der Gefängniskleidung und barsche Töne. Von einer Vertreterin der Gefängnisverwaltung wurde ihr ihre Aufseherin vorgestellt. Eine Frau, vielleicht einen Meter neunzig groß, mit einem Rücken, so breit wie ein Schrank. Sie hatte blond gefärbte, kurz geschnittene Haare und ein pfiffiges, spitzes Gesicht.

»Ich bin Ihre Aufseherin für Trakt neun, das umfaßt die Zellen zwölf bis sechzehn. Sie sind für vierzehn zugeteilt. Wenn Sie keine Probleme machen, machen wir auch keine. Wenn Sie Probleme machen, machen wir auch welche. Das ist wie im normalen Leben auch. Die Hausordnung lesen Sie am besten dreimal durch. Wenn Sie was zu sagen haben, melden Sie sich mit Strafgefangene Nummer siebenunddreißig. Arbeiten müssen Sie hier auch. Für Sie fängt das gleich morgen an. Sie sind dem Kommando drei unterstellt. Das ist die Frühschicht von sechs Uhr morgens bis fünfzehn Uhr nachmittags. Das ist unser hauseigener Nähtrupp. Sie brauchen sich morgen früh nur Ihrer Kommandoleitung in der Zelle anzugliedern. Was gibt es sonst noch? Ja, wie gesagt, wer Randale macht, kommt in den Arrest. Gegessen wird grundsätzlich nur im

Essensraum unten neben den Arbeitsräumen. Es ist wirklich streng verboten, *irgendwas,* seien es Kekse oder etwas anderes, vom Kiosk mit hochzunehmen. Am Anfang meinen viele, sie müßten durchdrehen, aber das legt sich. Es sind vierundzwanzig Frauen in einem großen Raum untergebracht, das erfordert Disziplin. Ja, mehr fällt mir im Augenblick auch nicht ein. Handtuch, Decke, Nachthemd haben Sie. Dann wünsche ich Ihnen einen angenehmen Aufenthalt bei uns.«

Gisela war stumm geblieben. Hätte sie in diesem Augenblick ihren Mund aufgemacht, es wäre nur ein einziger, qualvoller Schrei herausgekommen. Es war wie in einem der Grimmschen Märchen. Die alte Hexe stiefelte vor ihr her, und sie folgte ihr ins finstere Verlies. Wie eine Marionette, deren Fäden im Augenblick von den dunklen Mächten des Schicksals gezogen wurden. Einsam, verlassen, der nackten Willkür fremder Menschen ausgeliefert.

Als Gisela die Zelle betrat, waren nur acht Frauen anwesend. Die restlichen waren auf Arbeit. Der Raum war tatsächlich, verglichen mit den kleinen Zellen aus der U-Haft, riesig. Jeweils vier Dreistockbetten standen an den Längsseiten der Wände. Gisela hatte im zweiten Bett von rechts, Richtung Fenster, die oberste Bettlage. Sie mußte zwei Leitern hochklettern, ehe sie oben war. Die Räume waren jedoch so hoch, daß sie nicht direkt unter der Decke lag. Dennoch war ihr mulmig. Sie hatte niemals zuvor in solch einem hohen Bett geschlafen. Was, wenn sie nachts Alpträume hatte und runterfiel?

Gisela hatte noch immer keinen richtigen Realitätsbezug zu den ganzen Abläufen. Sie schaute sich zwar um, registrierte alles, aber es blieb ihr alles fern.

In einem fünfzig mal siebzig Zentimeter hohen Holzspind konnte sie ihre persönlichen Dinge, wie Seife, Post, ein paar Bilder und Kleinigkeiten einordnen. Ansonsten war alles auf Massenmenschhaltung programmiert. Es gab zwei Waschtröge und zwei Toiletten für vierundzwanzig Frauen. Dementsprechend stank es in dem Raum. Eine seltsame Mischung aus menschlichen Exkrementen, gemischt mit einem beißenden Desinfektionsmittel, das wohl Ungeziefer und Krankheitskeime fernhalten sollte.

Hier also würde für viereinhalb Jahre ihr Zuhause sein. Unter zusammengepferchten Menschen. Alle in denselben blaugefärbten ausgedienten Uniformen der Armee. Eine hübscher als die andere. Wenn die Situation nicht so ernst gewesen wäre, hätte man lachen müssen. Jede der Frauen, ob alt, ob jung, trug zu diesem »schicken« Anzug aus steifem Material ein viel zu knappes Kopftuch, ebenfalls in passendem Dunkelblau, das, so wollte es die Vorschrift, unterm Kinn zweifach verknotet werden mußte. Als ob irgendein muslimischer Mullah bei der Hausordnung mitgemischt hätte.

Erst als die Aufseherin weg war, scharten sich die anderen Frauen um Gisela, die Neue.

»Politisch?« fragte eine junge, eher gepflegt wirkende Frau, etwa Mitte zwanzig.

Gisela nickte. »Ja!«

»Du hast also niemanden umgebracht?«

»Nein!« Gisela tat sehr entrüstet. »Ich wollte abhauen! Republikflucht!«

»Also so eine«, schielte sie eine rundliche ältere Frau an. Sie schielte so sehr, daß Gisela Zweifel hatte, ob sie auch wirklich der Ansprechpartner war. »Hier ist alles gemischt«, fuhr die Ältere fort. »Ich bin hier die Zellenaufsicht«, klärte sie Gisela auf. »Lucia ist mein Name. Ich habe lebenslänglich, weil mir mein Alter im Weg war. Im Mai bin ich nun schon zwölf Jahre hier. Wenn du irgendwas organisieren willst oder auf Krankenstation gehen möchtest, dann meldest du dich bei mir und ich sag dann der Aufseherin Bescheid. So läuft das hier. Aber du kriegst das noch mit Nach zehn Tagen bist du drauf.«

»Bestimmt«, erwiderte Gisela. Sie hatte wenig Sehnsucht danach, sich gleich von Anfang an mit Lucia anzulegen.

Die ersten Tage und Wochen erlebte Gisela wie in einem psychischen Inferno. Nie hatte sie geglaubt, daß der Begriff »sich die Haare raufen«, eine tatsächliche Bedeutung hatte!

Meistens nachts, wenn sie allein da oben in ihrem Bett lag und den diversen Geräuschen der vielen Frauen lauschte, kam der Gefängnisalltag in all seiner Tristesse über sie. Nichts Fröhliches gab es an diesem Ort, von Auskünften oder Rechtsberatungen ganz zu schweigen. Nur Post durfte man schreiben und empfangen. Zensiert natürlich! Wie oft ertappte sich Gisela dabei, daß sie sich selbst an den Haaren zog, um durch den stechenden Schmerz auf der Kopfhaut alle inneren Leiden zu überdecken. Es war ein Alarmsignal der Nerven. Wer so weit ging, stand kurz davor, verrückt zu werden.

Doch die Aufseherin, der »Kleiderschrank« genannt, behielt recht.

Die ersten sechs Tage waren die schlimmsten. Dann fingen Körper und Geist in einer Art Überlebenstraining an, sich anzupassen. Der Schock, mit achtzehn Schwerstkriminellen die Zelle zu teilen, hatte sich gelegt. Gisela war in die Gruppe von zwei weiteren Republikflüchtigen aufgenommen worden. Silvia, eine Ärztin, hatte versucht, über die tschechische Botschaft zu fliehen. Margot, eine Lehrerin, wollte mit gefälschten Papieren die Grenze überqueren. Die beiden waren gebildet und nett. Gisela sah es als ein Glück an, diesen Frauen hier begegnet zu sein. Gemeinsam machten sie sich Mut, sprachen über die Zukunft, versprachen sich gegenseitig zu helfen, wenn es mit dem Freikauf geklappt hatte.

Der Freikauf war Thema Nummer eins. Jeder hoffte darauf, auf diesem Weg wegzukommen. Es grassierten Gerüchte, daß fast jeder politische Häftling für Devisen verschoben wurde. Silvia träumte von einer eigenen Praxis. Margot wollte ihren Lehrerberuf an den Nagel hängen und eine Boutique eröffnen. Beide waren während der Haft geschieden worden, weil ihre Männer für die Freiheit in der DDR ihre Ausreiseanträge zurückgenommen hatten.

»Zwischen uns lief ohnehin nicht mehr viel«, kommentierte Margot die Scheidung von ihrem Mann. »Ich bin sogar froh, daß ich ihn los bin.«

»Bei meinem waren es die Schwiegereltern. Die haben ihn ganz sicher bearbeitet!« erzählte Silvia. »Traurig bin ich nur wegen René. Sie haben den Jungen meinem Mann zugesprochen. Für mich gibt es so oder so keine glückliche Zukunft. Gehe ich zurück, bin ich fertig, gehe ich rüber, bin ich auch fertig. Was ich auch tue, es ist, als ob das eigene Leben schachmatt gesetzt wird.«

Gisela verstand Silvias Gefühle. Waren Kinder da, wuchsen die Sorgen in immense Höhen.

Auch Giselas Erfahrung, von Alexander seit nunmehr acht Monaten keine Nachricht zu haben, staute sich zu einem dicken psychischen Kloß, der sich eines Tages im Arbeitsraum Luft verschaffte. Sie war schon morgens mit Depressionen aufgewacht. Hatte nachts kaum geschlafen. Die Periode machte ihr diesen Monat mehr zu schaffen als sonst. Es blutete aus ihrem Körper, als ob sich die seelische Not ein Ventil in die Gebärmutter geschlagen hätte. Sie hatte Kreuzschmerzen. Fast so stark wie die Anfangswehen bei einer Geburt. Zwei Packungen Binden erhielten die Frauen für ihre Monatsregel. Gisela hatte vergeblich bei der Erzieherin und beim Kleiderschrank um eine Sonderration gebeten. Es gab nichts. Alles war zugeteilt. Auch die anderen Frauen geizten mit diesem kostbaren Gut. So nahm sie das alte Zeitungspapier, das den Frauen als Toilettenpapier zur Verfügung stand und steckte es bündelweise in ihre Hose. Ihr Blut vermischte sich mit der Druckerschwärze der alten SED-Schlagzeilen um die Errungenschaften des Sozialismus.

Gisela nahm es als ein Symbol. Aber sie litt erbärmlich unter den Zuständen. Wie naiv sie war! Hatte sie doch früher tatsächlich geglaubt, daß sozialistische Haftanstalten Mutter-Kind-Abteilungen haben würden! Dabei war dort nicht einmal für die kleinsten hygienischen Notwendigkeiten gesorgt. Die Sozialisten waren eben ähnlich sozial, wie die Christen im Mittelalter christlich. Was nutzt die beste Ideologie, der humanste Gott, wenn Menschen sie für ihre eigene Machtstellung mißbrauchen? Ein roter Faden in der Geschichte der Menschheit. Völlig unabhängig von Völkern, Rassen und Nationen. Wo es keine kontrollierte Demokratie gab, versuchten immer einige wenige, die Macht mit Gewalt an sich zu reißen. Und das eigene Volk war immer auch das erste Opfer.

Mit depressiven Gedanken, heftiger Blutung und quälenden Kreuzschmerzen war Gisela an jenem Morgen im März 1975 mit ihrem Arbeitskommando mitgegangen. Wie immer sollte sie Löcher in den alten Armeeklamotten stopfen. Doch zur Verwunderung des Aufsichtspersonals nahm sie die Schere und zerschnitt die gefärbten Kleidungsstücke in lauter kleine Fetzen. Dazu schrie sie völlig außer sich: »Ich will nicht mehr leben, wenn ich nicht auf der Stelle zu Alexander kann! Ihr Kindsentführer! Ihr Menschenschinder! Ihr benehmt euch wie die Nazis! Ich will endlich raus aus diesem Scheißladen! Mir läuft das Blut zwischen den Beinen runter, aber ihr Schweine habt noch nicht mal ein Stück Stoff für mich übrig. Ich bin doch kein Stück Vieh!«

Keiner regte sich, keiner fühlte sich angesprochen. Es blieb auch wenig Zeit zu reagieren. Ehe Gisela ihrem Haß erneut Ausdruck verleihen konnte, wurde sie von drei Wachteln geschnappt und in eine dunkle Arrestzelle gezerrt.

Hier gab es weder Fenster noch künstliche Lichtquellen. Noch Binden, noch eine Toilette, noch Zeitungspapier. Noch eine Pritsche. Die Zelle war für Bodenschläfer. Eine Matratze zu ebener Erde war der einzige Einrichtungsgegenstand.

Gisela fror. Zusammengekauert saß sie in einer Ecke des winzigen Raumes, der an Verliese aus alten Ritterfilmen erinnerte. Davor hatte sie sich immer gefürchtet. Daß sie sich eines Tages gehen ließ und es so enden würde. Trotzdem genoß sie für Augenblicke die Einsamkeit. Seit Monaten war es das erste Mal, daß sie wirklich ganz alleine war. Sie wollte nachdenken. Die Ruhe hatte trotz der Atmosphäre etwas Sanftes. Doch bald legte sich eine stumme Apathie über ihren Geist und ihren Körper. Es war, als ob sie das Tor zu einer anderen Wahrnehmungswelt durchschritten hätte. Ihr Körper fühlte sich leicht an und es störte sie auch nicht mehr, daß sie blutete. Sie saß halb verkrümmt da, als ob sie vorhätte, das kommende Leben in dieser Stellung zu verbringen.

Weil das Zeitgefühl in diesem Raum völlig verloren ging, hatte Gisela keine Ahnung, ob sie nur einen oder zwei Tage in diesem Kellerloch zugebracht hatte. Das wenige Essen hatte sie unberührt stehen lassen. Sie wehrte sich auch nicht, als sie zur Dusche begleitet wurde. Ein Gespräch mit der Erzieherin folgte. Gisela war alles egal. Wohin man sie brachte, mit wem sie sprechen sollte. Hätte ihr jemand einen Finger oder einen Zeh abgeschnitten, sie hätte es wohl kaum als eigenes Erleben wahrgenommen.

Frisch gewaschen, gekämmt und in neuer Haftkleidung erschien sie im Erzieherzimmer. Ihr wurde ein Stuhl angeboten. Weil sie vergessen hatte, sich mit Strafgefangene siebenunddreißig zu melden, mußte sie nochmals vor die Tür und ein zweites Mal eintreten.

»Na also«, bemerkte die Erzieherin, eine schmale, verglichen mit dem übrigen Personal, hübsche Frau mit großen braunen Augen, einem dunklen Teint und feinen Gesichtszügen. Nur der schmale verbissene Mund und der stechende Blick verrieten etwas von ihrer Tätigkeit.

»Nun, jetzt mögen Sie noch mehr annehmen, es mit Urmenschen zu tun zu haben. Aber ich versichere Ihnen, wir sind wegen Ihres Gesundheitszustandes noch human mit Ihnen umgegangen. Sie waren nur zwei Tage in der Arrestzelle, für das, was Sie getan haben, werden andere vierzehn Tage und länger weggeschlossen. Sie haben mit ihren heftigen Beschwerden riskiert, daß es zu einer Meuterei kommen kann. Das wird in jedem Gefängnis auf der ganzen Welt bestraft. Viele unserer Frauen vergessen, daß dies hier eine Haftanstalt ist und kein Kuraufenthalt. Sie sind wegen einer Straftat rechtskräftig verurteilt worden und müssen nun entsprechend, wie alle anderen, ihre Zeit hier verbringen. Wir haben uns überlegt, was wir mit Ihnen machen, damit Ihnen nicht wieder solche Dinge einfallen. Sie werden für die kommenden acht Wochen in eine andere Zelle verlegt. Einfach nur, damit Sie es schätzen lernen, wieder bei ihren alten Haftgenossinnen zu sein. Wir haben bei anderen die Erfahrung gemacht, daß solche Maßnahmen hilfreich sind. Für die Betroffenen und auch für uns. Verstehen Sie uns nicht falsch! Diese Verlegung ist nicht etwa eine Strafe, sondern eine Erziehungsmaßnahme, mit der Absicht, daß solche Szenen, wie die im Arbeitsraum, nicht mehr vorfallen werden. Frau Obermeister Grabe wird Sie einweisen.«

Gisela hatte nur zugehört. Sie war noch viel zu apathisch, um in irgendeiner Form zu reagieren. Die Frauen aus Zelle neun erwarteten sie, schon als sie hereinkam. Sie wurde wie eine Beute beäugt. Sie hatte ein Bett an der Tür zugeteilt bekommen, unten.

»Ne Politische, wa«, berlinerte eine der Frauen, als die Obermeisterin wieder gegangen war.

»Weeßte, warum de hier bist?«

Gisela zuckte mit den Schultern. »Nein«, sagte sie ehrlich.

»Weil wir hier alle, wie de uns siehst, Leute umgebracht haben und wir Typen wie euch angst machen sollen. Aber, brauchst dir nischt bei denken. Wir fressen keenen. Nur wenn du uns ärgerst, dann klatscht et. Ick«, stellte sie sich vor, »bin die Stech-Ilse, weil ick meinen Mann erstochen hab. Wir ham hier alle Spitznamen – nach der Tat, weshalb wir hier sind.«

Sie stellten sich alle der Reihe nach vor. Schon anhand der Namen ließ sich erahnen, daß man hier in einem Gruselkabinett gelandet war.

Buletten-Elli hatte angeblich ihren dreijährigen Sohn getötet und dann durch den Fleischwolf gedreht, um die Tat zu vertuschen. Schwanz-Regine hatte ihren Mann vergiftet, ihm dann den Penis abgeschnitten, ihn in einem Weckglas konserviert und seiner Geliebten vor die Haustür gesetzt.

Alle, wie sie da waren, hatten mindestens einmal, wenn nicht zwei- oder dreimal, lebenslängliche Haftstrafe zu verbüßen. Gisela war die einzige Politische. Noch nie in ihrem Leben hatte sie Umgang mit so viel menschlichem Abschaum gehabt. Wäre sie Soziologin gewesen, sie hätte diese Zeit für eine Studienexpedition ins Reich menschlicher Abgründe genutzt. Hier prallten extreme Temperamente aufeinander. Vor allem hatten die meisten nichts mehr in ihrem Leben zu verlieren. Sie waren so gut wie tot, was sie gefährlich machte. Manchmal hätte jede sich selbst und die anderen gleich mit, am liebsten zerfleischt. Sie bissen sich, sie schlugen sich, sie küßten sich, sie knutschten sich, sie leckten sich gegenseitig ihre nackten Körper ab. Je nach Temperament, je nach Laune. Wer wie Gisela neu dazu kam, hatte tagtäglich neue Bilder und Szenen vor Augen, in denen Menschen viehisch werden und jede die andere an Gemeinheiten und Häßlichkeiten zu überbieten trachtet.

Obwohl Gisela still war und die Nähe der anderen weitgehend mied, auch vorsichtig genug war, sich nicht mit ihnen anzulegen, konnte sie kaum schlafen. Die Panik, mit zwanzig Menschen in einem Raum zu leben, die alle jemanden getötet hatten, die meisten sogar ihre eigenen Kinder, raubte ihr fast den Verstand. Jeden Tag wurde sie müder, und eine schleichende Mattigkeit fesselte allmählich ihren Körper, bis er eines Abends nach einem anstrengenden Arbeitstag in tiefe Bewußtlosigkeit fiel.

Drei Wochen früher als geplant verließ Gisela die Mörder-Zelle. Sie kam auf die Krankenstation. Wegen psychosomatischer

Störungen. Jede Nahrung, die sie zu sich nahm, mußte sie entweder erbrechen oder sie erzeugte Krämpfe und Durchfall. Sie bekam Tee, Zwieback und Schonkost. Mit Hilfe von Schlaftabletten konnte Gisela endlich richtig ausschlafen.

Sie hatte viel Zeit, über sich und ihre ganze Situation nachzudenken. Fast ein Jahr war sie jetzt schon von zu Hause weg, fast ein Jahr von Alexander getrennt. Und niemand konnte ihr sagen, wie alles weitergehen würde. Alexander wäre fast neun Jahre alt, ein Schüler, wenn sie sich wirklich erst nach der Haft wiedersahen. Wie würde sich diese lange Trennung auf ihre Beziehung auswirken?

Auf der Krankenstation hatte sie Gaby kennengelernt. Sie hatte auch lebenslänglich, weil sie ihren Mann ermordet hatte. Doch wie sie berichtete, hatte ihr Mann sie fünf Jahre lang geschlagen und vergewaltigt. Alle drei Kinder seien das Ergebnis von Vergewaltigungen gewesen, nicht ein einziges sei aus Liebe gezeugt worden. Gaby war nun schon das achte Jahr in Hoheneck. Sie war, verglichen mit anderen, ruhig. Eine introvertierte, in sich gekehrte Person, die schon vor langer Zeit mit ihrem Leben abgeschlossen hatte.

»Ob ich hier drinnen lebe oder da draußen«, sagte sie öfter, »was macht das für einen Unterschied? Die Ehe mit meinem Mann war viel schlimmer als dreimal Hoheneck! Er hat alles in mir kaputtgemacht.«

Sie hatte überall Narben. Am Rücken, auf dem Kopf, sogar im Gesicht unter dem linken Auge war eine etwa fünf Zentimeter lange Narbe zu erkennen.

Menschliche Beziehungen! Im Gefängnis bekam man jeden Tag Einblick in den schlammigen Sog menschlicher Gefühle und Leidenschaften.

Acht Wochen blieb Gisela auf der Krankenstation, ehe sie wieder auf ihre ursprüngliche Zelle kam. Die Frauen mußten davon gehört haben. Sie begrüßten sie mit einem selbstgebackenen Kuchen. Es war zwar streng verboten, auf der Zelle zu essen, aber es machte Spaß. Die »Mokkatorte« bestand aus mehreren Schichten Zwieback, geschlagener, geschmuggelter Margarine und Pudding. Darunter wurde Kaffeesatz gemixt, den die Frauen aus dem Küchenabfall entwendet hatten. Wurde eine dabei erwischt, mußte sie der Küchenfrau Schmiergeld zahlen. Dieses Zwieback-Margarine-Pudding-Kaffeesatz-Gemisch wurde in einem Blechbehälter hergerichtet und über Nacht stehengelassen. Mit ein bißchen Zukker bestreut ersetzte es jede andere süße Köstlichkeit spielend.

Jede stopfte schnell etwas in sich hinein und weg war der Zauber, für den so viel Aufwand betrieben worden war. Gisela mußte nur einen Nachteil in Kauf nehmen. Sie durfte nicht mehr im Nähkommando arbeiten. Sie wurde statt dessen für das Arbeitskommando Elmo eingeteilt. Dort mußte sie Motoren wickeln, den ganzen Tag Drähte aufspulen. Sie hatte bald wunde Hände, doch nach ein paar Wochen schützte sich die Haut mit einer dicken Hornschicht.

An einem warmen Augustnachmittag wurde sie zur Erzieherin kommandiert. Das hieß meistens, daß Post oder ein Päckchen angekommen war. Doch dieses Mal reichte ihr die Erzieherin nur ein Blatt, eine Nachricht vom Jugendamt. Gisela las:

Rat des Stadtbezirks Berlin-Mitte, Referat Jugendhilfe.
Stadtbezirksgericht Berlin-Mitte Littenstr. 12–17 1026 Berlin
Der Rat des Stadtbezirks, Berlin-Mitte, Referat Jugendhilfe, vertreten durch den Leiter des Referats, erhebt vor dem Stadtbezirksgericht Berlin-Mitte Klage, gemäß § 51, Abs. 1 des Familiengesetzbuches in Verbindung mit § 33 Familienverfahrensordnung gegen Frau Gisela Mauritz, geb. am 16. 3. 1944, 1040 Berlin, Chausseestraße 46, ledig, von Beruf Diplomchemikerin, alleinige Erziehungsberechtigte für 1 Kind, gegenwärtig Straftvollzugsanstalt Stollberg PSF 37/0 mit dem Antrag:

1. *Der Verklagten wird das Erziehungsrecht für ihr Kind, Mauritz, Alexander, geb. am 12. 8. 1970, Staatsbürgerschaft: DDR, entzogen.*
2. *Die Verklagte wird verurteilt, ab Rechtskraft der Entscheidung für das Kind an den künftigen Erziehungsberechtigten, einen im voraus zu entrichtenden monatlichen Unterhaltsbeitrag zu zahlen. Die Höhe des Betrages ist entsprechend dem Einkommen der Verklagten im Strafvollzug festzulegen.*
3. *Die Kosten des Verfahrens trägt die Verklagte.*

Gisela saß wie versteinert. Das Blatt in ihrer Hand zitterte. Ihr Herzschlag wurde immer schneller, so als ob sie an einem Wettlauf teilnahm. Als sie sich nach einiger Zeit gefaßt hatte und den Sinn dieses Briefes in seiner ganzen Dimension begriffen hatte, versuchte sie aus der Erzieherin mehr Information zu entlocken.

»Was heißt das?« fragte sie ungeduldig.

»Es ist doch wohl klar ausgedrückt!« antwortete ihr die Erzieherin. »Das Jugendamt ist wohl der Meinung, daß Ihr Kleiner bei einer anderen Familie besser aufgehoben ist. Eine Mutter, die fast fünf Jahre im Knast war, ist kein gutes Beispiel für einen Heranwachsenden. Für Ihren Kleinen ist diese Lösung die beste. Es hat keinen Zweck, jetzt egoistisch zu sein! Verletzte Muttergefühle hinter Gittern helfen keinem.«

»Egoistisch! Ich und egoistisch? Wer hat mich denn hier rein gebracht? Wer hat mich denn von Alexander getrennt? Das ist doch zum Wahnsinnigwerden! Über mein Leben, über meine Familie, über mein Kind wird entschieden, als ob ich gestorben sei! Was sind denn das für Gesetze? Das Jugendamt kann doch nicht einfach meine Mutterschaft aberkennen und Alexander in eine andere Familie stecken, ohne daß ich etwas davon weiß oder dagegen unternehmen kann.«

»Doch, das Jugendamt kann. Und Sie sind nicht die einzige. Aber mich geht das alles nichts an. Sie müssen nur hier unterschreiben.«

»Ich bin mit dieser Entscheidung des Jugendamtes nie und nimmer einverstanden! Weshalb sollte ich da unterschreiben?«

»Sie sollen mir nur unterschreiben, daß Sie von dem Beschluß von mir in Kenntnis gesetzt wurden.«

Gisela schrieb auf den kopierten Brief:

Ich bestätige, diesen Beschluß gelesen zu haben, aber ich weigere mich, ihn anzuerkennen. Ich werde nicht zulassen, daß mir mein Kind weggenommen wird.
Strafgefangene Gisela Mauritz

Zurück in der Zelle, drehten sich ihre Gedanken nur um Alexander. Auch Margot hielt diesen Beschluß für einen Verstoß gegen die Menschenrechte. Sie versprach, sich für Gisela und Alexander einzusetzen, sobald sie vom Westen freigekauft worden war. Ihre Chancen standen gut, denn sie hatte drüben genug Verwandte, die dementsprechenden Wirbel veranstalteten.

Mit der Hilfe von Rechtsanwalt Vogel wollte Gisela diesen Bescheid des Jugendamtes bekämpfen. Sie wollte alle Hebel, die sie noch irgendwie bedienen konnte, in Bewegung setzen, um ihren Alexander nicht hergeben zu müssen. Noch nie hatte sie irgend etwas davon gehört, daß Kinder von politischen Häftlingen ihren Eltern weggenommen wurden. Alexander!

Gisela dachte an ihren gemeinsamen Urlaub vor ziemlich genau zwei Jahren. Sie waren an die Ostsee, nach Warnemünde, gefahren. Es waren herrliche, sonnige Ferien. Sie beide liebten das Meer. Alexander konnte stundenlang an der Brandung spielen. Seine Sandburgen hatten immer einen Kanal zum Meer, mindestens drei Wasserstraßen mit Muscheldeichen hatte jede Burg. Die frische Luft kitzelte Gisela noch heute in der Nase, wenn sie an Warnemünde dachte.

Ach glückliche Zeiten
wie fern seid ihr
ach glückliche Zeiten
rückt näher zu mir

Für was oder wen sollte sie noch leben, wenn jetzt auch noch Alexander für immer weg war? Das alles war in seinen Konsequenzen für sie nicht faßbar. Doch Margot machte ihr Mut.

»Du darfst nicht aufgeben! Wer aufgibt, verliert!«

Gisela kämpfte, doch es war, als ob sich ihr Leben seit dem Tag der Flucht in einem Schicksalsstrudel befand. Man hoffte auf eine Rettung, egal wie, auf hilfreiche Hände, doch statt dessen zog einen der Strudel immer mehr in die Tiefe, bis man erbärmlich ertrank oder erstickte.

Monat um Monat, Jahr um Jahr liefen dahin, und ihre Beschwerden waren alle abgelehnt worden. Auch der Westen rührte sich nicht. Margot war längst weg. Sie hatte nie mehr etwas von ihr gehört. Das mochte aber auch daran liegen, daß Briefe von ehemaligen Insassen, die in die BRD abgeschoben worden waren, nicht angenommen und weitergeleitet wurden. Nachdem Gisela etwa drei Jahre in Hoheneck zugebracht hatte, hieß es plötzlich auch für sie, die Sachen für den Transport fertigzumachen.

Sie mußte in eine Einzelzelle, um den anderen keine Mitteilung machen zu können. Hatte man sie also doch nicht vergessen? Von drüben aus würde sie sicher wegen Alexander unterstützt. Dessen war sie sich hundertprozentig sicher. Der Gedanke, auf Transport gehen zu können, trieb ihr neue Lebensenergie in den ausgelaugten Körper. Ihre hohlen blassen Wangenknochen erhielten wieder einen Hauch Farbe, und das Atmen fiel ihr leichter. Sie brauchte nicht mehr arbeiten zu gehen, mußte nur noch abwarten, wann es losgehen sollte. In einem dunklen Gefangenentransporter wurde sie nach Karl-Marx-Stadt gefahren. Jeder politische Häftling wußte, daß es sich um die Abschiebehaft handelte. Wer hierher kam, brauchte nur noch wenige Wochen zu warten, ehe es in den Westen ging.

Wer nie gesessen
kann nie ermessen,
welche Freude es macht,
wenn ein Transport in den Westen lacht.

Diesen Spruch hatte man sich jedes Mal von Zelle zu Zelle durch die Wände gekloppert, wenn gemunkelt wurde, daß ein Transport anstand.

In der Abschiebehaft, wo alle viel glücklichere Gesichter machten, begegnete Gisela zum ersten Mal ihrem Rechtsanwalt Dr. Vogel. Er kam mindestens einmal im Monat nach Karl-Marx-Stadt, um mit besonderen Fällen zu reden. Der Fall Gisela Mauritz und ihr zwangsadoptierter Sohn gehörten dazu. Als Gisela sein Büro in Karl-Marx-Stadt betrat, bot er ihr höflich einen Platz an.

»Setzen Sie sich doch bitte«, sagte er betont freundlich.

Dann kam er schnell zur Sache. Gisela konnte kaum den Blick von ihm wenden. Erstens erwartete sie viel von ihm, zweitens hatte sie schon lange nicht solch einen eleganten Menschen gesehen. Er sah aus wie ein internationaler Manager, mit Goldrandbrille, silbergrau meliertem Haar und sonnengebräunter Haut. Sein Job schien lukrativ zu sein.

»Weshalb ich Sie hierher gebeten habe, hat einen wichtigen Grund«, begann er zögerlich und blätterte geschäftig in seinen Akten herum, die vor ihm auf dem Schreibtisch lagen. »Es geht um Ihren Sohn Alexander.«

»Sie wissen, wo er ist?« unterbrach ihn Gisela geduldig.

»Nein, leider nicht. Darum geht es auch nicht. Wenn Sie wirklich die Absicht haben, in die BRD auszureisen und ich Sie dabei unterstützen soll, müssen Sie Ihre Einwilligung für die Adoption Ihres Sohnes Alexander geben. Ansonsten kann ich, offen gesagt, nichts für Sie tun. Die Sache muß endgültig geklärt sein, erst dann besteht die Möglichkeit für eine Ausreise.«

Gisela fühlte sich überrumpelt. Sie konnte doch jetzt nicht in den wenigen Minuten über das bleibende Schicksal ihres Sohnes entscheiden! Bislang hatte sie provokativ ihrem eigenen Interesse gehorchend, alle Ausreiseanträge auch für Alexander mit gestellt. Sie konnte doch jetzt nicht ihren Sohn verleugnen, nur um in den Westen zu können! Welche Möglichkeiten hätte sie noch gehabt, Alexander zurückzufordern, wenn sie die offizielle Einwilligung für eine Adoption unterschrieben hätte? Dann war doch alles rechtens und legitim.

»Ich kann jetzt auf die Schnelle nichts unterschreiben«, sagte Gisela zu Dr. Vogel. »Das ist ja wie eine Erpressung! Ich muß darüber in Ruhe nachdenken können.«

Vogel wurde deutlicher. Er teilte ihr mit, daß sie ohne diese Unterschrift niemals ausreisen dürfe und seine Bemühungen dann völlig umsonst waren. Alexander bekäme sie ohnehin nie wieder. So oder so. Sie habe lediglich die Wahl, ob sie sich darüber in der BRD oder in der DDR aufregen wolle.

Wenige Stunden nach diesem Gespräch wurde Gisela Mauritz mitgeteilt, daß sie zur Verbüßung ihrer Reststrafe wieder nach Stollberg mußte und dann in die DDR entlassen würde.

Für Gisela brach zum dritten Mal eine Welt zusammen. Ihr Nervenkostüm wurde immer mürber und sie sah ein, wieder mal den Machtapparat der SED unterschätzt zu haben. Man hatte offensichtlich Angst davor, daß ihre Geschichte im Westen publik wurde. Eine Unterschrift – und sie wäre jetzt sicher im Bus nach Gießen untergebracht. Vogel hatte irgendwo recht. Wem half ihr Starrsinn?

In Döbeln

Als Gisela am dreizehnten Dezember 1979 aus der Gefängnisburg Hoheneck entlassen wurde, hatte sie die gesamten viereinhalb Jahre Haft hinter sich. Ihr Stolz war gebrochen, ihre halblangen Haare dünn geworden, ihre Knochen müde und ihre Seele zerfasert wie ein Schwamm, der zu lange im gleißenden Sonnenlicht gelegen hatte und ausgetrocknet war. Wie gerne hätte sie sich mit neuen Energien vollgesogen, doch die Auszehrung der letzten Jahre hatte bleibende Wunden gerissen, die durch nichts mehr zu schließen waren. Was blieb übrig von einem Menschen, der so viele Zukunftspläne geschmiedet hatte und jetzt am Ende einer Sackgasse angelangt war?

Obwohl sie jetzt »frei« war, hatte man ihr verboten, wieder in ihre Wohnung nach Berlin zu ziehen. In ihrem Behelfsausweis, der sie eindeutig als politischen Häftling deklarierte, stand es mit rotem Filzstift dick geschrieben: »Reiseverbot für Berlin und grenznahe Städte!«

Vogel hatte sie inzwischen auch so weit gebracht, die Adoption ihres Sohnes Alexander schriftlich zu bestätigen. Sie hoffte, jetzt endlich raus zu können. Für Alexander konnte sie nur im Westen etwas ausrichten, das hatte sie im Laufe der Jahre begriffen. Um Alexander wieder bei sich haben zu können, wäre sie freiwillig in der DDR geblieben. Doch sie hätte genausogut ein Lied in den Wind singen können. Wenn es noch eine Möglichkeit gab, dann nur über die Ausreise in den Westen.

Es gab kein Zurück mehr. Alexander würde irgendwo in dem großen Berlin zur Schule gehen, eine Ausbildung beenden, den neuen Eltern Freude, vielleicht auch manchmal Kummer, bereiten. Und sie? Sie durfte noch nicht einmal die Stadt betreten, in der er aller Wahrscheinlichkeit nach lebte. Statt dessen mußte sie nach Döbeln, in einen kleinen Ort in der Nähe von Leipzig.

Döbeln, wohin sie niemals freiwillig gezogen wäre, war ihr nicht nur fremd. Sie haßte es, sah nur die schlechten Seiten. Die löcherigen Kopfsteinpflaster, auf denen stinkende Trabis, Laster und Baufahrzeuge lärmten. Die brüchigen Häuserfronten, die eher schwarz als grau die Straßenränder säumten und deren Dächer teilweise so windschief einfielen, daß man sich wunderte, wie in dieser Schräge noch die Ziegel halten konnten. Dann die Luft! Die chemische Industrie rund um Leipzig bedeckte die Stadt und das Umfeld trotz der klaren, frostigen Witterung mit einem gelblichen Schleier.

Zum ersten Mal nahm Gisela wahr, daß nicht nur ihr Unrecht geschah. Wohin sie auch blickte in dieses finstere Döbeln, ob Häuserfassaden, gekrümmte Bäume oder muffige Gesichter, die Unterdrückung der Menschen zeichnete Fratzen und verzerrte Grimassen in alles, was Döbeln umgab. Selbst die knatternden, verstaubten Linienbusse ächzten schwerfällig mit ihren Auspuffschäden durch die Landschaft. Irgendwie war in dieser Umgebung nichts heil, es roch nach Verfall. Die Fröhlichkeit war ausverkauft, genauso wie die Waren in den verschmierten HO-Läden. Wehmütig dachte sie an Berlin. Dort war die DDR wenigstens noch erträglich.

In Döbeln hatte man Gisela ein neun Quadratmeter großes Zimmer in einem alten Hinterhofhaus aus den zwanziger Jahren zugeteilt. Hier wohnten die Asozialen, jene, wie es hieß, die es im Leben zu nichts brachten, weil sie alles versoffen oder verqualmten, oder jene, die es gewagt hatten, dem Sozialismus den Rücken zu kehren.

Der lange Gefängnisaufenthalt hatte Giselas Bewußtsein geschärft. Sie sah sich jetzt alles genauer an, sah hinter die Dinge und Menschen, lebte nicht nur oberflächlich in den Tag. Ein Los, das sie mit vielen Außenseitern dieser Welt teilte. Wenn ein Mensch keine eigenen Perspektiven mehr hat, beobachtet er alles andere.

Viele behandelten sie, die Politische, wie eine unheilbar Kranke. Sie hatten Angst, sich anzustecken, hatten Angst, in der Nähe von Gisela, die Stasi wie Läuse in den Nacken gesetzt zu bekommen.

Alles war vergiftet in diesem Land, in dem jeder jeden belügen mußte, um einigermaßen geschützt über die Runden zu kommen.

Daß sie ihrem Staat nicht mehr das Schwarze unter dem Fingernagel wert war, erkannte Gisela an der Innenausstattung ihrer neuen Heimat. Man hatte ihr noch nicht einmal ein Eßgeschirr aus Keramik oder Glas gegönnt. Eine Blechtasse, ein verbogener Löffel, eine Gabel, der ein Zacken fehlte, und ein zerbeulter Kochtopf, in dem sich wohl schon die russische Besatzungsmacht nach dem Krieg die Kartoffeln schwenkte, standen ihr zur Verfügung. Und Plastikteller, große und kleine, tiefe und flache, deren Kunststoffschichten langsam als dicke, klebrige Masse abblätterten. Dann ein Tisch, dessen zerwurmte Holzbeine kleine Eisenpfähle ersetzten. Ein vergammelter Sessel, ein Feldbett und ein schmutziges Waschbecken füllten den Rest des Raumes. An den Fenstern zog es, der erste Anstrich war wohl auch der letzte gewesen.

Der Übergang vom Gefängnis fiel jedenfalls leicht. Selbst die Arbeitsstelle war die gleiche geblieben. Im nahe gelegenen Elektromotorenwerk mußte sie weiterhin Motoren wickeln, eine Tätigkeit, die selbst Hilfsarbeiter unterfordert hätte. Man brauchte absolut keinen Verstand, dafür Schwielen an den Händen und Geduld. Beides hatte Gisela in Hoheneck gelernt. Obwohl sie erst am dreizehnten entlassen worden war, mußte sie vier Tage später schon bei Elmo antreten. An Weihnachtsurlaub oder eine Schonzeit nach der langen Haft war nicht zu denken.

»Hören Sie mal«, sprach sie am vierundzwanzigsten Dezember ein Kollege an. »Ich habe gestern mitgekriegt, was mit Ihnen los ist. Wenn Sie wollen, können Sie heute mit mir mitfahren. Ich hab zwar nur ein Motorrad, aber es ist ja nicht so weit. Ich habe schon mit meiner Frau gesprochen, die meinte auch, daß es für Sie besser ist, jetzt an den Feiertagen nicht allein zu sein. Ich will mich natürlich nicht aufdrängen, aber Sie sollten wissen, daß wir Sie gern einladen.«

Gisela glaubte dem leibhaftigen Weihnachtsmann in Gestalt eines Gewindeschneiders begegnet zu sein. Er war noch jung, vielleicht fünfundzwanzig Jahre alt. Eine schmale, dürre Gestalt mit franseligem, schulterlangem Haar.

»Das ist wirklich sehr nett«, antwortete Gisela überrascht.

Sie war noch unentschlossen. Einerseits wäre sie gerne mal für ein paar Stunden rausgekommen, andererseits hatte sie Angst davor, in eine fremde Familie einzubrechen. Außerdem ihr Mißtrauen. Vielleicht war er angesetzt, um sie über ihre zukünftigen Pläne auszuhorchen.

»Sie mögen nicht?«

»Doch – ich weiß nicht!«

Fast beleidigt über Giselas Zögern, erwiderte der junge Mann: »Wenn Sie natürlich schon eine Einladung haben oder lieber alleine sein möchten – ich will mich auf gar keinen Fall aufdrängen.«

»Doch, ich komme! Das ist sehr, sehr lieb von Ihnen. Nur – kann ich auch mit einem Bus kommen?«

»Haben Sie Angst vor Motorrädern? Ich fahre sehr vorsichtig.«

Gisela schmunzelte. Vor Motorrädern hatte sie nun wahrlich keine Angst.

»Nein, ich bin davon überzeugt, daß Sie Ihr Zweirad hervorragend beherrschen. Ich möchte nur erst nach Hause, mich ein bißchen frisch machen und umziehen. Deshalb frage ich.«

»Das ist doch kein Problem. Ich hole Sie ab. Ich fahre doch höchstens zehn Minuten. Mit dem Bus ist das viel zu umständlich, da läuft man schneller. Wir wohnen nämlich ein bißchen außerhalb auf einem ehemaligen privaten Kleinbauernhof. Er gehörte meinem Schwiegervater, und wir dürfen ihn weiterhin für unseren Eigenbedarf nutzen. Der Hof ließ sich nicht in eine LPG integrieren. Also, sagen Sie wann, und ich stehe zu Ihrer Verfügung!«

Bis vierzehn Uhr mußten sie arbeiten. Dann hatte sie noch eine halbe Stunde zu gehen. »Sagen wir um vier Uhr?«

»Gut, abgemacht.«

Gisela hatte sich von den paar Mark aus der Haft einen wollweißen Rock gekauft und einen türkisfarbenen Pullover aus blanker Perlgarnwolle mit weißem Absatz. Darunter paßte ihre weiße Bluse. Nur der alte graue Lodenmantel wirkte altbacken und war auch schon erheblich abgewetzt.

Sie wusch auch noch schnell ihre Haare, obwohl es draußen empfindlich kalt und ihr Wohnloch kaum warm zu kriegen war. Dennoch fühlte sich Gisela zum ersten Mal seit langem wohl. Die erste Einladung seit fünf Jahren! Sie hatte Lust, sich hübsch zu machen. Behutsam cremte sie ihre Haut, massierte ihr Gesicht, benutzte einen blaßrosa Lippenstift für ihren schmalen Mund und zog die auffallend hoch geschwungenen Augenbrauen nach. Ihr halbblinder Spiegel mit dem Sprung in der oberen rechten Hälfte zeigte ihr ein zufriedenes Gesicht. Wenn sie sich nur ein bißchen zurechtmachte, sah sie gleich um Welten attraktiver aus. Sie war so stolz, daß selbst ihr gebeugter Rücken aufhörte zu schmerzen.

Doch was sollte sie diesen lieben Menschen nur auf die Schnelle mitbringen? Sie hatte doch nichts! Das heißt... natürlich, die Kissen! Von Frieda! Einem Neuzugang, kurz bevor Gisela entlassen wurde. Sie war dem Bettwäschekommando unterstellt gewesen, und weil Gisela sie immer unterstützt hatte, bekam sie zum Abschied zwei kleine Sofakissen geschenkt. Frieda hatte sie heimlich angefertigt. Sie waren rund, geblümt auf gelbem Grund und mit einem dunkelroten Band umrandet. Für Gisela waren diese Geschenke äußerst wertvoll. Dennoch opferte sie ein Kissen. Sie steckte es schnell in ihre Tasche. Geschenkpapier hatte sie keines. Es war auch schon bald vier Uhr und Jochen Wiedemann, so hieß ihr Weihnachtsengel, war sehr pünktlich.

Das Haus der Wiedemanns mußte früher eine alte Bauernkate gewesen sein. Die Räume waren noch niedrig, es gab noch eine offene Feuerstelle als Herd und eine Latrinentoilette auf dem Hof. Das Wasser mußte gepumpt werden. Bis auf die Elektrizität und den Fernsehempfang schien hier alles wie in den vorigen Jahrhunderten stehengeblieben zu sein.

»Unsere Hütte«, zeigte Jochens hochschwangere Frau Margit, mit einer ausladenden Geste auf das gemütliche Wohnzimmer und die daran angrenzende Wohnküche, »klein, aber wir leben hier für uns. Wir wünschen uns viele Kinder«, streichelte sie ihren Bauch. »Und viele Kleintiere. Da ist das hier genau richtig. Später mal werden wir das eine oder andere ausbauen.«

Später mal! dachte Gisela. Wie schön, wenn Menschen Pläne machen durften.

Gisela hatte sich dazu überreden lassen, über Nacht zu bleiben. Sie hatten viel Spaß, und es gelang Gisela sogar, ihrer Haftzeit eine komische Seite abzugewinnen. Sie erinnerte sich an die Witze, an die heimlichen Fressereien in den Zellen, an die Razzien, und an das gegenseitige Ausspielen von Gefangenen und Wachteln. So ernst die ganze Situation war, sie hatte auch ihre kuriosen Seiten. Das fiel Gisela jetzt besonders auf, weil Jochen und Margit alles bis ins Detail wissen wollten.

Sie schienen sich nicht sonderlich um Politik zu kümmern, aber daß es in den Gefängnissen so brutal zuging, ließ auch sie nicht kalt. Daß es allerdings Leute gab, die so hartnäckig die DDR verlassen wollten, konnten sie nicht verstehen. Sie vertraten die Auffassung, daß man überall leben kann.

»Wie man mit dem Leben zurechtkommt, ist eine Einstellungssache«, meinte Jochen. »Man kann doch irgendwo als Prinz geboren werden und trotzdem unglücklich sein. Wir haben uns mit dem arrangiert, wo wir sind. Ein Fleckchen Erde, eine hübsche Behausung, gesunde Kinder, einen vernünftigen Partner...«, »...und immer ein paar Groschen im Geldbeutel«, ergänzte Margit. Jochen grinste. »Klar, was man so zum Leben braucht, dann ist alles rund. Auf Fahnen, Parteien und den ganzen Quatsch geb ich nicht viel. Die kommen und gehen. Mal gut, mal schlecht.«

Das kleine bunte Kissen, das Gisela ihnen mitgebracht hatte, fand seinen Ehrenplatz auf dem Fernsehsessel, Jochens Lieblingsmöbelstück, ein Geschenk aus dem Westen.

Obwohl Gisela noch den ganzen Tag bleiben sollte, zog sie es doch vor, nach Hause zu fahren. Sie wollte den Rest des freien Tages gedanklich noch ein bißchen ausruhen. So schön es bei den Wiedemanns war, und so sehr sie die Ablenkung genossen hatte, ihre Nerven fingen wieder an, verrückt zu spielen.

Das äußerte sich immer in einer merkwürdigen Unruhe in Verbindung mit Schweißausbrüchen, die sie in immer kürzeren Abständen erfaßten. Es fing damit an, daß es in den Kniekehlen kribbelte und in den Gelenken ein undefinierbares Flattern auftrat. In solchen Augenblicken war sie am liebsten allein, für sich.

Jochen brachte sie wieder mit dem Motorrad nach Hause. Gisela versprach, immer Bescheid zu sagen, wenn ihr etwas fehlte.

»Es ist ganz selbstverständlich. Du hast eine Menge durchgemacht. Wir sind doch alle froh, wenn wir in solchen Zeiten jemanden haben!«

»Danke, ihr seid sehr lieb. Wenn Margit ins Krankenhaus kommt, mußt du mir unbedingt Bescheid geben«, verabschiedete sich Gisela.

»Und geh morgen zum Arzt. Das ist dein Recht!«

»Bestimmt!« Sie hatte mit den beiden über ihre Nervengeschichte gesprochen.

Nach diesem gemütlichen Tag erschien Gisela ihr eigenes Zimmer noch trostloser als vorher. Eine matte Glühbirne an der Decke flackerte bescheiden als einzige Lichtquelle im Raum. Gisela hatte sich ein paar Adventskerzen gekauft. Die zündete sie an. Sie dachte an Alexander.

Hanni, ihre Freundin aus Berlin, die jetzt in ihrer früheren Wohnung lebte, hatte ein paar Kleidungsstücke und andere notwendige Sachen zusammengeräumt und nach Hoheneck zur Entlassung gebracht. Darunter auch das Album mit Alexanders Fotos und dem kleinen Tagebuch. Sie mußte Hanni unbedingt schreiben, daß sie noch ihr altes Eßgeschirr haben möchte und eine Lampe. Sicherlich konnte man so etwas in einem Paket schicken.

Erschöpft und stark zitternd legte sich Gisela auf ihr Feldbett und kramte in alten Erinnerungen. Was ihm die fremden Eltern wohl zu Weihnachten geschenkt hatten? Ob sie ihm eine gute Ausbildung ermöglichten? Sie schlug die erste Seite des Albums auf: die Geburt. Sie las:

Am Mittwoch, den 12. 8. 1970, um 23.20 Uhr bist du, mein geliebter kleiner Alexander, in der Uni-Klinik (Frauenabteilung) Charité, Tucholskystr. in Berlin geboren. Du warst gleich von Anfang an ein ganz großer Mann mit deinen 8 1/2 Pfund Gewicht und 56 cm Größe. »Dickerchen« wurdest du von der Säuglingsschwester genannt. An einem Bändchen um den Hals trugst du die Nummer 534 – vielleicht bringt sie dir noch mal Glück...

Gisela stockte im Lesen. Glück! Hätte sie damals gewußt, welches Schicksal ihnen bevorstand! Nein, sie hätte nicht einen Gedanken an eine Ausreise in den Westen erwogen. Aber wem half das jetzt! Sie las weiter.

Am 19. 8. wurden wir beide aus der Klinik entlassen. Endlich hatte ich dich für mich ganz alleine. Zu Hause war ja schon alles für meinen kleinen Sohn vorbereitet. Wir wohnen beide zunächst in einer Koch-

stube, in der auch unsere Betten untergebracht sind. Es ist die Bergstraße 70. Mir will diese Atmosphäre ja nicht zusagen, doch dem kleinen Alex scheint es zu gefallen... Ich bin niemals mehr allein.
Notiz vom 27. 9. 71. Mein lieber kleiner Alexander liegt in Berlin-Buch in der Kinderchirurgie. Sein verbranntes Händchen muß verarztet werden. Es ist eine entsetzlich große Wunde. So sehr geweint hat mein Alexochen, als ich ihn im Krankenhaus hinterließ. Aber auch für mich ist es ein riesiger Kummer. Komm bald nach Hause Alexolein, es ist furchtbar einsam ohne dich. Vorerst komme ich zu jeder Besuchszeit zu dir und werde dich mit schönen Leckereien und viel Liebe trösten.
Notiz vom 27. 11. 71. Alexander mußte wegen seiner Brandwunde noch mal in die Kinderklinik. Eine sehr schlimme Zeit haben wir beide hinter uns. Seit dem 23. 12. 71 sind wir beide wieder zusammen. Hoffentlich ist uns dieses Glück noch lange vergönnt!

Giselas Augen füllten sich mit Tränen. Als ob sie es geahnt hätte. Weshalb hätte sie sonst jede Veränderung in Alexanders Leben so penibel aufgeschrieben? Es gab Dutzende Fotos, schwarzweiß und in Farbe, auf Kinderspielplätzen, beim Schwimmen, beim Ballspielen, beim Drachensteigenlassen.

Was mochten Adoptiveltern ihrem geraubten Kind erzählen, wo seine Kinderbilder abgeblieben sind? Sie konnten dem Kind doch unmöglich erzählen, es gäbe keine. Oder sollten sie ihm gar gesagt haben, daß seine Mutter tödlich verunglückt sei? Sie hatte auch davon schon gehört.

Vorsichtig hob Gisela ein Lesezeichen aus hauchdünnem grünen Papier hoch. Es hatte Fransen und war mit Buntpapier beklebt. Dazu eine Postkarte mit einer großen Zeichnung – die wenigen Striche sollten einen Blumenstrauß darstellen. Es waren die einzigen Bastelarbeiten, die Gisela von Alexander aus seiner Kinderhortzeit geblieben waren. Sie hütete beides wie einen kostbaren Schatz.

»Eines Tages werde ich dich wiederfinden, das verspreche ich dir«, streichelte sie mit ihrer Wange über das Lesezeichen.

Diese beiden Stückchen Papier bedeuteten ihr mehr als die schönsten Brillanten, obwohl sie sich früher an den wenigen Juwelierläden, die es in Berlin gab, die Augen ausgeguckt hatte. Heute hatten solche Dinge keinen Wert mehr für sie. Dieses Album war ihr Herzensbrillant. Die alten Erinnerungen funkelten in ihm und schienen alles wieder lebendig zu machen. Bis es zu jenem fürchterlichen Riß kam.

Mit dem Album in der Hand schlief Gisela ein. Als sie wieder aufwachte, war es schon vier Uhr früh. Sie fror, weil sie sich nicht zugedeckt hatte und der Heizofen ausgegangen war. Sie fühlte sich so schlecht, daß sie statt zur Arbeit zu einem Arzt ging.

Sie wurde ohne viel Umstände krank geschrieben, mußte sogar in eine Nervenklinik zur Beobachtung. Ihr Befinden war diffus und völlig unkoordiniert. Glaubte sie sich wohl zu fühlen, konnte diese Stimmung innerhalb der nächsten Viertelstunde total umkippen. Dazu schwankte ihr gesamtes Gleichgewichtssystem. Ihr ganzer Körper war dann in Bewegung und verhinderte, daß sie sich konzentrieren konnte. Sie rastete dann auch gedanklich mehrmals aus, was dazu führte, daß sie nicht wußte, wo sie augenblicklich war. Gisela hatte Angst, daß ihr etwas davon für immer bliebe. Doch die Ärzte in der Klinik machten ihr Mut. Sie brauche nur mal eine richtige Ruhephase, in der sie ausspannen könnte. Acht Wochen sollte sie in der Klinik bleiben. Hier hatte die Stasi noch keinen Fuß in die Tür gestellt. Gisela hatte den Eindruck, daß alle bemüht waren, ihr so gut es ging zu helfen.

Weil sie unter einem Haftsyndrom litt und jedesmal, wenn in der Klinik zum gemeinsamen Essen geklingelt wurde, Angst bekam, gestattete man ihr einen eigenen Lebensrhythmus, unabhängig vom Klinikalltag. Sie hatte sogar ein Einzelzimmer mit Aussicht auf eine Grünanlage. So gut ging es ihr schon lange nicht mehr. Selbst das Essen war, verglichen mit der Gefängniskost oder dem Kantinenessen bei Elmo, ausgezeichnet. Sie bekam wieder richtig Appetit und allmählich auch neuen Lebensmut.

In der vierten Woche erhielt sie sogar Besuch von einem ihr unbekannten evangelischen Pfarrer aus Döbeln. »Mein Name ist Pfarrer Hans Neumann«, stellte er sich höflich vor. »Ich bin in Ihrer Gemeinde zuständig und möchte mich gerne nach Ihrem Wohlbefinden erkundigen. Außerdem habe ich Ihnen ein paar Überraschungen mitgebracht.«

»Ich freue mich über Ihren Besuch«, erwiderte Gisela freundlich, wenngleich skeptisch. In Hoheneck hatte sie gelernt, daß nicht jedem, der das Wort Gottes verkündete, zu trauen war. Manch einer hielt es lieber mit den irdischen Gütern der Stasi als den heiligen Versprechungen des Himmels.

Der Pfarrer holte aus seiner Tasche einen Stapel Briefe und zwei Päckchen. »Von drüben«, sagte er und legte die Sachen auf die Fensterbank. »Viele Leute drüben kennen Ihre Geschichte und wollen sich für Sie einsetzen. Ich selbst habe von meinem westdeutschen Kollegen einen Brief bekommen, in dem er mir von Ihrem Schicksal berichtete. Die dänische Gruppe von amnesty international hat viele Organisationen und Politiker informiert. Ich denke, der Einsatz wird sich für Sie lohnen. Ich kann vom Osten aus nichts für Sie tun, was die Ausreise angeht, aber vielleicht kann ich Ihnen einen angenehmeren Arbeitsplatz verschaffen.«

»Oh, das wäre wunderbar«, entfuhr es Gisela spontan.

Die Arbeit als Gewindeschneiderin war nun wirklich der mieseste Job, den man sich vorstellen konnte.

»Ich dachte mir schon, daß es Ihnen bei Elmo nicht besonders zusagt. Da ich, wie man so schön sagt, einen guten Draht zum hiesigen Theaterbetrieb habe, bin ich dort mal wegen Ihrer Angelegenheit vorstellig geworden. Die brauchen tatsächlich jemanden. Eine Souffleuse. Was meinen Sie, würden Sie sich das zutrauen?«

Gisela zuckte mit den Schultern. Sie konnte sich unter diesem Job herzlich wenig vorstellen. Sie wußte zwar, daß es so etwas gibt, aber sie als Chemikerin.

»Ich kann nicht sagen, ob ich dieser Aufgabe gewachsen bin. Bislang hatte ich noch nichts mit künstlerischen Berufen zu tun. Sie meinen, daß ich vermutlich in meinem erlernten Beruf ohnehin keine Aussichten hätte ...«

»Wenn es stimmt, was man sich so sagt, dann wohl eher nicht. Sie wissen ja, wie das bei uns ist. Die hochqualifizierten Posten sind nur über das Parteibuch zu bekommen. Bei den Künstlern geht das nicht so genau zu. Für die sind politische Straftäter eher exotische Pflanzen, die einer Theatergruppe mehr nützen als schaden. Die Oppositionellen werden hier wie von einem Magneten angezogen. Da wird Sie kein Mensch wegen der Haft verurteilen oder versuchen, Ihnen Ihre Gesinnung auszureden. Nur die Bezahlung! Für den Souffleuse-Posten können sie nur 500 Mark bezahlen. Ich weiß nicht, ob Ihnen das genügt.«

Bei Elmo bekam Gisela 760 Mark ausbezahlt. Trotzdem mußte sie diese einmalige Chance nutzen, um von den Motoren wegzukommen. Die Arbeit am Theater – und wenn es der letzte Job war – bot mehr Raum für Kreativität und Eigenständigkeit.

»Glauben Sie denn, man kann als völlig ungelernte Kraft solch eine Arbeit ausüben?« fragte Gisela unsicher.

»Aber ja, das ist reine Gewohnheitssache. Sie bekommen das Skript und flüstern dem Schauspieler dann jene Textpassagen zu, wo es hakt. Das ist nur eine Konzentrationsübung. Weiter nichts. Sie werden ja auch eingearbeitet.«

»Wissen Sie, um welche Stücke es sich handelt?«

»Soweit ich weiß, ein ganz normales klassisches Repertoire. Hauptsächlich Sprechtheater. Brecht, Lessing, aber auch französische Komödien von Anouilh oder russische Dramatiker wie Tschechow, Gorki und Gogol. Ab und zu werden Sie dann auch mit der Truppe auf Tournee sein.«

Gisela gefiel die Aussicht auf diesen neuen Job immer besser.

»Das hört sich alles wirklich prima an. Aber wie würde das jetzt aussehen? Ich bin noch drei Wochen hier in der Klinik, wann müßte ich mich denn bei wem melden?«

Pfarrer Neumann zog einen Spielplan des Theaters aus der Tasche. »Sie würden dann ab April eingesetzt werden. Da beginnen die Proben für die neuen Herbstpremieren. Peer Gynt und der Revisor stehen auf dem Spielplan. Sie müßten sich dann hier bei Herrn Dr. Griebner, Generalintendanz, melden. Und angeben, daß ich Sie geschickt habe. Oder...« überlegte er, »ich gehe einfach mit Ihnen mit.«

»Das wäre mir ehrlich viel lieber«, entgegnete Gisela.

Sie machten gleich einen Termin aus, und Pfarrer Neumann versprach, sie ab jetzt öfter zu besuchen. Über seine Adresse würde auch ihre Post mit dem Westen laufen. Sonst könnte sie unter Umständen wieder Schwierigkeiten mit der Staatssicherheit bekommen.

Gisela war gerührt, daß so viele fremde Menschen den Kontakt zu ihr suchten und mit ein paar Zeilen Hilfe anboten. Menschen, die ihr aus München, aus Freiburg, aus Mainz, und vielen kleinen Orten aus ganz Westdeutschland schrieben, hatten von Giselas ehemaligen Haftkameraden von ihrem Schicksal gehört. War sie also doch nicht so alleine, wie sie immer geglaubt hatte! Es tat gut zu wissen, daß irgendwo auf der Welt Menschen lebten, die sich für sie einsetzten. Das bestärkte Gisela, erneut Ausreiseanträge zu stellen. Gemeinsam mit dem westlichen Druck mußte es gelingen, die ablehnende Haltung der DDR gegenüber ihren Ausreisewünschen zu zermürben.

Gisela hatte ihren Kampfgeist zurückgewonnen. Die acht Wochen in der Klinik kamen ihr wie ein halbes Jahr vor. Als neuer Mensch trat sie sofort die Arbeit im Theater an. Sie hatte noch von der Klinik aus bei Elmo gekündigt. Niemand schien dagegen einen Einwand zu haben. Solange sie Arbeit nachweisen konnte, durfte man sie nicht behindern. Im Theater wurde sie gleich freundlich aufgenommen. Niemand stellte viele Fragen, und sie fing von sich aus auch nicht an, über ihre Vergangenheit zu berichten.

Die Arbeit war leichter und abwechslunsgreicher, als Gisela geglaubt hatte. Erstens konnten die meisten Schauspieler, wenn es darauf ankam, ihren Text, zweitens gab es beim Theater viele Pausen, in denen man bei einer Tasse Kaffee gut regenerieren konnte. Niemand arbeitete sich hier tot, und das Klima unter den Leuten war hervorragend. Mit Karin, der Repetitorin des Theaters, verband sie schon bald eine herzliche Freundschaft. Sie war etwa gleich alt wie Gisela, geschieden und hatte einen zwölfjährigen Sohn zu versorgen. Sie konnte Giselas Leid besonders gut verstehen, obwohl sie deren politische Meinung nicht teilte. Als Mutter fühlte sie mit, aber als Staatsbürgerin konnte sie Giselas Bestreben in den Westen zu kommen, nicht verstehen.

»In keinem Staat ist alles perfekt, aber wir versuchen wenigstens, die Werte und Ziele des Sozialismus umzusetzen«, sagte sie oft, wenn sie sich nach einem Glas Wein im Hotelzimmer trafen. Im Gegensatz zu den Erzieherinnen in der Haft, glaubte Karin wirklich an die Errungenschaften des Sozialismus. Sie erkannte nicht, daß sie im Namen einer Ideologie betrogen wurde.

»Am besten, wir unterhalten uns nicht darüber«, wich Gisela

meistens aus. Sie mochte die offene, unkomplizierte Art von Karin und wollte sie nicht wegen politischer Unstimmigkeiten aufs Spiel setzen.

»Jeder sollte nach seiner Façon glücklich werden, solange er den anderen nicht schwerwiegend beeinträchtigt. Das ist mein Verständnis von Sozialismus. Aber lassen wir das! Hast du heute abend den Typ aus der dritten Reihe gesehen? Den mit der spitzen Nase und der komischen Brille. Der hat ganz vornehm geklatscht. So hast du noch nie einen klatschen sehen. Nur mit den Fingerspitzen. Das sah vielleicht lustig aus«, und Gisela machte ihn nach.

Karin mußte lachen. Gisela hatte eindeutig schauspielerisches Talent als Komikerin. Wenn sie über Zuschauer, die Neigungen der Schauspieler oder die Fehler der Technik herziehen konnten, verstanden sie sich am besten. Dann wurde gelacht und die Nacht erst um zwei oder drei Uhr morgens beendet. Karin hatte die Angewohnheit, immer noch einen Mitternachtscocktail zu sich zu nehmen. Der bestand meist aus zwiebackähnlichen runden Scheiben mit einem würzigen Käse. Dazu Gurken- oder Tomatensalat, je nach Saison und ob sie vorrätig waren. Zu trinken gab es Bowle, Wein oder kühles Bier. Ab und zu gesellten sich auch noch Schauspieler zu der kleinen Runde, dann war es besonders gemütlich.

Gisela gefiel ihre Arbeit und sie lebte richtig auf, wenn sie in der Truppe zu tun hatte. Wenn sie allerdings allein auf ihrem Zimmer saß, holte sie die Vergangenheit ein. Auch wenn Peter, Karins Sohn, zu Besuch ins Theater kam, stach es Gisela jedesmal ins Herz. Ihr Alexander würde auch bald so groß sein, ein junger Mann, dessen Lebensweg sie nicht mehr begleiten durfte.

Sie hatte sich zu Hause als kleinen Wandschmuck Alexanders Kleinkindalphabet in Tusche mit schönen Buchstaben gezeichnet. Sie würde es ihm eines Tages schenken können, das hatte sie sich fest vorgenommen. Sie hatte sich die Namen, die Alexander für alltägliche Dinge verwendete, in ihr Tagebuch geschrieben und von dort für das Bild übernommen. Es trug folgenden Titel:

Alexanders Kinderalphabet, aufgezeichnet am 12. 8. 1980, deinem zehnten Geburtstag

Putauch	*= Flugzeug*	*pomm*	*= komm*
Wiedach	*= Zwieback*	*A-Bahn*	*= S-Bahn*
Zuhe	*= Schuhe*	*Nane*	*= Banane*
Pümpe	*= Strümpfe*	*Tulle*	*= Stulle*
Uhle	*= Mühle*	*matt*	*= mach*
Mate	*= Tomate*	*Pippe*	*= Schippe*
Kala	*= Schokolade*	*Kau*	*= Kakao*

Wenn sie diese Worte las, meinte sie jedes Mal, sein Stimmchen zu hören. Wann würden sie sich wohl wiedersehen? Vorerst hätte es ihr schon genügt zu wissen, wo und bei wem er lebte. Ob er gesund war und eine positive Einstellung zum Leben hatte. Die meisten Eltern, die ständig mit ihren Kindern verbunden waren, konnten sich nicht die Qualen vorstellen, die jemand aushalten mußte, wenn er gezwungen war, von seinem Kind getrennt zu leben. Für Gisela war es die Hölle, auch wenn ihr noch so viele Freunde einreden wollten, daß die Probleme mit Kindern auch sehr groß sein können und daß manchmal innerfamiliäre Konflikte genauso endeten.

Gisela hatte ihren Traum mit Alexander, und den würde sie sich von niemandem nehmen lassen.

Erneut in Haft

Gisela war gerade mit dem Theater auf Tournee in Meißen. Es sollte für Kinder das Grimm-Märchen »Der gestiefelte Kater« aufgeführt werden. Sie hatten pro Tag zwei Vorstellungen. Eine um fünfzehn Uhr und eine um neunzehn Uhr.

Am elften Dezember, es war ein Dienstag, erhielt sie einen merkwürdigen Anruf vom Haupttheater in Döbeln. Sie habe sich morgen gegen zehn Uhr vormittags bei der Intendanz zu melden.

Gisela war froh. Sicherlich handelte es sich um ihre Laufzettel. Sie hatte fast monatlich ihr Ausreisegesuch angemahnt – wahrscheinlich würden sie jetzt endlich ihre Ruhe haben wollen. Auch die anderen waren der Überzeugung, daß dies der Grund für den plötzlichen Rückruf war. Normalerweise hätte man niemanden aus der Truppe wegen eines kleinen Anlasses zurückgeholt.

Gisela fuhr noch am selben Abend zurück. Sie konnte kaum schlafen. Gedanklich packte sie schon und zitterte vor Aufregung.

Als es am nächsten Morgen schon gegen acht Uhr läutete, lag sie noch im Bett. Hastig zog sie sich im Halbschlaf ihren Morgenmantel über und fragte durch die verschlossene Tür: »Wer ist da?«

»Machen Sie auf!« hörte sie eine verärgerte Männerstimme hinter der Tür rufen. Dieser herrische Tonfall kam ihr irgendwie bekannt vor. Es konnte doch nicht sein? Sie hatte sich doch nichts zuschulden kommen lassen! War es vielleicht üblich, daß sich die Stasi nochmals meldete, bevor der Laufzettel überreicht wurde?

Zaghaft öffnete sie die Tür.

Drei Männer betraten das Zimmer. Gisela wurde schlecht. Sie erfaßte sofort, daß so viele Männer nicht frühmorgens an ihrer Tür läuteten, um mit ihr über die Ausreise zu plaudern. Trotzdem tat sie unwissend und fragte: »Was wollen Sie?«

Der Dienstälteste antwortete: »Sie sollen zur Klärung eines Sachverhaltes mitkommen. Nichts Besonderes!« fügte er noch hinzu.

Doch es war wie beim Theater. Das war das Stichwort. Wer einmal im Gefängnis gesessen hatte, wußte, daß »Klärung eines Sachverhaltes« immer gleichzusetzen war mit »Sie sind verhaftet!«

Doch Gisela stellte sich dumm. Noch war sie nicht in deren Gewalt. »Sagen Sie mir bitte, worum es geht!«

»Das wissen wir nicht, wir haben nur den Auftrag, Sie zu einer Dienststelle zu begleiten.«

Gisela stellte das Radio an. Sie brauchte in dieser Atmosphäre irgendein Hintergrundgeräusch. Es war Rias/Berlin, ihr Sender, den sie immer hörte.

Einer der zwei stummen Stasi-Männer schaltete das Gerät wieder aus. Gisela ein. Er aus. Sie ein. Er aus. So ging das eine Weile hin und her, ohne daß irgend jemand was sagte.

»Lassen Sie das!« fauchte plötzlich einer der beiden jüngeren Männer. »Das Radio bleibt aus! Das ist hier eine ernste Sache. Und Rias sowieso nicht!«

Gisela setzte sich. »So!« sagte sie. »Das ist allerdings ernst. Sie haben ungebeten mein Zimmer betreten und erdreisten sich jetzt auch noch, mein Radio auszuschalten. Was wollen Sie? Bin ich hier vielleicht im Gefängnis?«

Einer der beiden Jüngeren lief rot an und wurde allmählich nervös. Gisela begriff, daß sie keine Chance hatte, sich gegen die drei zu wehren, aber wenigstens sollten sie ihr ehrlich sagen, worum es wirklich ging. Jemanden auch noch feige und hinterhältig abzuholen, war selbst für eine Diktatur unwürdig.

»Wir fordern Sie jetzt zum letzten Mal auf, sich anzuziehen und mitzukommen! Es hat doch keinen Zweck!«

Gisela blieb sitzen.

»Ich komme gerne zur Klärung eines Sachverhaltes mit, wenn Sie mir sagen, weshalb und wohin. Außerdem bin ich imstande, selbst zu einer Behörde zu gehen, wenn ich dazu aufgefordert werde. Ohne Begleitung. Allein!« sie betonte die beiden letzten Worte.

»Sie kommen augenblicklich mit, oder ich hole Verstärkung!«

Gisela lachte. »Haben Sie Angst, zu dritt nicht mit mir fertig zu werden?«

»Das überlassen Sie nur uns!« Tatsächlich wurde einer der Jüngeren weggeschickt. Er sollte sich wohl Instruktionen holen, was sie zu tun hätten, falls sich die betroffene Person weigert.

Gisela wußte nicht, was stärker in ihr pochte: Angst oder Wut! Noch blieb sie sitzen, auch wenn die Spannung in ihrem neun Quadratmeter großen Wohnloch bis ins Unermeßliche stieg.

Sie redete auf den Älteren, den, der immer herumkommandierte, ein: »Weshalb sind Sie zu feige, offen zu erklären, worum es wirklich geht? Sie reden wie die Katze um den heißen Brei, obwohl wir beide genau wissen, wohin die Reise geht. Sie wissen sehr wohl, daß Sie mich verhaften sollen. Schämen Sie sich nicht, zu dritt frühmorgens mich hier aus dem Bett zu holen, in der Absicht, mich ins Zuchthaus zu schaffen? Wegen nichts?«

»Ruhe!« brüllte der Mann. »Sie sollen sich jetzt endlich was anziehen, oder wir schleppen Sie so ab, wie Sie sind!«

»Na los doch!« schrie jetzt auch Gisela. »Nur keine Hemmungen, meine Herren! Wir wissen doch, worum es geht. Oder? Habe ich denn noch nicht mal das Recht zu erfahren, weshalb ich verhaftet werde? Schämt ihr euch so sehr über den Grund, daß ihr ihn nicht nennen mögt? Das kann ich verstehen. Denn was habe ich schon verbrochen, außer dem Wunsch, dieses geheiligte sozialistische Imperium zu verlassen. In diesem Land gibt es doch nur Sadisten und Masochisten. Und ein paar arme Irre, denen alles egal ist. Was habe ich denn nun angestellt? Vielleicht irgendwann mal falsch geträumt oder noch schlimmer, im Traum die Wahrheit gesagt? Ich habe hier gearbeitet, ich habe mich nicht über dieses Drecksloch beschwert, ich habe mich nicht gegen diesen Staat aufgelehnt, ich habe nur den Wunsch geäußert, dies alles hier verlassen zu dürfen. Das ist nach dem Helsinki-Beschluß erlaubt. Warum also? Warum wieder ich? Ist es wegen Alexander?«

Gisela redete ununterbrochen, um ihre Angst zu besiegen. Mit ihrer schrillen Stimme ließ sie niemanden zu Wort kommen. Leider konnte niemand sie hören, denn ihr Zimmer führte zum Hinterhof hinaus. Und für die Mitbewohner mochte sich das Ganze wie ein Ehestreit anhören.

Der junge Stasi-Beamte kam wieder. Er flüsterte dem Hauptmann irgend etwas Undefinierbares ins Ohr. Der nickte daraufhin bekräftigend. Die Nachricht schien ihm zu gefallen.

»Ziehen Sie sich jetzt endlich etwas über und kommen Sie mit, sonst werden wir Sie dazu zwingen«, brüllte er in einem Befehlston, in dem die Bereitschaft zur Gewalt mitschwang. Ein aggressives Zucken um seine Augen verstärkte den Effekt.

Der andere hatte sich wohl die Instruktion geholt, Gisela notfalls auch stärker anzupacken. Um ihre Vorgehensweise handgreiflich zu untermauern, zerrte sie einer der Jüngeren am Bademantel von ihrem Sitz hoch und riß ihn ihr von den Schultern. Gisela schluckte. Es war aussichtslos in ihrer Situation, irgendwie zu handeln. Sie brachte kein Wort des Protests mehr über ihre Lippen. Stumm zog sie sich vor den Augen der drei Männer um. Auch sie waren still, räusperten sich nur ab und zu. Sie gehörten nicht zu jenen Männern, die brutal sein wollten, sonst hätten sie noch härter durchgreifen können. Aber sie waren Befehlsempfänger. Sie hätten ja auch, objektiv gesehen, nichts bewirken können.

Gisela packte vorsorglich das Nötigste. Woher sollte sie wissen, ob sie jemals hierher zurückkam. Es würde so oder so kein langer Abschied werden. Wer würde sie schon vermissen? Eine alleinstehende Frau aus einer Asozialenbehausung. Sie war eins von den vielen tausend Schicksalen, um die nicht viel Wind gemacht wurde. Ein Frauenleben, das irgendwo in den tiefen, breiten Schluchten der Geschichte versandete und keine Spuren hinterließ.

Gisela schminkte sich auffällig, ein letztes Mal. Währenddessen faßte sie innerlich den Entschluß, auf sich aufmerksam zu machen, ein letztes Mal in ihrem Viertel in Döbeln Aufsehen zu erregen. Wenn sie schon verhaftet wurde, dann sollten es alle wissen. Sie sollten nicht sagen können: »Wir haben nichts gewußt!« Sie sollten keine Gelegenheit für eine Entschuldigung bekommen. Sie wollte nicht einfach ins Niemandsland verschwinden, hinter Mauern, Stacheldrähten und Gitterstäben, ohne sich verabschiedet zu haben.

Als sie in Begleitung der drei Männer auf die Straße kam, gelang es ihr, sich loszureißen.

Gisela rannte durch die Straße und schrie wie von Furien gejagt. Sie wollte die Leute aufmerksam machen, wollte sie zwingen, rauszukommen, zuzusehen, was hier geschah, doch die Straße blieb wie ausgestorben. Sie sah, wie sich in dem kleinen Bäckerladen an der Ecke die Menschen umdrehten und aus der Tür auf sie blickten, aber niemand wagte sich auf die Straße. Niemand half. Dennoch sollten sie es wissen! Gisela spürte die Gesichter hinter den Gardinen. Und sie schrie und schrie und schrie! Sie spürte den Atem, das erleichterte: »Gott sei Dank bin ich es nicht, wir wollen damit nichts zu tun haben!« Wie nie zuvor erlebte Gisela in diesen wenigen Augenblicken, daß Schuld auch jene tragen, die wegsehen. Wer Unrecht sieht und flieht, läßt es geschehen!

Ehe sie von sich aus zusammenbrach, schlug ihr einer der Stasi-Männer die Faust ins Gesicht. Sie stolperte und fiel zu Boden. Es gab einen dumpfen Knall, als sie mit dem Kopf auf dem Straßenpflaster aufschlug. Sie war zwar leicht benommen, aber nicht bewußtlos. Ihre Lippe war von dem Schlag aufgeplatzt, das Blut lief ihr übers Kinn. Sie lag flach und ausgestreckt auf dem Boden.

Die Wunden am Kopf und an der Lippe schmerzten nur geringfügig. Sie hatte das Gefühl, ein kräftiger Druck war entwichen.

Der jüngste von den Stasi-Männern bückte sich. Er half ihr hoch, legte seinen Arm um ihre Schulter, so daß sie sich hinsetzen konnte.

»Tut es weh?« fragte er und an seinem Gesichtsausdruck war abzulesen, daß ihm Giselas Zustand leid tat. Mit einem Taschentuch betupfte er ihre Lippen. Sie schüttelte langsam den Kopf und weinte hemmungslos. In ihrem zierlichen Körper zuckte es, als ob ein Blitz eingeschlagen hätte.

»Können Sie aufstehen?« fragte der Junge höflich.

»Na klar, die blöde Kuh spielt doch nur verrückt!« erwiderte sein Kollege von hinten. Er stand breit da und blickte auf die Szene.

»Sei doch ruhig jetzt«, antwortete der bei Gisela Stehende. »Sie ist verletzt!«

»Das hat sie sich selbst zuzuschreiben«, brummte der zurück. »Los jetzt, wir müssen weiter, der Hauptmann wartet schon!«

Der Junge ließ sich nicht hetzen. Langsam half er Gisela hochzukommen und stützte sie. Ihr Weinkrampf hatte immer noch kein Ende. Sie schüttelte sich wie eine Malariakranke im letzten Stadium.

Der Junge preßte sie fest an sich, wollte sie beruhigen. Sie ließ es geschehen. Im Moment hätte sie der Teufel umarmen können, sie hätte jede Schulter genommen, die ihr zur Verfügung stand.

»Ihr zwei gebt ein hübsches Liebespaar ab«, bemerkte der Kollege zynisch.

»Halt dich da raus«, fauchte der Jüngere zurück.

»Die ist fertig, Menschenskind!«

Fertig! Gisela schämte sich. Sie war durchgedreht. Ihre Nerven waren doch noch nicht so stark. Sie entzog sich den Armen des jungen Mannes und blickte ihm zum ersten Mal bewußt ins Gesicht und in die Augen. Er war noch keine fünfundzwanzig Jahre alt, hatte dunkelbraune gepflegte Haare und ein hübsches männliches Gesicht. Seine graugrünen Augen verrieten einen Hauch Sensibilität. Wann würde auch er nur noch wie eine Maschine reagieren? Bei diesem Job war es wohl nur eine Frage der Zeit. Würde ihr Sohn vielleicht auch eines Tages unter dem Druck seiner neuen Eltern solch einen Beruf ausüben müssen?

»Es geht weiter«, sagte Gisela. »Fahren wir!«

»Geht es wirklich? Wir werden Sie zu unserem Arzt bringen.«

Gisela lächelte. So besorgt war der Staat um seine Gefangenen.

»Haben Sie mich geschlagen?« fragte sie den Jungen.

»Nein!«

Gisela nickte zufrieden.

»Es tut mir leid, daß es so weit gekommen ist, aber mein Kollege hat auch ein bißchen die Nerven verloren. Wir tun hier nur unsere Pflicht. Das müssen Sie verstehen.«

Sie stiegen ins Auto und fuhren los. Immer noch waren die Straßen wie leergefegt. Jetzt würden sie wohl alle langsam aus ihren Behausungen kriechen und sich die Mäuler zerfetzen. Die Mauritz – wird wohl selbst schuld sein, wahrscheinlich ist die doch nicht so harmlos, wie sie tut. Gisela saß zwischen den beiden Jüngeren eingequetscht. Der Ältere saß am Steuer. Ihr Kopf fing langsam an zu schmerzen, Ihre Lippe war aufgequollen. Als sie zu dem Netteren der beiden rüberblickte, sah sie, daß er Make-up und Blutflecken an seiner Jacke hatte.

»Ich habe Ihre Jacke schmutzig gemacht«, blickte Gisela erschrocken auf die rechte Schulterseite seines Anoraks.

Er lächelte. »Das macht doch nichts. Wird gewaschen.«

»Meinen Sie nicht, daß ich ein Jahr länger bekomme, weil ich Staatseigentum beschädigt habe?«

»Sie müssen uns wohl alle hassen!«

»Das würden Sie auch, wenn man Ihnen Ihren Sohn weggenommen hätte, Ihren Beruf, wenn man Sie zwangsumgesiedelt hätte, nur, weil Sie woanders leben wollen. Ich kann verstehen, daß es Menschen ohne Gewissen gibt, aber ich kann nicht verstehen, daß ein ganzes Volk von Menschen ohne Gewissen regiert wird. Noch dazu ein intelligentes Volk.«

Der Junge schluckte, sagte aber nichts.

»Halten Sie den Mund!« brüllte sie der Schläger an. Er kramte aus seiner Tasche Handschellen heraus und machte sie an ihr fest. »Damit Sie beim Aussteigen nicht wieder so einen Zirkus veranstalten!«

Nachdem Gisela bei einem Arzt notdürftig verbunden worden war, kam sie sofort in die Untersuchungshaft der Dresdner Stasi, Bautzener Straße.

Es folgten Verhöre über Verhöre. Eins länger und schlimmer als das andere. Dagegen war ihre erste Untersuchungshaft ein Kinderspiel gewesen. Damals hatte sie alles zugegeben, es gab keine großen Diskussionen.

Sie wollten Gisela aus irgendeinem Grund wieder im Gefängnis haben und suchten jetzt mit allen Mitteln nach einem Tatbestand. Die Briefe und Pakete, die sie aus dem Westen erhalten hatte, mußten herhalten. Sie hatten herausbekommen, daß Gisela über Pfarrer Neumann eine Kontaktadresse besaß. Das war der springende Punkt, an dem man sie festnageln wollte.

»Sie wußten, daß diese Post illegal war, sonst hätten Sie wohl keine fremde Vermittlungsstelle gebraucht.«

Zum wievielten Mal wiederholte der Vernehmer wohl diese Anschuldigung? Seine großen wilden Augen ruhten auf Giselas Gesicht. Mit seinen langen Fingern zeigte er unentwegt auf Aktenstücke, auf Briefe, auf Absender, wollte beweisen, daß Gisela mit feindlichen Organisationen im Ausland eine rege Korrespondenz geführt hatte.

»Das ist nicht wahr«, wiederholte Gisela konsequent. »Ich

kenne die Menschen, die mir geschrieben haben, nicht! Aber es wäre wohl unhöflich gewesen, mich nicht bei ihnen zu bedanken. Sie haben mir viele Pakete geschickt, wie Sie wissen. Pfarrer Neumann hat mir seine Adresse nur deshalb angeboten, damit die Post auch wirklich bei mir ankommt.«

»Was soll das nun wieder heißen?«

»Sie kennen doch Ihre Leute besser als ich. Die durchschnüffeln doch jeden Briefkasten, der ihnen auch nur irgendwie verdächtig erscheint.«

»Jetzt beherrschen Sie sich aber, ja! Auf Beleidigung der Staatsorgane können wir ja zu einem späteren Zeitpunkt kommen.«

So lief das Monat für Monat. Gisela hatte den Eindruck, daß der Rest ihres Lebens in Untersuchungshaft verschmort werden sollte. Immer wieder wollte man von ihr hören, daß sie von sich aus den Kontakt zu den feindlichen Gruppen der BRD wie »Hilferufe von drüben« oder der Internationalen Gesellschaft für Menschenrechte gesucht habe. Die Beweisaufnahme schien zu stocken.

Pfarrer Neumann, alle Mitarbeiter vom Theater, ihre Nachbarn und überhaupt jeder, der mit ihr in Döbeln Kontakt gehabt hatte, wurde in die Mangel genommen. Aber sie fanden niemanden, der Gisela wegen staatsfeindlicher Hetze beschuldigen konnte. Über Politik hatte sie mit niemandem gestritten und auch nie versucht, andere von ihrer Meinung zu überzeugen. Diesen Paragraphen konnten sie also vergessen. Also mußte die staatsfeindliche Verbindungsaufnahme mit feindlichen Behörden im Ausland herhalten. Dies war der einzige Paragraph der Strafgesetzordnung, auf den sie Gisela halbwegs »legitim« festnageln konnten. Ihr Urteil lautete dementsprechend: Die Angeklagte Gisela Mauritz hat materielle und moralische Unterstützung durch Herrn Theo Köning erhalten, einem Mitglied der auf Provokation gegen die DDR ausgerichteten Organisation »Hilferufe von drüben«. Wegen ungesetzlicher Verbindungsaufnahme mit feindlichen Stellen im Ausland wurde sie zu einer zweijährigen Haftstrafe, abzusitzen in der Strafvollzugsanstalt Stollberg/Hoheneck, verurteilt.

Die ganze Prozedur fing von vorne an. Entkleiden, Untersuchung, Haftklamotten in Empfang nehmen, Zelleneinweisung, Arbeitskommando Elmo, Motorenwickeln.

»Da kennen Sie sich ja schon aus«, sagte ihr die Wachtel frech ins Gesicht.

Mehrmals dachte Gisela daran, sich das Leben zu nehmen. Irgendwie würde es schon klappen. Doch eine innere Stimme hielt sie davon ab. Hatte sie viereinhalb Jahre Hoheneck hinter sich gebracht, würde sie auch diese zwei Jahre absitzen.

Ein paar Frauen kannte sie noch. Eine alte, über siebzigjährige Frau saß schon achtzehn Jahre in Hoheneck. Sie hatte drei sowjetische Ehemänner nacheinander vergiftet. Beim letzten hatte der Arzt eine Obduktion anordnen lassen und alles war aufgeflogen. Sie war als junge Frau nach Kriegsende in einen Haufen betrunkener sowjetischer Soldaten geraten und brutal vergewaltigt worden. Wenn es stimmte, was sie sagte, sollen in einer einzigen Nacht dreiundzwanzig Männer ihren Körper mißbraucht haben. Ihr Leben habe sie nur der Tatsache zu verdanken, daß der Kommandant aufkreuzte und seine Leute mitnahm. Ihr Haß auf russische Männer war seitdem so groß, daß sie sich auf ihre Art rächen wollte. Drei Mal lebenslänglich lautete ihr Urteil. Sie würde Hoheneck nur im Sarg verlassen. Da sie körperlich nicht mehr in der Lage war, in einem Arbeitskommando tätig zu sein, war sie für den Putzdienst eingeteilt.

Gisela hatte noch von der ersten Haft ihr deftiges Keuchen ihm Ohr, wenn sie die Flure rauf- und runterwischte. Wenn sie schwitzte, nahm sie einfach den Feudel und wischte sich damit übers Gesicht. Von den meisten wurde sie nicht ganz für voll genommen. Die Alte spinnt ein bißchen, hieß es. Im Essensraum saß sie Gisela gegenüber. Weil sie kaum noch Zähne im Mund hatte, bröselte sie sich immer das alte Brot in den Tee und schlürfte laut den Brei mit zittrigen Fingern in den Mund. Meist lief ihr seitlich die Hälfte der pampigen Sauce aus den Mundwinkeln. Doch sie schien es zu ignorieren. Weil Gisela sie häufig mit einem gewissen Ekel im Blick beäugte, keifte sie manchmal rüber: »Werd du erst mal so alt in diesem Stall, dann kannst du auch nicht mehr essen wie ein Mensch! Ich will ja schon lange sterben, aber mich läßt keiner! Die bringen nur die Jungen um. Da haben sie mehr Spaß. Uns Alte lassen sie verrecken!« Sie konnte sagen, was sie wollte. Keiner nahm sie für voll.

Zwei Jahre im selben Trott! Strafgefangene Mauritz dies, Strafgefangene Mauritz jenes. Doch auch vierundzwanzig Monate haben ein Ende. Und wieder mußte Strafgefangene Mauritz trotz guter Führung alles absitzen.

Haftentlassung und Ausreise

Am elften Dezember 1983 wurde Gisela zum zweiten Mal aus der Haft entlassen. Sie sollte wieder nach Döbeln zurück. Das alte Zimmer und die Arbeitsstelle beim Theater standen ihr noch zur Verfügung.

Gisela war jetzt siebenunddreißig Jahre alt. Davon hatte sie sechseinhalb Jahre hinter Gittern zugebracht. Die schönsten Jahre im Leben einer Frau hatte sie daran verschwendet, Drähte zu wikkeln. Kilometerlang! Wie konnte man darin Sinn sehen? Alexander war jetzt schon neun Jahre getrennt von ihr. Im August war er dreizehn Jahre alt geworden. Wahrscheinlich hatte er sie längst vergessen.

Ihre Stube lag noch verwahrloster da als vor zwei Jahren. Alexanders Kinderalphabet grüßte sie von der Wand. Staub lag auf dem Rahmen. Gisela stellte ihre Reisetasche zur Seite und begann den Staub und den Schmutz der beiden letzten Jahre abzuwischen.

Dieses Mal brauchte sie die Arbeitsstelle gar nicht erst anzutreten, sie konnte sich gleich in einer Nervenklinik anmelden. Gisela war trotz der aufschwemmenden Kost im Gefängnis bis auf die Knochen abgemagert, sie litt unter Gedächtnislücken und undefinierbaren Angstsyndromen. Der Gefängnisarzt hatte ihr einen Überweisungsschein für eine Klinik in der Nähe von Döbeln mitgegeben. Doch noch hatte sie frei. Sie brauchte nicht sofort in die Klinik.

Diese Tage wollte sie nutzen, um alte Bekannte aufzusuchen. Ein bißchen enttäuscht war sie schon, daß ihre beste Freundin nicht am Bahnhof gestanden hatte. Aber vielleicht hatte sie viel zu tun, redete sich Gisela ein. Am nächsten Morgen wollte sie gleich zu ihr gehen.

Nach der langen ersten Nacht zog es Gisela in die Clara-Zetkin-Straße, wo im dritten Stock eines ehemaligen Bürgerhauses ihre

Freundin Karin eine Vier-Zimmer-Wohnung besaß. Die Zimmer waren sehr hübsch, mit Stuck und Parkettfußboden ausgestattet. Sie hatte sich sogar ein Bad einbauen lassen. Der Wohnraum mit dem Kachelofen war so groß, daß man darin eine Tanzveranstaltung hätte abhalten können. Obwohl es Winter war, hatte Gisela in einem Blumenladen einen Strauß Nelken bekommen. Sie waren blaßrot und langstielig.

Mit Herzklopfen lief sie die Steintreppe im Flurbereich hoch in den dritten Stock. Was Karin wohl sagen würde? Sie war gespannt, ob sie die Briefe bekommen hatte. Sicher nicht. Sonst hätte sie ihr doch auch mal geschrieben.

Gisela klingelte zweimal kurz hintereinander. Sie hörte, wie jemand von innen den Schlüssel herumdrehte und die Türklinke runterdrückte.

Es war Karin. Sie hatte Jeans an und einen grünen Nicki.

»Hallo, Karin!« wollte Gisela gerade sagen und ihr die Blumen reichen, als die Tür wieder hastig zugemacht wurde. Karin hatte ihr nicht einmal »Guten Tag« gesagt.

Vielleicht habe ich mich so sehr verändert, daß sie mich nicht erkannt hat, dachte Gisela. Sie läutete abermals. »Ich bin's, Gisela! Hast du mich nicht erkannt?«

Wieder öffnete sich die Tür.

»Doch!« fauchte Karin aus dem Türspalt. »Ich will aber, daß du mich künftig in Ruhe läßt! Ich will nichts mehr mit deiner Sache zu tun haben!«

Dann knallte sie die Tür unmißverständlich zu.

Gisela stand mit dem Blumenstrauß in der Hand da wie versteinert. Wenn sie alles in ihrem Leben erwartet hätte, daß aber ausgerechnet die couragierte Karin so reagieren würde, wie hätte sie das ahnen sollen.

Gisela war tief verletzt. Diese Abfuhr von ihrer – wie sie gedacht hatte – besten Freundin war härter als all die Stasi-Attacken. Sie fühlte sich, als ob sie mit einem Eimer Schmutzwasser übergossen worden wäre.

Vielleicht hatte sie ihre Briefe sogar erhalten, nur eben nie geantwortet. Und Gisela hatte die Wachteln beschuldigt! Was war nur der Grund für solch ein Verhalten?

Der Portier im Theater, ein freundlicher älterer Herr im Rentenalter, gab Gisela die Antwort.

»Wir sind alle mehrmals von der Stasi ausgefragt worden. Sie haben allerhand schlimme Dinge über dich erzählt. Daß du deinem Sohn vor der Flucht ein gefährliches Medikament gegeben hättest, nur um in den Westen zu kommen und daß du eine gemeingefährliche Heuchlerin seist. Die meisten haben nichts gesagt, sich ihr Teil gedacht, wie ich auch. Aber die Karin ist damit nicht fertig geworden. Sie hat wirklich an dir gezweifelt. Und du kennst sie ja. Die ist ehrgeizig. Will für sich und ihren Sohn das Beste. Da hat sie Angst, daß eine Beziehung zu dir ihnen beiden schaden könnte. So ist nun mal das Leben. Das sagte schon Sudermann. Einer geigt den andern an. Nimm's dir nicht so zu Herzen. Wir denken nicht alle so. Der Sepp, die Christa, der Heini, die Gina und der Lolli – wir alle haben uns für dich eingesetzt, damit du deinen Job wiederhaben kannst, wenn du rauskommst.«

»Danke, Paul – du glaubst gar nicht, wie gut das tut, solche Worte jetzt zu hören. Karin hat mir die Tür vor der Nase zugeschlagen. Das war eindeutig!«

Paul schüttelte den Kopf. »Die Hauptsache, du bist draußen und bleibst es jetzt auch eine Weile. Willste denn weiter rüber?«

Gisela zog unsicher die Schultern hoch. »Ich weiß nicht. Erst mal muß ich in die Klinik. Wieder gesund werden. Im Knast wird man entweder verrückt oder brutal.«

Paul seufzte. »Kopf hoch, Mädel! Du kommst schon noch raus! Hast doch viele Freunde im Westen. Den Pfarrer ham se übrigens auch am Wickel gehabt. So weit ich weiß, konfiszieren sie dem die Post aus dem Westen.«

»Dafür können sie Leute abstellen, aber mal ein paar Häuser renovieren, das geht nicht! Über die Hälfte unserer Bevölkerung hat noch keine eigene Toilette in der Wohnung. Aber jeder dritte einen Bewacher. Es ist absurd!«

Gisela warf einen Blick auf die Uhr. Sie wollte noch ein paar Lebensmittel einkaufen. Das Gespräch mit Paul machte sie unruhig.

»Sag den anderen Bescheid, daß ich mich melde, sobald ich aus der Klinik komme.«

»Mach ich und gute Besserung!« rief er ihr hinterher.

Seit zwei Jahren kostete Gisela erstmals wieder den Einkaufsbummel aus. Die Auslagen waren zwar genauso mager wie damals, aber im Vergleich zu Hoheneck kamen sie ihr paradiesisch vor. In einer Bäckerei holte sie sich deftiges Graubrot, ein Stückchen Käsekuchen, nebenan in der Metzgerei holte sie Schinkenwurst und Braunschweiger. Dann Milch, Zucker, Gewürze und was man sonst so braucht. Aus einem Gemüseladen leistete sie sich ein Pfund Rosenkohl, Karotten, eine Staude Sellerie und ein paar Zwiebeln.

Wie das schon duftete! Sie würde sich einen großen Topf Gemüsesuppe kochen. Ein Genuß nach zwei Jahren Vitaminentzug! Es gab doch immer noch kleine Freuden, die einem den Lebensalltag erträglich machten.

Auch die nächsten Tage kam kaum jemand zu Besuch. Nur die Wiedemanns hatten sich gemeldet. Sie hatten inzwischen schon zwei Kinder, einen Jungen und ein Mädchen und wünschten sich insgesamt fünf. Die Familie beanspruchte sie allerdings so, daß sie nur für ein paar Minuten vorbeischauten.

Nervlich war Gisela ein Wrack. Statt einer Besserung wurde es von Tag zu Tag rapide schlimmer. Es machte ihr zwar Freude, einkaufen zu gehen, aber sie hatte gleichzeitig höllische Angst, beobachtet zu werden. Sie wäre am liebsten raus aus Döbeln. Es mußte ja nicht Berlin sein, aber irgendwo neu anfangen.

Ihre Gefühle wechselten von starken Drepressionen bis hin zu sinnlosen Aggressionen. Nach dem Erlebnis mit Karin konnte sie kaum noch Menschen um sich ertragen, auch nicht jene, die es gut mit ihr meinten. Doch am schlimmsten empfand sie ihre Haßgefühle auf Mütter und Kinder. Sie hatte sich gefühlsmäßig nicht unter Kontrolle. Eine unbestimmte Weltuntergangsstimmung, die irgendwann vulkanartig ausbrechen konnte, quälte sie.

Das normale Alltagsleben, an dem sie noch nach der ersten Haft teilnehmen konnte, war ihr zum Greuel geworden. Dinge, an denen sich andere erfreuen konnten, wie Musik hören, ausgehen, waren ihr zuwider, machten sie verrückt und lösten pochende Kopfschmerzen und Schweißausbrüche bei ihr aus. Von einem praktischen Arzt erhielt sie Beruhigungsmittel und einen dringenden Einweisungstermin. Drei Tage früher als geplant meldete sie sich bei Direktor Grobbe, dem Leiter der modernen Anstalt, in der auch Suchtkranke, Rehabilitationspatienten und viele alte Menschen untergebracht waren.

Gisela erschrak, als sie ihn zum ersten Mal sah. Er hatte eine eiskalte, bürokratische Art, die einem das Blut in den Adern gefrieren ließ. Er sprach nur in Fremdwörtern und sortierte Pillen in allen Größen und Farben für sie. Damit wollte er Giselas Destabilität wieder in den Griff bekommen. Dr. Grobbes Stirn war gezeichnet von einer dicken Mittelfurche, die noch tiefer wurde, wenn er sprach. Sein Blick hatte etwas Lauerndes. Seine ganze Person, ob er stand oder saß, wirkte auf den Gesprächspartner immer so, als ob er ewig auf dem Sprung sei. Er gehörte zu jener Sorte Menschen, die ihre Empfindungen wegschließen konnten und nur noch funktionierten.

»Sie müssen die Reihenfolge der Medikamente unbedingt einhalten, sonst werden Sie keine Erfolge erzielen!«

»Ich brauche nichts weiter als Ruhe, ein bißchen Zeit. Sie haben hier allerlei Fachausdrücke gebraucht, aber ich glaube, ich leide an denselben Symptomen wie das letzte Mal, als ich aus der Haft entlassen wurde. Nur, daß es sich verstärkt hat.«

»Quatsch!« konterte er barsch. »Stellen Sie die Diagnose oder ich? Die Psyche und deren Krankheitsformen haben etwas mit der Person zu tun, nicht mit dem Umfeld! Was denken Sie, wie viele Menschen eingesperrt wurden und wie wenige davon in psychiatrische Behandlung müssen? Das ist Ihr Problem und wir werden das schon in den Griff kriegen. Ich werde Sie beobachten.«

»Wann glauben Sie, kann ich wieder entlassen werden?«

»Das kann niemand am Anfang einer Therapie festlegen.«

Er verordnete nur Pillen und Bettruhe. Gisela hatte das Gefühl, sie sollte ruhiggestellt werden. War sie im Laufe der Jahre paranoid geworden?

Sein außergewöhnlich frostiges Auftreten ihr gegenüber hatte allerdings auch eine gute Seite. Gisela entfaltete eine opponierende Haltung gegenüber seinen Anweisungen. Damit gab sie sich selbst eine Aufgabe, etwas, woran sie sich aufrichten konnte. Sie hatte den eisernen Willen, die Wochen in der Klinik ohne Psychopharmaka durchzustehen.

Regelmäßig verscharrte sie die Pillen bei ihren Spaziergängen im Klinikpark. Immer wieder suggerierte sie sich selbst, ruhig zu bleiben, verordnete sich Selbstdisziplin, registrierte feinsinnig jeden Aussetzer ihres Bewußtseins und war wie besessen von dem einen Gedanken: »Du mußt da durch! Mußt dich selbst unter Kontrolle halten!«

Sie hatte panische Angst davor, eines Tages als Dauerpatientin in irgendeiner Verrücktenanstalt für immer zu verschwinden. Deshalb mußte sie sich so gut es eben ging am Riemen reißen.

Wehmütig dachte Gisela an ihren ersten Klinikaufenthalt, an Oberarzt Westerkant. Anfangs war er ihr mit Mißtrauen begegnet, doch als er begriffen hatte, daß Gisela keine Märchen erzählte, tat er alles, um ihr zu helfen.

»Ihr Dr. Westerkant ist nicht mehr im Hause. Schade für Sie! Sie sollen sich ja so hervorragend mit ihm verstanden haben«, hatte ihr Dr. Grobbe mehrmals unter die Nase gerieben. »Er hat sich in den Westen abgesetzt. Noch so einer von denen, die sich hier ausbilden lassen, um dann drüben das große Geld zu verdienen. Darum geht es ja doch nur!«

Gisela haßte diesen Menschen und sie hätte ihm die Pest an den Hals gewünscht, wenn sie über die Kräfte einer Hexe verfügt hätte. Doch das Schicksal bot ihr unverhofft eine andere Chance.

Sein Sohn Christian, Assistenzarzt an der Klinik, hatte, obwohl mindestens acht Jahre jünger als sie, ein Auge auf Gisela geworfen. Er unterhielt sich auffallend gern mit ihr und interessierte sich im Gegensatz zu seinem Vater brennend für Giselas Vergangenheit. Nicht weil er sie aushorchen wollte, dafür hatte Gisela mittlerweile ein Gespür, sondern, weil er seinem Vater, den er offensichtlich genauso haßte wie Gisela, eins auswischen wollte.

»Mein Vater ist ein schlechter Arzt, aber ein guter Bonze«, sprach sich Christian eines Tages recht offen bei Gisela aus.

Sie hatten sich auf der Veranda der Klinik getroffen und Christian bat Gisela, ihn nach draußen zu begleiten. Er könne dies verantworten, sie sei körperlich und seelisch fast wieder hergestellt. Ihr restlicher Aufenthalt diene nur noch der Stabilisierung und Vorbeugung.

Gisela sagte zu. Dieser Park mit seinen fünf Wegen hatte sie schon längst gelangweilt. Und sie empfand Christians Nähe als angenehm.

»Sie kommen wohl nach ihrer Mutter?« fragte Gisela unverblümt.

»Ja, das muß wohl so sein. Mein Vater ist ein eigenartiger Mensch. Was heißt hier Mensch! Ich habe ihn noch nie richtig ausgelassen oder fröhlich gesehen. Er ist unglaublich ehrgeizig, aber auch unglaublich selbstherrlich. Nur er hat recht, sonst niemand! Ich glaube, er ist Psychotherapeut geworden, weil sich auf diesem Gebiet die Mißerfolge nur schwer nachweisen lassen. Wir haben uns häufig gestritten. Ich bin der Auffassung, daß gerade ein Psychologe stark auf seine Patienten eingehen muß, während er meint, es sei schädlich, eine Brücke zwischen Arzt und Patient zu bauen. Aber lassen wir meine Familie! Lohnt sich nicht, darüber zu reden. Ich freue mich sehr, daß es Ihnen wieder besser geht. Ihre Geschichte geht mir nicht mehr aus dem Kopf. Ich sitze oft da und denke darüber nach. Es fällt mir schwer, zu glauben, daß man in einem Land lebt, in dem solche Dinge passieren.«

Gisela seufzte. »Es fällt noch schwerer, sie zu erleben. Wenn es nicht so absurd, so unsinnig wäre ... Da bemühen sich jeden Tag tausende Ärzte und Krankenschwestern darum, kranke Menschen, Schwerverletzte oder Behinderte wieder einigermaßen lebenstauglich zu machen, während man anderswo gesunde Menschen so peinigt, daß sie schwerkrank werden, Selbstmord begehen oder unter den Folgen der Folter leiden. Und das alles wegen nichts! Ich kenne so viele Frauen, und es wird ebensoviele Männer geben, die dazu gezwungen werden zu leiden, weil sie weg wollten. Das ist nicht normal. Das kann nicht normal sein! Und daran verzweifelt man auch! Alle, die irgend etwas in diesem Staat zu sagen haben, haben sich gegen dich verschworen und du darfst dich noch nicht mal verteidigen. Alle trampeln auf einem rum! Die einen, weil sie den Befehl dazu haben, die anderen, weil sie die Macht dazu haben.« Christian legte seinen Arm um ihre Schulter und drückte sie zaghaft an sich.

»Ich mag solche Frauen wie dich!« Gisela zog mit einem Ausdruck des Mißtrauens die Augenbrauen hoch.

»Doch, ich mein es ehrlich«, bekräftigte Christian, nahm ihr Gesicht in seine Hände und betrachtete es. »Deine Haut ist zwar blaß, deine Augen sind dumpf und deine Haare könnten vielleicht ein bißchen hübscher frisiert werden, aber dein Gesicht zeichnet etwas Besonderes aus. Ich kann es nicht beschreiben, ich weiß nur, daß es mich fasziniert, wie mich lange ein Gesicht nicht mehr fasziniert hat. Es steckt so viel Erfahrung, aber auch so viel Traurigkeit drin. In deinem Gesicht kann man Gefühle lesen. Viele tragen Masken. Gisela, darf ich dich küssen?« fragte er ganz schnell und plötzlich.

Gisela wurde rot. Wie konnte es sein, daß sich Christian ausgerechnet für sie interessierte? Bei seinem Aussehen und seiner sensiblen Art mußten ihm doch die Frauen reihenweise zu Füßen liegen! Er hatte nichts, aber auch gar nichts von seinem Vater. Seine dunkelblonden Haare trug er kurz. Sein Gesicht war ebenmäßig, hatte für einen Mann fast zu weiche Züge. Nur die Nase war etwas zu breit geraten, das wohl auffallendste Merkmal an seiner Physiognomie.

»Was ist, du schaust mich an, als wolltest du mich erst prüfen? Wie einen Apfel, ob er auch keine Würmer hat.«

Gisela lachte. »Ich habe mich nur gerade gefragt, wieso ich? Dir muß es doch nicht schwerfallen, Frauen für dich zu interessieren. Wieso ich, älter, verfallener, krank, ohne irgendeine Lebensperspektive, mit Stasi-Vergangenheit? Da laufen die meisten davon. Ich hatte nach meiner letzten Haftentlassung einen jungen Elektriker kennengelernt. Der versorgte immer unsere Bühnentechnik. Dieter hieß er. Wir verstanden uns prima, bis er meinen Ausweis sah. Reiseverbot nach Berlin und grenznahe Städte! Da wurde ihm wohl schlagartig bewußt, auf was er sich mit mir eingelassen hatte und er erfand tausend Ausreden, mich wieder los zu werden. Zum Schluß ließ er sich sogar aus Döbeln versetzen.«

»Was hat das mit mir zu tun? Ich kenne alles von dir und trotzdem bitte ich darum, dich küssen zu dürfen. Ich kann dir nicht sagen, wie sehr ich es mir wünsche, mit dir zärtlich zu sein. Warum sollte ich dich anlügen?«

»Suchst du ein Abenteuer, etwas Exotisches?«

»Seit wann ist ein Kuß ein Abenteuer? Ich will ab und zu bei dir sein, mit dir reden, vielleicht, wenn es sich ergibt, mit dir schlafen.

Ich dachte, du würdest vielleicht dasselbe für mich empfinden. Wir sind uns jetzt fünf Wochen fast jeden Tag intensiv begegnet und jeden Tag spürte ich deutlicher in mir das Verlangen, dich zu umarmen, dich ganz kennenzulernen. Ich glaube, das ist so zwischen Menschen, die sich mögen.«

»Du riskierst viel. Ist es nicht verboten, mit Patientinnen etwas anzufangen?«

»Ich habe nur gegenüber meinem Vater Rechenschaft abzulegen. Vielleicht können wir uns auf diese Art ein bißchen an ihm rächen«, schmunzelte er. »Und es macht noch Spaß!«

Gisela hatte Angst, sich in Christian zu verlieben. Sie hatte solche Gefühle zwar mehr als ein Jahrzehnt verdrängt, doch Lust hätte sie schon gehabt, sich einfach dem zärtlichen Verlangen eines Mannes hinzugeben, ohne große Zukunftspläne zu schmieden.

Als Christian sie endlich küßte, war Gisela verlegen, aber glücklich wie ein junges Mädchen. Sie glühte, als er mit seiner Hand zärtlich ihren geschundenen Körper streichelte. Auch wenn diese Beziehung keinerlei Chance auf Bestand haben konnte, Gisela genoß die Stunden mit Christian. Sie war seine Geliebte, mit all den Konsequenzen, die zu solch einer verschwiegenen Liebe gehörten. Sie konnten sich nur heimlich an Orten treffen, wo sie niemand kannte. Dennoch blieb ihre Beziehung nicht verborgen.

»Was fällt Ihnen ein?« fauchte Dr. Grobbe, als Gisela bei ihm im Sprechzimmer saß. »Sie sind eine reife Frau! Lassen Sie meinen Sohn zufrieden! Ich habe mich in Ihnen getäuscht. Sie sind nicht krank, Sie sind eine Schlampe! Wenn Sie sich mit meinem Sohn herumtreiben können, werden Sie auch wieder arbeiten können. Ab Montag sind Sie entlassen, Sie Simulantin! Bis dahin bleiben Sie auf Ihrem Zimmer. Ich wünsche, daß Sie keinen weiteren Kontakt mehr mit Christian haben! Sie gefährden seine ganze Karriere als Arzt. Ist Ihnen das egal? Ich kann überhaupt nicht verstehen, was in ihn gefahren ist. Sie bleiben jedenfalls im Zimmer. Schwester Hanne wird aufpassen, daß Sie meine Anweisung befolgen. Und Christian können Sie ein für allemal vergessen!«

»Soll das ein Arrest sein? Ihr Sohn ist mit achtundzwanzig Jahren wohl erwachsen genug, selbst zu entscheiden, zu wem er sich hingezogen fühlt und zu wem nicht.«

»Glauben Sie vielleicht ernsthaft, daß er Sie liebt? Vielleicht sind Sie nach den langen Jahren Abstinenz gut im Bett, und das gefällt ihm. Aber sonst! Schauen Sie doch mal in den Spiegel! Denken Sie denn, der ist pervers?«

Gisela stand ungefragt auf. Er konnte sie nicht beleidigen. Jemand, der wie sie so viele Demütigungen erlebt hatte, war immun geworden.

»Sie verstehen überhaupt nichts! Aber wenigstens haben wir Sie mal aus der Reserve gelockt. Im übrigen werde ich Ihren Sohn solange sehen, wie er es will! Keine Angst, nichts Festes! Schon allein, weil ich weiterhin Ausreiseanträge stellen werde. Aber wir werden uns treffen, solange es uns gefällt. Einfach so. Und Sie werden das nicht verhindern!«

Gisela verließ schnell den Raum, bevor sie rausgeworfen werden konnte. In drei Tagen würde sie endlich aus der Klinik entlassen. Sie freute sich schon auf die Arbeit. Ihr Zustand hatte sich auch erheblich verbessert. Ohne Tabletten, nur aus eigener Kraft und dank Christians Zärtlichkeiten.

Pfarrer Neumann hatte inzwischen eine andere Deckadresse, und Gisela erhielt mehr denn je Post von drüben. Das stärkte sie ungemein in der Hoffnung, daß es trotz ihrer verzwickten Lage viele Menschen gab, die zu ihr hielten und sie verstanden.

Das Verhältnis mit Christian lief weiter, wenn sie auch nicht mehr so viel Zeit hatten, um sich täglich zu sehen. Außerdem erforderte Giselas Job, daß sie häufig abends und an den Wochenenden Dienst hatte, wenn Christian frei gehabt hätte. Doch mindestens zweimal im Monat nahm er sich einen Vormittag frei, und sie sahen sich an einem kleinen verlassenen Fischerhaus an der Mulde. Dort waren sie ganz alleine für sich und genossen es, ohne irgendwelche Verpflichtungen in den Tag zu leben. Die Begegnungen wurden mit der Zeit wieder häufiger. Doch Gisela wußte, daß Christian irgendwann eine Frau kennenlernen würde, mit der er bereit war, eine Familie zu gründen und Christian wußte, daß Gisela immer noch fest entschlossen war, in den Westen auszureisen. Aber diese heimlichen Treffen hatten etwas Romantisches, etwas Außergewöhnliches, das beide nicht missen wollten. Sie waren ein abgehobenes, seltsames Liebespaar. Keiner aus Giselas

Theaterclique wußte von Christian und sicherlich wußte auch keiner von Christians Freunden von Gisela. Sie genossen sich gegenseitig unter Ausschluß der Öffentlichkeit. Sie waren beide Fliehende, er vor einer verlogenen Zukunft, sie vor einer belastenden Vergangenheit. Das verband sie. Raum und Zeit lösten sich in den gemeinsamen wenigen Stunden, die sie füreinander hatten, auf. Hier am Ufer der Mulde gab es keine Probleme, keine Abhängigkeiten, keine Rücksichtnahmen, hier gab es nur einen Mann und eine Frau, die einander wollten – körperlich und seelisch und auch geistig. Sie liebten sich, sie erzählten, was sie erlebt hatten, sie teilten ihr mitgebrachtes Essen und Getränke, sie sprachen über Bücher, Filme, Politik und die Menschen im allgemeinen. Nur über ihre Zukunft sprachen sie nie. Sie hatten abgemacht, wenn einer nicht mehr wollte, sollte er, ohne viel Worte zu machen, einfach dem anderen eine Notiz zukommen lassen. Einen langen Abschied wollten beide nicht.

Giselas Leben hatte einen regelmäßigen Alltag bekommen, wenn man unter diesen Umständen von Regelmäßigkeit sprechen konnte. Tapfer stellte sie alle drei Monate ihre Ausreiseanträge, beantwortete die Briefe aus dem Westen und bedankte sich für die Pakete. Seit ihrer Entlassung war sie nicht mehr mit der Staatssicherheit in Berührung gekommen.

Die Arbeit am Theater machte ihr Spaß, auch wenn sie sich von dem Verdienst keine Sprünge leisten konnte. Zu gern hätte sie sich wenigstens eine andere Wohnung gegönnt. Doch angeblich gab es nichts für sie. Sie mußte auch weiterhin mit ihrem Wohnloch und der Latrinentoilette, die sie sich mit einem jungen Ehepaar über ihrer Wohnung teilte, zufrieden sein. Es war unangenehm, im Winter bei Eis und Schnee mit der Taschenlampe nach der Toilette suchen zu müssen, aber das war sozialistischer Alltag. Viele Menschen in Döbeln und wohl auch anderswo teilten ihr Schicksal.

An einem sonnigen Herbstwochenende im Oktober 1986 war es dann soweit. Statt Christian im alten Holzhaus anzutreffen, fand Gisela einen Brief:

Liebe Gisela,
es ist gekommen, wie es kommen mußte. Ich habe mich dazu entschlossen zu heiraten, um eine Familie zu gründen. Ich habe die Dreißig überschritten, und da wird es Zeit. Du willst ja immer noch weg, es hätte mit uns also ohnehin keinen Sinn gehabt. Außerdem möchte ich die Zeit, die wir verbracht haben, so in Erinnerung behalten, wie sie war. Als etwas Einmaliges, als etwas Wunderschönes, das nicht zur Routine werden darf. Ich werde Deinen zarten, klugen Kopf, den ich so oft in meinen Händen halten durfte, nie vergessen. Immer wirst Du ein Stück in meinem Herzen sein. Aber ich will keine Trennung mit Schmerzen, keinen Abschied, der uns beiden weh tut. Es soll so geschehen, wie wir uns das immer vorgenommen haben. Bitte nimm zur Erinnerung an mich den kleinen Ring. Er ist ein Erbstück meiner Oma. Ich sollte ihn der Frau in meinem Leben schenken, die mich am meisten beeindruckt hat. Du hast mich sehr an sie erinnert! Bist genauso stark und kämpfst Dich durch. Der Ring soll Dir Glück bringen. Ich wünsche Dir von Herzen, das weißt Du, daß Deine Pläne bezüglich Deiner Zukunft in Erfüllung gehen und Du eines Tages Deinen geliebten Sohn Alexander wieder in Deine Arme schließen kannst. Denk immer daran: Wer leidet, kann Freude erwarten. Mit einem Gedicht von Hermann Hesse, den wir ja beide mögen, möchte ich Dir für die wunderbare Zeit mit Dir danken.

Dein Christian

Welkes Blatt

Jede Blüte will zur Frucht,
Jeder Morgen Abend werden,
Ewiges ist nicht auf Erden
Als der Wandel, als die Flucht.

Auch der schönste Sommer will
Einmal Herbst und Welke spüren.
Halte, Blatt, geduldig still,
Wenn der Wind dich will entführen.

Spiel dein Spiel und wehr dich nicht,
Laß es still geschehen.
Laß vom Winde, der dich bricht,
Dich nach Hause wehen.

Gisela setzte sich auf ihre gemeinsame Couch. Sie strich langsam über die Decke, als könne sie Vergangenes streicheln.

Der Ring, ein schmaler goldener Reif mit einem Granatstein, paßte ihr. Christian hatte recht. Wenn eine Trennung von dem einen oder anderen einmal eine beschlossene Sache war, wäre es nur ein langer schmerzlicher Abschied geworden. Christian würde sicher ein guter Familienvater werden, dessen war sich Gisela sicher. Hätten sie sich doch früher kennengelernt!... Hätte... hätte... hätte! Bei manchen bestand das ganze Leben nur aus Konjunktiven. Als Gisela die kleine Hütte verließ, hätte sie hier am liebsten ein Feuer gelegt, um alles, was die beiden verbunden hatte, für immer zu verbrennen. Sicher würden andere diesen kleinen Raum entdecken und den Zauber ihrer Liebe entweihen. – Ewiges ist nicht auf Erden, als der Wandel, als die Flucht. –

Christian war eben ein Träumer, einer der wenigen, die ihre Gefühle zum Ausdruck brachten und nicht ständig daran arbeiteten, sie hinter Masken zu verstecken. Das war es wohl, was sie an ihm so geschätzt, so geliebt hatte.

Ab jetzt würde sie allein sein, wirklich allein.

Als sie wieder zu Hause war, las sie nochmals Christians Brief. Wie gerne hätte sie ihn angerufen, sich noch mal mit ihm getroffen, doch das wäre ihr vorgekommen, als ob sie einen abgelegten Eid gebrochen hätte. Ein Hesse-Gedicht zum Abschied – und ein alter Ring seiner Oma. Erinnerungsfetzen! Giselas Schicksal bestand darin, Menschen, die sie liebte, zu verlieren, um dann deren Überbleibsel als Reliquien zu benutzen.

Bevor sie einschlief, holte sie sich den Gedichtband von Hesse ins Bett. Christian hatte ihr das Buch letztes Jahr zu Weihnachten geschenkt und mit einem Bleistift alle Gedichte und Gedanken angekreuzt, die ihm besonders gefielen. Bei dem Gedicht »Im Nebel« hatte er dazu geschrieben: »Er könnte dich gekannt haben, mein Schatz!«

Seltsam, im Nebel zu wandern!
Einsam ist jeder Busch und Stein,
Kein Baum sieht den andern,
Jeder ist allein.

Voll von Freunden war mir die Welt,
Als noch mein Leben licht war;
Nun, da der Nebel fällt,
Ist keiner mehr sichtbar.

Wahrlich, keiner ist weise,
Der nicht das Dunkel kennt,
Das unentrinnbar und leise
von allem ihn trennt.

Seltsam, im Nebel zu wandern!
Leben ist Einsamsein.
Kein Mensch kennt den andern,
Jeder ist allein.

Leben ist einsam – wer hatte das wohl mehr erfahren als sie! Jetzt im Bett, mit dem Hesse-Band in der Hand, fing Gisela an zu weinen, ihrer Trauer um Christian brach aus ihr hervor. Traurig drehte sie sich auf den Bauch, umklammerte mit beiden Armen ihr Kopfkissen, als ob sie es nie mehr loslassen wollte.

Aber sie hatte noch ihre Ziele: Die Ausreise und Alexander! Ihre inneren Triebfedern, die jeden Tag ihren Organismus und ihren Geist neu in Schwung setzten. Sie war zwar einsam, aber nicht vergessen, und sie durfte hoffen. Wer hoffen darf, kann leben.

Vierzehn Jahre hatte Gisela gehofft, ehe sie an einem heißen Junitag ein Telegramm aus Berlin erhielt. Der Absender war Anwalt Vogel. Ihre Ausreise stehe kurz bevor, sie müsse nur noch einige Formalitäten unterschreiben. Dazu müsse sie nach Berlin kommen. Er hatte ihr eine schriftliche Genehmigung zur Reise beigelegt, da Gisela offiziell immer noch nicht nach Berlin oder in grenznahe Städte fahren durfte.

Immer hatte sich Gisela ausgemalt, wie es wohl sein würde,

wenn sie rüber durfte. Und jetzt war sie so aufgeregt, daß sie sich kaum freuen konnte.

Bei Anwalt Vogel mußte sie nochmals bestätigen, daß sie sich mit Alexanders Adoption einverstanden erklärt habe. Doch in Giselas Hinterkopf zählten die Dokumente nichts. Sie waren erpreßt worden. Das würde sie jedem klarmachen können!

Zurück in Döbeln, mußte Gisela noch einige Wochen warten, ehe sie für den siebten Juli zur Abteilung Inneres bestellt wurde. Für einen Tag später war die Ausreise vorgesehen, das heißt vorgeschrieben. Sogar den Zug hatten sie schon für Gisela bestellt. Es war der Zug für sieben Uhr dreiunddreißig. Vorher sollte sie aber noch die Aberkennungsurkunde von der Behörde abholen. Ohne Aberkennungsurkunde keine Ausreise!

Gisela hatte Angst, den Zug zu verpassen.

»Das müssen Sie selbst regeln. Sollen wir vielleicht für Sie ooch noch die Organisation übernähm«, sächselte die unhöfliche Person bei der Polizei in breitestem Dialekt.

Es hatte keinen Zweck, sich jetzt noch mit irgendeinem anzulegen. Aber wie sollte sie das schaffen? Um sieben Uhr machten die Behörden auf und eine halbe Stunde später sollte sie schon im Zug sitzen. Zu Fuß dauerte eine Strecke mindestens zwanzig Minuten.

Gisela hatte Glück. Ein Kollege vom Theater bot ihr an, sie zu fahren. Bis zum Schluß, bis zur letzten Sekunde, wurde sie gejagt und gehetzt wie ein Stück Vieh!

Zwischen ihren Kleidern hatte sie Alexanders Geburtsurkunde versteckt. Ansonsten hatte sie alle Schriftstücke bei Pfarrer Neumann eingelagert. Sie hatte nicht riskieren wollen, deshalb noch mal festgehalten zu werden. Doch niemand kontrollierte sie.

Die Zugfahrt verlief so belanglos, als sei es all die Jahre das Normalste auf der Welt gewesen, vom Osten in den Westen Deutschlands zu reisen. Es war so einfach – und deshalb hatte sie vierzehn Jahre warten müssen, ihren Sohn verloren und sechseinhalb Jahre in einem Gefängnis zugebracht?

Kurz vor dem Grenzübergang hatte sie nochmals Herzklopfen. Paß- und Gepäckkontrolle! Doch der Grenzer warf nur einen kurzen Blick auf ihre Aberkennungsurkunde und wollte noch nicht mal ein Gepäckstück sehen. Gisela konnte es kaum fassen. Dabei hatte sie sich so sehr gefürchtet! Wieder mal hatte sie sich getäuscht. Warum nicht gleich so? Wieviel Leid wäre ihr damals und all die Zeit erspart geblieben!

Gisela warf einen letzten Blick in den Spiegel, als der Zug Richtung Grenze rollte. Sie wußte, daß sie von ihren westlichen Freunden, die sie noch nie gesehen hatte, abgeholt werden würde.

Es war ein unbeschreibliches Gefühl. Endlich war Gisela fast am Ziel ihrer Träume! Jetzt galt es nur noch um Alexander zu kämpfen! Vielleicht wußten die westlichen Behörden bereits, wo er war.

Ihr Magen spannte sich vor Aufregung, als sie die Grenze überquerten. Eigentlich hatte sie sich vorgenommen, nicht zu weinen, doch dicke Tränen quollen aus ihren Augen.

»Fahr'n Sie das erste Mal rüber?« fragte ihr Gegenüber, ein älterer Herr aus Frankfurt.

Gisela nickte verlegen. Sie schämte sich ihrer Tränen. »Vierzehn Jahre haben die mich schmoren lassen, vierzehn Jahre!«

»Haben Sie Verwandte drüben?«

»Eine Tante in Marburg. Und Sie? Kommen Sie von Verwandten?«

»Ja, mein Bruder lebt in Dresden. Jetzt, wo wir beide Rentner sind, können wir uns endlich unbehelligt treffen.«

Er holte seinen Geldbeutel aus der Tasche und reichte Gisela einen Hunderter. »Hier, junge Frau, nehmen Sie mal! Der Westen ist teuer. Sie werden es noch brauchen können!«

Gisela war verlegen. »Nein, das ist wirklich nicht nötig! Ich habe eine Menge Freunde und dann wird mir der Staat schon weiterhelfen. Lassen Sie nur!«

Doch der Fremde aus Frankfurt ließ sich nicht abwimmeln. Er steckte ihr das Geld einfach in die Hand. »Entschuldigen Sie, wenn ich ein bißchen plump bin, aber es ist ehrlich gemeint. Ich habe genug. Wirklich. Und ich weiß, wie das ist, wenn man neu in den Westen kommt. Es kommt von Herzen, glauben Sie mir. Ich wünsche Ihnen viel, viel Glück und einen guten Start! Und vielleicht denken Sie ab und zu mal an den ollen Hans Jacobi aus Frankfurt, Ihre erste Begegnung im Westen.«

Gisela bedankte sich und steckte das Geld weg.

Einerseits war es ihr peinlich, von einem ihr völlig fremden

Menschen Geld angenommen zu haben, andererseits fand sie ihn rührend und nett. Für alte Leute hatte Geld wahrscheinlich nicht mehr die Bedeutung wie für Junge.

Auf dem Bahnhof in Bad Hersfeld wurde Gisela von einer Delegation der Organisation »Hilferufe von drüben« so herzlich empfangen, als ob sie eine alte Bekannte sei. Weil Gisela so viel durchgemacht hatte, brauchte sie nicht erst ins Durchgangslager nach Gießen. Sie wurde gleich zu ihrer Tante nach Marburg gefahren.

Es war wie ein Rausch! Wie ein Traum! Ihre Tante wohnte in einem Einfamilienhaus etwas außerhalb von Marburg in einer sehr gepflegten Siedlung. Ihr Garten strahlte in sommerlichen Blütenfarben, die Rosen dufteten, und der Rasen strotzte in dunklem, matten Grün. Eine dichte hohe Ligusterhecke säumte das Grundstück ein. Auf Gisela wirkte alles so sauber, so gepflegt, in krassem Gegensatz zu ihrer Bruchbude in Döbeln.

Tante Gerlinde, schon achtundsiebzig Jahre alt, bewohnte das Haus alleine. Gisela sollte hier für die ersten Wochen wohnen. Diese ganzen überwältigenden Erlebnisse zogen an ihr vorbei, als ob sie sich im Kino einen Film ansehen würde. Jeder verplante sie, jeder bot ihr was, so daß sie kaum Zeit fand, in Ruhe alles auf sich einwirken lassen zu können.

Die ersten Tage ließ sich Gisela nur verwöhnen. Sie hatte von »Hilferufe« einen Scheck in Höhe von tausend Mark erhalten und das Angebot, ihr bei allen Behördengängen behilflich zu sein. Es gab doch noch eine Menge zu tun. Von einem Arzt wurde sie krank geschrieben. Sie sollte in eine Kur. Das Ministerium für innerdeutsche Beziehungen sprach bei ihr vor. Aber anders, als Gisela es sich erhofft hatte. Ein gewisser Herr Plewa meldete sich und legte ihr nahe, auf keinen Fall die Öffentlichkeit einzuschalten. Die Presse könne ihrer Suche nach Alexander nur schaden, und das würde sich negativ auf die Leute auswirken, die in der DDR noch auf ihren Freikauf warteten. Gisela kam dieser Anruf doch merkwürdig vor. Auf ihre Frage, ob die Bundesregierung denn wisse, wo Alexander sei, erhielt sie nur eine ausweichende Antwort: »Wir sind immer bemüht, in Familienangelegenheiten zwischen der DDR und der BRD zu vermitteln, aber bis es zu einem Ergebnis kommt, kann viel Zeit vergehen. Bitte haben Sie Geduld.«

Geduld! Waren vierzehn Jahre nicht Geduld genug? Alexander war gestern volljährig geworden. Gisela war enttäuscht, daß niemand seine Adresse zu wissen schien.

In ihrem Verhalten der Presse gegenüber war Gisela unsicher. Während ihre Freunde sie darin bestärkten, die Öffentlichkeit als ein wirksames Instrument zu nutzen, rieten ihr die Politiker dringend davon ab. Was sollte sie tun? Jeden Tag riefen Journalisten bei ihr an, um ihre Geschichte zu veröffentlichen. Schließlich entschloß sie sich für die Presse. Lange genug hatte sie ohne öffentliche Hilfe auskommen müssen. Was sollte falsch daran sein, wenn viele Menschen die Wahrheit über die Zustände in der DDR erfuhren?

Richtig glücklich und mit beiden Füßen auf der Erde stehend, fühlte sich Gisela aber erst, als sie eine eigene Wohnung in Frankfurt beziehen konnte. Es war zwar nur ein kleines Appartement von etwa achtzehn Quadratmetern, aber Gisela erschien es wie eine Luxus-Suite. Zum ersten Mal in ihrem Leben hatte sie ein eigenes WC in ihrer Wohnung. Nur für sich! Ohne auf einen dunklen Flur oder gar auf einen dunklen Hinterhof gehen zu müssen. Sie hatte ein möbliertes Zimmer. Mit einer Bettcouch, einer Regalwand, einem großen Fenster mit hübschen Vorhängen, einem runden Eßtisch mit vier Stühlen und zwei Sesseln. Alles war komplett eingerichtet. Mit Eß- und Kochgeschirr und einer Küchenzeile. Sogar Bett und Bettwäsche waren vorhanden. Um nichts hatte sie sich kümmern müssen. Wie sollte sie das den vielen Menschen, die sie hier unterstützten, nur jemals danken. Vielleicht würde sie auch eines Tages die Gelegenheit bekommen, jemandem zu helfen und das würde sie dann mit Sicherheit tun.

Nach den ersten Zeitungsmeldungen wurde die Unterstützung durch die Bevölkerung noch größer. Schulkinder sammelten sogar Unterschriften. Sie baten Erich Honecker darum, der Mutter zu helfen, ihren Sohn Alexander wieder zu finden. Gisela war überwältigt. Sie hatte sich den Westen immer groß und reich und mächtig vorgestellt, aber daß ihr so viel spontane Herzlichkeit zufließen würde, damit hatte sie nie gerechnet! Die sprichwörtliche Ellenbogengesellschaft zeigte sich ihr gegenüber nur von ihrer besten Seite. Gisela war seit langer, langer Zeit so richtig glücklich. Bedächtig drehte sie Christians Ring an ihrem Finger. Hatte er ihr dieses Glück gebracht? Es mit einem Mann wie Christian zu teilen wäre schön. Doch getrauert hatte sie in ihrem Leben genug. Jetzt wollte sie fröhlich sein!

Sie war auch ganz zuversichtlich, bald etwas über Alexander zu erfahren. In diesem Teil Deutschlands würde man sie nicht sich selbst überlassen.

Mutter West sucht Sohn Ost

Während einer Adventsfeier für politische Häftlinge aus der DDR Ende November 1988 hatte Gisela von Freunden der Organisation »Hilferufe von drüben« den Tip bekommen, sich mit einer Suchmeldung ans Fernsehen zu wenden. Jutta Gallus, die so erfolgreich um ihre Kinder Claudia und Beate gekämpft hatte, war sehr erfahren und unterstützte sie.

»Du wirst sehen, dem Druck der Öffentlichkeit werden sie nachgeben müssen. Wie bei mir!«

Sie stärkte während der Veranstaltung in Bad Waldliesborn vor allem Giselas Selbstvertrauen.

»Wenn es um unsere Kinder geht, sind wir Frauen stärker als diese Regierungscliquen samt ihren Armeen«, scherzte Jutta. Auch Gisela hatte das Gefühl, daß der Ratschlag, sich massiv an die Öffentlichkeit zu wenden, der einzig richtige Weg war.

Es war geplant, unter dem Titel »Mutter West sucht Sohn Ost« am siebenundzwanzigsten Januar 1989 eine Report-Sendung im ARD-Fernsehen auszustrahlen. Klaus Mertes moderierte. Weil Gisela von seiten der Bundesregierung nur ausweichende und hinhaltende Briefe bekommen hatte, machte sie bei dieser Sendung mit und gab auch Zeitungen und Radiosendern Interviews.

Sie war ungeheuer aufgeregt! Noch nie hatte sie im Scheinwerferlicht der Kameras gestanden. Wie würde der Osten auf ihre Aktion reagieren? Was, wenn Alexander vor dem Bildschirm saß? Würde er seine Mutter erkennen? Sie wußte, daß man im Ministerium für innerdeutsche Beziehungen solche Einzelaktionen der Betroffenen nicht gerne sah. Doch wenn die DDR irgendwie zu treffen war, dann über die Öffentlichkeit, und sie sah für sich keinen anderen Ausweg mehr. Sie mußte das Interesse an ihr nutzen, so lange es noch bei den Medien bestand! Wenn sie ablehnen würde, hätte sie vielleicht für immer eine einmalige Chance verpaßt und müßte sich vom Ministerium mit der lapidaren Bemerkung: »Wir haben uns bemüht und uns ja auch dafür eingesetzt, daß Sie freikommen, aber im Moment gibt es keinen Verhandlungsspielraum mehr...« begnügen.

Mit lauter klarer Stimme erzählte Gisela einem Millionenpublikum vor den west- und ostdeutschen Bildschirmen von ihrem Schicksal. Zum Schluß sagte sie: »Ich möchte Menschen oder die Adoptiveltern von Alexander bitten, mir zu schreiben, wo er ist, wie es ihm geht. Ich habe nie aufgehört, mir Sorgen um meinen Jungen zu machen. Als Kind hatte er sich verletzt und eine große Brandnarbe an der linken Hand behalten. Sie müßte auch heute noch ganz klar erkennbar sein. Bitte, wer etwas weiß, soll sich hier bei ›Report‹ melden! Danke!«

Gisela war skeptisch. Es mußte schon ein großer Zufall sein, wenn jemand, der Alexander kannte, die Sendung sah und dann auch noch in der Lage war, das Gesehene richtig zu kombinieren. Aber einen Versuch war es allemal wert.

Und das Wunder geschah!

Gleich am nächsten Morgen nach der Sendung riefen Schulfreunde von Alexander beim Sender an und gaben seine Adresse weiter. Die Redaktion schaltete sofort Bonn ein. Es stellte sich heraus, daß die Adresse stimmte. Rechtsanwalt Vogel übernahm die Vermittlungen. Aus Furcht, die internationale Presse würde sich nach Preisgabe von Alexanders Adoptivzuhause massiv mit dem Fall befassen, sollte jetzt auf einmal alles sehr schnell gehen.

Direkt vom Ministerium für innerdeutsche Beziehungen erhielt Gisela die Adresse und Telefonnummer der Adoptiveltern. Sie konnte es kaum fassen! So lange hatte sie gehofft, und jetzt lag die Verbindung zu Alexander zum Greifen nah. Sie hatte aus Bonn erfahren, daß inzwischen auch Rechtsanwalt Vogel mit den Adoptiveltern wegen Alexanders Übersiedlung verhandelte.

Fast eine Stunde lief Gisela um das Telefon herum. Sollte sie anrufen oder sollte sie die Ergebnisse der Verhandlungen abwarten? Aber sie hatte doch ein Recht als Mutter! Sie wollte nur einmal seine Stimme hören. Vielleicht war er am Apparat, wenn sie anrief. Was würde er sagen? Langsam wählte sie die Ostberliner Nummer. Erst meldete sich niemand. Dann nahm jemand den Telefonhörer ab, ohne sich zu melden.

»Bin ich mit Ostberlin verbunden?« fragte Gisela aufgeregt.

»Es gibt kein Ostberlin. Es gibt nur Berlin. Hauptstadt der DDR!« antwortete ihr eine barsche Männerstimme.

»Sind Sie Herr Valentin?« fragte sie mit schweißnassen Händen, die kaum noch den Telefonhörer halten konnten. »Sind Sie der Adoptivvater von meinem Sohn Alexander? Sie sind doch auch bereits informiert worden! Ich bin Alexanders Mutter und möchte gerne, daß wir uns mal kennenlernen. Vierzehn Jahre habe ich...«

»Alles wird über Professor Vogel geregelt!« unterbrach Herr Valentin das Gespräch und legte abrupt den Hörer auf.

»Hallo!... hallo! Sind Sie noch da?« Gisela glaubte, von der Vermittlung unterbrochen worden zu sein. Sie wählte nochmals und nochmals. Es dauerte fast eine Stunde, ehe sie wieder durchkam. Doch die Antwort blieb dieselbe.

Am nächsten Tag erfuhr sie über Bonn, daß sich Alexanders Adoptiveltern über ihre Anrufe geärgert hätten und sich belästigt fühlten. Sie wollten alles über die Ämter regeln. Typisch für Hundertfünfzigprozentige, dachte Gisela. Zum ersten Mal kam ihr der Gedanke, daß Alexander möglicherweise im Laufe seiner Erziehung ein treuer Genosse geworden war, der sie verachten könnte. Doch dieser Gedanke tat so weh, daß sie ihn erst einmal verdrängte. Hatte sie nicht allen Grund, sich zu freuen?

Es war schon nach elf Uhr abends, als sie sich an ihren kleinen Schreibtisch setzte, um sowohl Alexander als auch seinen Adoptiveltern einen Brief zu schreiben. Vielleicht war es geschickter, ihr Verlangen nach ihrem Sohn in Worten auszudrücken, als am Telefon herumzustottern. Was wußte Alexander schon von ihr? Sie mußte ihm alles erklären, ihm sagen, was sie dachte, was sie fühlte, was sie die ganzen Jahre erlebt hatte.

Sie schrieb:

28. 1. 89

Mein lieber, lieber Junge, mein lieber Alexander!
Erst seit wenigen Tagen weiß ich, wo Du bist. Seit dem 14. 6. 74 ist es das allererste definitive Zeichen. All die langen Jahre war es mir nicht möglich, irgend etwas über Dich in Erfahrung zu bringen und ich hatte mich so sehr darum bemüht! Ich bin jetzt außer mir vor

Freude, ich bin überglücklich, endlich, endlich wissen wir voneinander. Ich war 14 Jahre fest davon überzeugt, daß dieser Tag kommen wird – das war meine einzige und letzte Hoffnung. Jetzt ist der Tag gekommen, und ich bin so froh, so dankbar, so glücklich.

Nicht einen Tag warst Du für mich vergessen, vom Tag Deiner Geburt an galt meine ganze Liebe Dir, ganz tief in meinem Herzen habe ich Dich bewahrt. Am 13. 6. 74 wollte ich gemeinsam mit Dir illegal in einem Lastwagenversteck in die BRD gelangen. Dieser Fluchtversuch scheiterte, ich mußte für viereinhalb Jahre ins Gefängnis, ja, ich konnte Dich nie, nie wiedersehen.

Nach der Haftentlassung am 13. 12. 78 durfte ich nicht mehr in Berlin wohnen, ich lebte in Döbeln/Bezirk Leipzig. Ich kam dann sogar noch einmal für 2 Jahre und 2 Monate ins Gefängnis.

In all diesen Jahren waren meine Gedanken immer bei Dir, so oft träumte ich von Dir, immer sah ich Dich als kleinen blonden Lokkenkopf vor mir. Selbst Dein zartes Stimmchen hörte ich, ich sah Dein Spielzeug, ich sah Deine Kleidung – alles gedanklich. Ich hatte ein Fotoalbum über Dich angelegt, da bist Du auf vielen Fotos festgehalten bis zum Alter von 3 Jahren und 10 Monaten. Auch habe ich da vieles über Dich reingeschrieben, das Album ist mir bis heute geblieben, ich schaute es mir so oft an, auch wenn mir schwer ums Herz wurde. Seit dem 8. 7. 88 lebe ich in der BRD und wohne in Frankfurt.

Mein lieber Alexander, ich fühle jetzt so sehr mit Dir, ich kann mich so gut in Deine Lage versetzen, ich teile Dein Leid, Deinen Schmerz, aber wir wollen auch gemeinsam unsere Freude, die es letztlich ist, teilen.

Ich hätte es nie fertiggebracht, Dich in Deinem Unwissen über alles zu belassen, nein, ein wahres Leben kann nur auf Wahrheit beruhen, Du mußtest die Wahrheit erfahren, das ist meine moralische Verpflichtung als Mutter, als Mensch, als Freund. Wie bin ich froh, daß ich jetzt endlich die Möglichkeit dafür habe. Ich sehne den Tag herbei, an dem wir uns sehen und sprechen können. Ich bin fest davon überzeugt, daß Du mich kennenlernen willst, denn schon mit knapp vier Jahren hattest Du all meine Anlagen in Dir.

Ich wünsche Dir jetzt, daß Du Deinen wirklichen Gefühlen folgst. Die Höhen und Tiefen des Lebens, mein lieber Alexander, sind so süß und so bitter, wir haben keine Wahl, wir müssen da hindurch.

Ich umarme Dich mit der größten Liebe und Zärtlichkeit, und ich freue mich so sehr auf unser neues Kennenlernen.

Deine Dich liebende Mutter, die Dich endlich wiedergefunden hat!

Gisela fand am selben Abend auch noch die Kraft, Alexanders Adoptiveltern ein paar Zeilen zu schreiben. Sie wollte unbedingt, daß alles so harmonisch wie irgendmöglich vonstatten ging. Sie wollte kein Tauziehen um Alexander. Sie wollte versuchen, zu verstehen, was Adoptiveltern für ihren Zögling empfanden. Vielleicht wußten sie gar nicht um sein Schicksal.
Sie schrieb:

Frankfurt, 28. 1. 89

Sehr verehrte Frau und sehr verehrter Herr Valentin, ich bin Alexanders leibliche Mutter und liebe mein Kind vom Tag seiner Geburt an pausenlos. Die Fügung des Schicksals war leider so, daß ich Alexander seit dem 14. 6. 74 nicht mehr bei mir haben durfte. Mit meinem versuchten illegalen Grenzübertritt am 14. 6. 74 habe ich eine Straftat begangen, die aber in keiner Weise meine Liebe zu meinem Kind in Zweifel stellt.

Alexander wurde ohne mein Einverständnis zur Adoption freigegeben, ich wurde vor diese vollendete Tatsache gestellt. Bitte wissen Sie, das war die größte Strafe für mich, ich habe all die Jahre sehr darunter gelitten. Ich habe alles versucht, um mein Kind wiederzubekommen, es war leider niemals möglich. Dennoch habe ich den Kampf um Alexander niemals aufgegeben, ganz fest verwurzelt blieb in mir diese große Aufgabe bestehen. Ich klammerte mich an die große Hoffnung, daß die Natur aller Dinge siegen wird. Wenn es jetzt durch die »Report«-Sendung in der ARD nicht geschehen wäre, eines Tages hätte es Alexander doch erfahren.

Selbstverständlich habe ich seit meiner genehmigten Ausreise aus der DDR in die BRD am 8. 7. 88 alle Möglichkeiten hier genutzt, um Alexander zu finden. Ich hätte die Suche, den Kampf niemals aufgegeben. Mein Verhältnis zu Alexander war ganz innig, warm, herzlich, da ich nie verheiratet war, empfing er meine ungeteilte Liebe. Ich verantworte es, daß Alexander jetzt leider in so grobe Gewissenskonflikte gerät, in einer für sein junges Leben so schlimmen Situation steht, – das dient letztlich seiner Entwicklung auf einer ehrlichen, wahrheitsgemäßen Basis.

Ich hätte es nie verantworten können, ihm die Wahrheit vorzuenthalten. Jeder Mensch hat Recht und Anspruch auf das Wissen um seine natürlichen, leiblichen Eltern. Ich habe selbst eine Stiefmutter und kenne von mir meine großen Bedürfnisse, alles, alles über meine liebe Mutter zu erfahren.

Ich weiß nicht, ob Sie vor der Adoption von Alexander über die Vorgeschichte informiert waren. Waren Sie es nicht, dann verstehe ich jetzt gut Ihre Situation, ich kann mich in Ihre Lage versetzen, und ich mache mir auch sehr viele Gedanken über Sie. Ich gehe davon aus, daß Alexander bei Ihnen ein schönes, geborgenes Zuhause hatte und hat und dafür danke ich Ihnen sehr herzlich.

Bitte sprechen Sie es mir nicht ab, daß ich Alexander sehr liebe, daß ich mich weiterhin als seine Mutter fühle. All meine Sehnsüchte und Wünsche können Sie sicher erahnen. Wir befinden uns jetzt alle in einer sehr schlimmen Situation, und ich wünsche mir, daß es eine gute Lösung geben wird, eine gütliche Einigung. Zwingen Sie bitte Alexander zu nichts. Lassen Sie ihn ganz frei entscheiden. Geben Sie ihm bitte die Möglichkeit, daß er mich persönlich kennenlernen kann. Natürlich bin ich in großer Sorge um seine derzeitige Gesundheit, um seine schulischen Leistungen, aber ich glaube, ich kann mich auf Ihre Fürsorge verlassen. Ich habe niemals diese Tragödie gewollt, aber ich habe auch niemals aufgehört, Alexanders Mutter zu sein.

Ich rechne da mit Ihrem Verständnis.

Ihre Gisela Mauritz.

Zufrieden legte sich Gisela gegen ein Uhr früh ins Bett. Gleich morgen wollte sie die Post aufgeben. Es mußte so sein, daß alles gut ging.

In einer Woche sollte sie ihre Kur in Wildbad antreten. Sie hatte Erholung bitter nötig. Und wenn erst alles geregelt war mit den Ämtern, würde sie endlich Alexander sehen. Mit dem Gedanken daran, wie er wohl jetzt aussehen würde, was er jetzt wohl fühlte, wie sie sich das erste Mal umarmen würden, schlief sie erschöpft ein.

In der kommenden Woche verlief alles angespannt hektisch zwischen Bonn, Berlin und Frankfurt. Gisela bestand auf einem raschen Treffen. Sie hielt es nicht mehr aus, wollte Alexander sehen, zumal ihre Briefe unbeantwortet blieben und ihr noch nicht mal ein Bild von ihm geschickt wurde. Kein einziges freundliches Wort hatte sie bislang von den Adoptiveltern gehört. Und Alexander? Ob man ihm überhaupt den Brief zu lesen gegeben hatte?

Es waren ein paar Zentimeter Schnee gefallen, als Gisela in Wildbad ihre Kur antrat. Die nötige Ruhe hatte sie nicht, um hier einmal richtig von ihrem Leben ausspannen zu können. Zu vieles stürzte auf sie ein. Aber ein Klimawechsel tat ihr gut. Gisela atmete tief durch, als sie sich mitten im Schwarzwald in dem hübschen Kurhotel Panoramablick in Zimmer vierundzwanzig einquartierte. Sie hatte ein großes Appartement mit einem Balkon, von dem aus sie über Wildbad und die dahinterliegenden Berge des Schwarzwalds blicken konnte. Es war wie im Paradies. Der sprichwörtliche goldene Westen roch hier würziger und klarer als in den Städten. Gisela hatte Vollpension. Sie brauchte sich um nichts kümmern. Hatte nur das übliche Kurprogramm zu absolvieren. Schwimmen gehen, zweimal in der Woche einen Arztbesuch und viel spazierengehen. Trotz all dieser Ablenkungen war Giselas Nervosität nicht in den Griff zu bekommen. Sie hatte immer Angst, etwas zu vergessen oder etwas Wichtiges zu verpassen. Sie setzte sich permanent unter Druck, obwohl sie gleichzeitig erfaßte, wie unsinnig es war. Nichts würde schneller, nichts würde besser gehen, wenn sie sich und die Umgebung verrückt machte! Doch ein innerer Motor trieb sie an und ließ alles in ihr vibrieren. Mindestens sieben Mal am Tag fragte sie den Portier, ob es keine Nachricht für sie gebe. Am liebsten hätte sie den Telefonhörer Tag und Nacht nicht verlassen, nur um da zu sein, wenn sich Alexander meldete.

Glücklicherweise hatte sie bereits am zweiten Abend während des Essens einen freundlichen Herrn kennengelernt, der so viel Ruhe ausstrahlte, daß sie sich ein wenig anstecken ließ. Er war durch einen Schlaganfall zum Frührentner geworden und kurierte hier sein Leiden aus. Für Giselas Probleme brachte er sehr viel Verständnis auf und konnte tiefer mit ihr empfinden als andere. Sie fühlte sich schon bald zu ihm hingezogen. Es machte ihr Freude, den Tag mit ihm zu erleben. Er lenkte sie vom vielen Grübeln ab.

Ein Mann, der nichts forderte, für den man sich nicht zu verstellen brauchte, der zuhören konnte. Ein Mann, dem man ganz einfach Vertrauen schenken konnte. Eben ein Freund, mit dem es Spaß machte, seine Sorgen und Nöte, aber auch alles Vergnügliche zu teilen. Jürgen hatte auch vollstes Verständnis für ihre Situation als Mutter und versprach ihr, bei allem, so weit es in seiner Macht stand, behiflich zu sein.

»Gemeinsam läßt sich alles leichter ertragen«, pflegte er zu sagen. Er war seit fünf Jahren Witwer, hatte seine krebskranke Frau länger als zwei Jahre bis zu ihrem Tod gepflegt und kannte sich darin aus, andere zu trösten.

Am zwölften Tag ihres Wildbad-Aufenthaltes kam endlich der ersehnte Anruf aus Bonn. Man hatte sich geeinigt. Für den Mittwoch in der letzten Februarwoche war der erste Begegnungstermin mit Alexander geplant. Gisela sollte nach Ostberlin in Vogels Kanzlei kommen. Dort sollte das Gespräch stattfinden.

Noch nie in ihrem Leben hatte sie so sehr einem Tag entgegengefiebert wie diesem Mittwoch. Sie bestellte sich gleich ein Flugticket. Für zwei Uhr nachmittags war der Termin angesetzt. Ein Beamter vom »Innerdeutschen« würde sie begleiten.

»Soll ich mitkommen?« fragte Jürgen besorgt. Er hatte Angst, daß Gisela nervlich dem nicht gewachsen war. Doch sie lehnte entschieden ab.

»Nein, da muß ich allein durch! Ich will mich ganz auf Alexander konzentrieren. Es ist ein wahnsinniges Gefühl, ich kann es kaum beschreiben. Aber ich muß alleine sein. Ich habe in meinem Leben schon so viel durchgestanden, da soll ich dieses freudige Ereignis nicht packen? Ich bin so glücklich, Jürgen! Es ist, als ob mir in der letzten Zeit der Himmel in den Schoß fällt.«

Sie nahm seine Hände in ihre. »Du bist ein wunderbarer Mensch, und wenn ich dir jetzt sage, daß ich dir für all dein Mitgefühl danke, dann versteh das bitte nicht als Abschiedswort, sondern als ernst gemeinten Antrag meinerseits, auch weiterhin mit dir zusammen sein zu wollen. Auch wenn Alexander jetzt wieder in mein Leben tritt, wenn du es wirklich möchtest, können wir weiterhin Freunde bleiben. Was meinst du?«

Jürgen schmunzelte. »Abgemacht! Es ist doch ganz schön mit uns!«

Gisela blickte ihm tief in seine großen grau-grünen Augen, die ihr von Anfang an so sympathisch waren.

»Ich fühle mich unglaublich wohl bei dir und richtig geborgen. Du hast mir etwas in dieser kurzen Zeit gegeben, wonach ich Jahrzehnte gesucht habe, was ich mir immer mit Alexander aufbauen wollte. Ein Zuhause. Wenn Alexander zu mir ziehen möchte, brauche ich ohnehin eine größere Wohnung. Warum nicht in der Nähe von Stuttgart! Dann können wir uns häufiger sehen.«

»Und ich werde dir behilflich sein!«

Gisela nahm den frühesten Flug nach Berlin. Jürgen hatte sie zum Flughafen gebracht. Sie hatte weder gefrühstückt noch eine Tasse Kaffee zu sich genommen. Im Flugzeug ließ sie sich ein Glas Fruchtsaft geben. Vierzehneinhalb Jahre waren es her, seit Alexander ihr das letzte Mal zugewinkt hatte. Ob er sich noch erinnerte? Was sollte sie anfangs sagen? Durfte sie ihn gleich umarmen? Oder mußte sie ihm erst Zeit lassen? Würde er sich vielleicht an alles erinnern, wenn er sie sah. Könnte das einen Schock in ihm auslösen? Gisela machte sich tausende Gedanken und erwartete voller Ungeduld den Nachmittag. Vorher wollte sie noch etwas in Westberlin einkaufen gehen, was dem Jungen vielleicht Freude macht. Nicht zuviel, daß es nicht wie die Konsummutter aus dem Westen aussieht, aber auch nicht zu wenig, damit er spürte, daß sie sich um ihn und seine Wünsche Gedanken machte. Sie hatte sich erkundigt.

Walkmen, Taschenrechneruhren und kleine Computerspiele waren bei den Jugendlichen im Augenblick der Hit. Dann kaufte sie ihm eine Stange Zigaretten. Sie hatte über Bonn erfahren, daß er raucht.

In der Kanzlei ging alles sehr schnell und sehr amtlich. Alexander saß schon mit seinem Adoptivvater im Besprechungszimmer.

»Bitte«, führte sie Anwalt Vogel ins Zimmer.

»Sie werden ihn kaum wiedererkennen. Er ist ein Riese!«

»Das war er schon bei seiner Geburt«, gab Gisela zurück.

Dennoch blieb ihr im ersten Augenblick das Herz stehen, als sie ins Zimmer trat. Vor ihr saß kein Junge mehr, sondern ein ausgewachsener, reifer Mann. Vielleicht lag es an Alexanders Größe und Breite, daß er noch älter wirkte.

Sie blieb mitten im Zimmer stehen. Überall zuckte es in ihrem Gesicht, an ihrem Körper.

Alle drei waren zunächst stumm.

Vogel hatte sie bewußt allein gelassen.

Gisela hätte auf Alexander zurennen mögen, ihn umarmen, ihn um Verzeihung bitten, ihn nicht mehr loslassen mögen, doch alles sträubte sich in ihr, jetzt eine dramatische Situation heraufzubeschwören. Sie mußte in erster Linie an Alexander denken. Durfte ihn nicht gleich mit ihrer Liebe erdrücken.

Er schaute sie an wie eine Fremde.

Mit unterdrückten Tränen in der Stimme reichte sie ihm zitternd die Hand: »Ich bin Gisela, deine...« – sie stockte – »deine Mutter... Ach, bitte entschuldige!« Sie drehte sich um und weinte hemmungslos. Sie wollte es nicht, hatte sich so fest vorgenommen, alle Gefühle zu beherrschen, aber es war nicht zu unterdrücken.

Sie fühlte sich von Alexander beobachtet, angestarrt. Er schien sich überhaupt nicht zu erinnern. Blieb nur stumm neben seinem Adoptivvater sitzen.

»Sie müssen ihn verstehen«, schaltete sich jetzt der Adoptivvater ein. »Es ist nicht einfach für ihn.«

Gisela hatte sich wieder gefaßt.

»Kann ich alleine mit ihm sprechen?«

»Fragen Sie ihn! Er ist alt genug!« sagte Valentin, indem er sich nervös mit der Hand über den Kopf strich. Er war schon über fünfzig, hatte graue, leicht gewellte Haare und trug eine kantige dunkelbraune Hornbrille. Er wirkte nicht ausgesprochen sympathisch, aber auch nicht unangenehm. Wie ein ganz normaler Durchschnittsbürger.

»Ja, ich habe nichts dagegen«, antwortete Alexander und bat ebenfalls seinen Vater, den Raum zu verlassen.

Endlich allein! Gisela war erleichtert.

Sie startete einen neuen Versuch, sich ihm zu nähern und reichte ihm die Hand. »Ich bin wirklich sehr glücklich, Alexander, daß es zu diesem Treffen gekommen ist. Ich kann dir nicht sagen, wie ich mich fühle. Es ist, als ob mir mein Kopf platzt! Ich will dir alles sagen, will ausdrücken, wie sehr ich für dich all die Jahre empfunden habe, aber ich habe Angst, dich mit meiner Anwesenheit zu verletzen. Hast du meinen Brief bekommen?«

Alexander schüttelte den Kopf. Er sagte fast nichts. Hatte nur diesen fragenden, ja mißtrauischen Blick in den Augen.

»Alexander, bitte, sag mir, kannst du dich nicht mehr an damals erinnern? An unsere Wohnung, deinen Kinderhort, an die Flucht im Lastwagen?«

»Nein, ich weiß davon nichts!«

Gisela war von diesen Worten schwer getroffen. Ihr eigener Sohn konnte oder – wollte sich nicht an seine Mutter erinnern.

»Das ist sehr traurig, sehr schade. Dann habe ich dich mit meiner Suche nach dir sozusagen überrumpelt!«

»Ich weiß nicht!« sagte er schüchtern.

»Glaubst du mir etwa nicht?«

»Doch!«

»Hast Du meinen Brief erhalten?« wiederholte sie sich.

»Nein! Das hast du schon mal gefragt!«

»Entschuldige!«

»Haben dir deine Adoptiveltern nichts von mir erzählt?«

Alexander spielte nervös mit seinen Händen und vermied es, Gisela direkt anzusehen.

»Doch!«

»Und was haben sie dir erzählt?«

»Nicht viel. Nur, daß es stimmt mit der Adoption.«

»Sonst nichts?«

Jetzt blickte Alexander zum ersten Mal seiner Mutter voll ins Gesicht. Er hatte wie sie große blaue Augen, die Statur und die buschigen Augenbrauen hatte er eindeutig von seinem Vater geerbt. Um den Mund herum glich er sehr seinem Großvater. Aus seinen Augen konnte Gisela nur wenig Gefühle erkennen. Er schien durch sie durchzublicken.

»Sie haben mir erzählt, daß du versucht hättest, mich zu töten, um dann im Westen ein bequemes Leben zu führen. Es wäre die Pflicht des Jugendamtes gewesen, mich zu schützen; ich bin dann wohl in ein Heim nach Berlin-Pankow gekommen, und da haben mich meine jetzigen Eltern kennengelernt.«

Gisela wurde schlecht bei dem Gedanken, wie verzweifelt der junge Mann sein mußte, der jetzt vor ihr saß. Man hatte nicht nur sie belogen und betrogen! Jetzt versuchte man alles, sie als leibliche Mutter madig zu machen. Alexander sollte sie hassen!

Hastig holte sie aus ihrer Reisetasche das alte Fotoalbum mit den Kinderbildern Alexanders.

»Hier, schau dir das in Ruhe an. Glaubst du, so beschreibt eine Mutter ihr Kind, das sie töten will. Ich wollte mit dir gemeinsam fliehen, aber sie haben uns geschnappt. Das ist die Wahrheit. Dann haben sie uns getrennt.«

Alexander blätterte in dem Album. Er wirkte im Gegensatz zu Gisela immer noch ruhig und gelassen.

»Hast du schon mal über deine Zukunft nachgedacht?« fragte Gisela vorsichtig. »Was machst du zur Zeit?«

»Ich habe eine Lehrstelle als Koch.«

»Als Koch!« wiederholte Gisela. Was wußte sie schon von ihrem Sohn. »Du hast auch eine Freundin.«

»Ich habe viele Freunde, auch Freundinnen!« antwortete Alexander.

»Hast du denn ab und zu Interesse, dich mit mir zu treffen? Nicht unbedingt hier und so förmlich. Ich könnte dir ein bißchen erzählen... aber es hätte natürlich keinen Zweck, wenn ich dich nur belästige!«

Alexander starrte vor sich auf den Boden und spielte mit den Händen.

»Ja, warum nicht. Vielleicht lassen sie mich mal rüber. Dann kann ich dich besuchen.«

Gisela strahlte. »Das ist auch dein Wunsch?«

»Ja, warum nicht!« wiederholte er.

Sie plauderten noch eine Weile über seine Schule, über sein Zimmer, seine Hobbies, ehe Gisela ihm die Tüten gab und sich von ihm wieder verabschieden mußte.

»Darf ich?« fragte sie, bevor sie Alexander umarmte. Sanft schob sie ihren zarten Körper an den des wiedergefundenen Sohnes. Sie umfaßte ihn an der Taille und lehnte für kurze Zeit ihren Kopf an seine Schulter.

Er erwiderte ihre Umarmung nicht, ließ es aber geschehen.

»Ich kann es kaum fassen! Als ich dich das letzte Mal sah, konnte ich dich noch auf den Arm nehmen und jetzt reiche ich dir gerade bis zur Schulter. Mach's gut und schreib mal«, löste sie sich wieder von ihm. »Es war wirklich die größte Freude für mich seit vierzehn Jahren, dich wiederzusehen und zu wissen, daß du gesund bist und daß es dir gut geht. Bist du mir auch nicht böse, daß ich so spontan bin, daß ich dich habe suchen lassen?«

»Nein, wieso denn?« antwortete er knapp.

Als Gisela wieder im Flugzeug zurück nach Stuttgart saß, ließ sie die Begegnung pausenlos vor sich ablaufen.

So lange hatte sie gewartet, daß er sich freut, seine Mutter zu sehen, dachte Gisela. Aber war das ein Wunder, entschuldigte sie die Gefühlskälte ihres Sohnes. Er hatte seine Mutter ja schließlich als böse geschildert bekommen, als Rabenmutter, die ihren Sohn opfern wollte, um in den Westen zu gelangen.

Gisela war froh, daß sie von Jürgen am Flughafen erwartet wurde. Er würde ihr jetzt helfen, alles zu verkraften.

»Wie war es?« fragte Jürgen.

Gisela seufzte. »Ich denke, wir müssen uns erst aneinander gewöhnen. Alexander ist ein großer, breiter Mann geworden, und ich kann nicht auf Anhieb von ihm verlangen, daß er mich als seine Mutter anerkennt. Beziehungen bauen sich im Alltag auf, nicht wenn man getrennt ist.«

»Was habt ihr vor?«

»Wir werden uns besuchen, so oft er mag und so oft es geht. Er hat eine Lehre als Koch angefangen. Die sollte er vielleicht erst mal beenden. Vielleicht gelingt es uns, ein gutes Verhältnis aufzubauen. Ich möchte die Adoptiveltern nicht übergehen, aber sie sollten auch ein wenig mehr für meine Belange Verständnis zeigen. Der Vater ist so ein alter grimmiger Preuße, du weißt schon. Korrekt bis zum Scheitel, aber ohne Wärme. Er wirkt sehr streng, eigentlich völlig unzugänglich. Ich weiß nicht, was werden wird.«

»Und wenn Alexander zu uns kommt?«

»Zu uns?«

»Na ja, ich habe mir überlegt, während du weg warst – ich habe eine Fünf-Zimmer-Wohnung ganz alleine für mich – da hätte ich schon Platz für euch. Für jeden ein Zimmer, wenn ihr wolltet. Du bräuchtest keine Miete zu zahlen, mir nur ab und zu den Haushalt führen und mal was kochen. Und wer weiß, vielleicht wollen wir ohnehin eines Tages zusammen sein.«

Gisela verschlug es fast die Sprache.

»Also, Jürgen, ich bin überwältigt. Das ist ein überaus großzügiges Angebot, und ich kann da kaum nein sagen. Hast du dir das auch reiflich überlegt?«

»Hätte ich dich sonst gefragt?«

»Danke! Du bist wirklich ein guter Mensch. Ich weiß, wovon ich spreche. Was allerdings Alexander angeht, so denke ich, müssen wir ihm die Entscheidung überlassen. Wir dürfen ihn zu nichts drängen! Ich habe den Eindruck, der Junge ist gerade ohnehin in einer schwierigen Phase, da dürfen wir ihm nichts aufzwingen. Er muß von alleine den Wunsch in sich spüren, zu seiner Mutter zu wollen. Sonst quäle ich ihn nur. Und das will ich am wenigsten. Er sollte die Wahrheit wissen, um entscheiden zu können, aber alles andere liegt jetzt zum großen Teil auch an ihm.«

Doch in Bonn und vor allem in Berlin dachte man anders. War der »Fall« erst mal publik, mußte er auch so schnell wie möglich gelöst werden.

Vor allem in der DDR hatten viele Angst davor, daß die Geschichte um die Zwangsadoption mehr als nötig aufgebauscht und die internationale Presse nach Ostberlin pilgern würde, um Alexander aufzusuchen. Das hätte dem Ansehen der DDR vor ihrer Vierzigjahrfeier schlecht zu Gesicht gestanden. Honeckers so häufig gepriesene humane Gesellschaft in der sozialistischen DDR hätte Kratzer bekommen. Das mußte im Vorfeld vermieden werden. Deshalb sollte Alexander so schnell wie möglich über die Grenze, damit seine leibliche Mutter Ruhe gab.

Am zehnten April 1989 erhielt Gisela einen Anruf vom Bundesministerium für innerdeutsche Beziehungen. Sie solle am Abend zu Hause bleiben wegen eines wichtigen Telefonats, das Alexander betreffe. Näheres wollte man ihr am Telefon nicht sagen. Gisela war überzeugt, daß sie am Abend von Alexander erfahren würde, wie er sich entschieden habe. Mit Jürgen war schon alles geklärt. Ab Mai konnte sie in seine Wohnung einziehen. Mit oder ohne Alexander, das war ihm egal. Sie hatte ihre Wohnung in Frankfurt bereits gekündigt.

Gisela saß in dem kleinen Zimmer wie auf Kohlen neben dem Telefon. Nun los, klingel doch schon, dachte sie immer wieder. Doch es tat sich nichts. Sie schaltete die Sieben-Uhr-Nachrichten ein, extra leise, damit sie das Klingelzeichen nicht verpaßte. Hatte sich da jemand vom Amt einen Scherz mit ihr erlaubt? Doch kurz nach zwanzig Uhr klingelte es. Allerdings nicht das Telefon, sondern an der Haustür.

Gisela öffnete, obwohl sie sonst so spät niemanden mehr erwartete.

Alexander und sein Vater standen in der Tür. Sie war im Augenblick so entsetzt, daß sie ganz vergaß, die beiden hereinzubitten. Wieso Alexander hier? Wieso hatte ihr niemand Bescheid gesagt?

»Kommt rein«, sagte sie hastig. »Seid ihr mit dem Auto gefahren?«

»Nein, mit dem Zug!« brummte Alexanders Adoptivvater. »Ich hatte den Auftrag, Alexander abzuliefern, und das tue ich hiermit. Ich habe Ihnen hier eine Erklärung schriftlich mitgegeben. Ich hoffe, Sie sind jetzt zufrieden!«

Gisela war ganz durcheinander. Sie gab ihren Gästen etwas zu trinken, wollte noch ein Brot richten, doch Herr Valentin lehnte ab. Er brauche jedoch dringend eine Unterkunft, da der Zug zurück nach Berlin erst morgen früh fahre.

Gisela schaute sich um. Wo sollte sie zwei erwachsene Männer in ihrer Stube unterbringen. Und nach Stuttgart zu Jürgen war es zu weit.

Sie gab Herrn Valentin einhundert Mark und telefonierte die Frankfurter Hotelliste durch. In einer Pension am Rand von Frankfurt war noch ein Zimmer frei. Er fuhr mit dem Taxi davon, ohne sich nochmals von Alexander verabschiedet zu haben.

Alexander hatte nur eine kleine Reisetasche bei sich. Da standen sie nun in Giselas Frankfurter Appartement. Mutter und

Sohn. Doch es war alles ganz anders, als Gisela es sich erträumt hatte.

Während Alexander ins Bad ging, um sich frisch zu machen, las sie die Erklärung, die Herr Valentin auf den Tisch gelegt hatte.

Erklärung

Im Oktober 1975 übernahmen wir einen verschüchterten, lispelnden, daumenlutschenden, mit deformiertem Gebiß, über den »großen Onkel« laufenden Alexander. Nach 13½ Jahren übergeben wir der leiblichen Mutter einen 18½jährigen gesunden, wohlgestalteten jungen Mann. Mit Liebe, Sorgfalt und angebrachter Strenge wurde er von seinen Adoptiveltern aufgezogen. Seine Vergangenheit war ihm nicht bewußt.

Alexander wurde alle materielle, finanzielle und moralische Unterstützung gegeben, um ihn körperlich und geistig zu einem fleißigen, disziplinierten und willensstarken Menschen werden zu lassen.

Über alle Maßen hinausgehende Hilfe und Unterstützung hat er besonders von seiner Klassenlehrerin, der Schuldirektorin und der Lehrmeisterin erfahren. Die gut gemeinten Ratschläge beherzigte er jedoch meist nicht, so daß ohne starke Intervention er den Zehnklassenabschluß nicht und keine Kochausbildungsmöglichkeit erhalten hätte.

Gravierend in unserem Leben war der einseitige Eingriff seiner leiblichen Mutter durch den Fahndungsaufruf im Fernsehen der BRD. Friede, Eintracht und Verständnis wurden irreversibel gestört.

Im Interesse des Heranwachsenden, unseres Jungen, der in einem Dreiecksverhältnis und dazu noch im Spannungsfeld Ost-West keine gedeihliche Entwicklung erfahren würde, sind wir mit seiner Übersiedlung in die BRD einverstanden.

Dieser uns aufgezwungene Entschluß fiel uns sehr schwer. Wir wünschen Alexander, der aus einer behüteten, sozial gesicherten Umwelt in eine turbulentere, ideell total anders orientierte Welt überwechselt, Gesundheit, Arbeit und Fortkommen.

An seinem beruflichen und familiären Werdegang sind wir natürlich als nach wie vor bleibende Adoptiveltern interessiert und werden die gegebenen Möglichkeiten des wechselseitigen Besuches, dem von G. Mauritz nichts in den Weg gelegt werden sollte, Gebrauch machen.

Alexanders Wunsch ist es, ohne seine persönlichen Sachen auszureisen. Er verschenkte oder verkaufte sie.

Berlin, 9. 4. 1989
Monika und Dr. Hansjoachim Valentin

Verärgert legte sie das Schreiben schnell beiseite.

»Ja, setz dich, Junge, das ist ja nun alles sehr turbulent. Warum hat mir keiner etwas gesagt? Ich hätte dich so gern am Bahnhof abgeholt. Ist das nicht entsetzlich, da warte ich über vierzehn Jahre auf dich, und dann wirst du mir so einfach durch die Tür geschoben? Hier, willst du?« bot sie ihm eine Zigarette an. Er griff zu und setzte sich. Sie schmierte ihm ein paar Brote.

»Wir werden nicht hier bleiben. Ein Freund von mir gibt uns zwei Zimmer in seiner Wohnung ab. Eins steht dir alleine zur Verfügung. In der Nähe von Stuttgart. Wir werden dann schauen, ob wir eine Lehrstelle für dich bekommen. Köche brauchen sie doch überall.« Gisela setzte sich zu ihm. »Alexander, freust du dich denn ein bißchen?«

Er sah sie immer noch mit diesen fremden Augen an, blickte mißmutig in die Runde und redete wenig. Sie senkte ihren Blick. Dann begann er schnell zu sprechen:

»Sie wollten, daß ich gehe. Ich bin nicht freiwillig gekommen. Das mußt du wissen. Ich habe in Berlin gelebt. Ich weiß überhaupt nicht, was ich hier soll!« brüllte er auf einmal los und ging mit schnellen Schritten durch den Raum, wobei er sich im Kreis drehte, weil alles so klein war und seine Beine so lang.

»Kannst du mir sagen, was ich hier soll?« blieb er anklagend vor Gisela stehen.

Jetzt fehlten Gisela die Worte. Ihr Magen krampfte sich zusammen. Sie schlug ihre Hände vors Gesicht und bebte am ganzen Körper. Das hätte Alexander nie sagen dürfen! So lange waren sie getrennt! Warum begriff er nicht?

»Hätte ich still sein sollen, mein restliches Leben so leben, als hättest du nie für mich existiert, als hätte ich dich nie geboren?« schrie sie voller Verzweiflung zurück.

Alexander nahm sich noch eine Zigarette.

»Vielleicht wäre es besser gewesen. Für mich bestimmt! Ich weiß wirklich nicht, was ich hier soll! Ich bin hier allein. Ich kenne doch niemanden. Du sitzt da und behauptest, meine Mutter zu sein. Meine Eltern sagen mir, das stimmt – aber du hättest mich schlecht behandelt. Ich selbst kann mich an nichts mehr erinnern. Dann lauern überall irgendwelche Fotografen und Kameras herum. Ich werde vorgeführt wie im Zoo. Das kann doch alles nicht wahr sein. Begreifst du denn nicht, daß du fremd für mich bist? Was ist schon ein Fotoalbum!«

»Hör auf!« schrie Gisela hysterisch. »Hör auf! Ich will das nicht hören!« hielt sie sich die Ohren zu. »Kannst du denn nicht wenigstens versuchen, auch mich zu verstehen?«

»Du hättest ja nicht abzuhauen brauchen, dann wäre das alles nicht passiert! In der DDR kann man auch leben! Wenn dir wirklich so viel an mir gelegen hätte, wie du immer gesagt hast, wärst du dortgeblieben!«

»Aber ich habe doch nicht gewußt, daß sie einem die Kinder wegnehmen, wenn die Flucht nicht klappt! Glaubst du denn, das hat irgend jemand gewußt?« verteidigte sie sich.

Von ihrem eigenen Sohn mußte sie sich solche Vorwürfe an ihrem ersten gemeinsamen Abend gefallen lassen. Um die Situation noch zu verschlimmern, sagte er: »Ich habe nie den Namen Mauritz getragen, und ich werde ihn auch nie tragen! Ich heiße Alexander Valentin, und daran wird sich auch nichts ändern. Ich habe einen Vater und eine Mutter, die sich um mich kümmerten. Ich bin nicht toll mit denen ausgekommen, aber ich habe da gelebt, bin da groß geworden, hatte da meine Freunde.«

Gisela glaubte, der Boden unter ihren Füßen schwankte. Alles drehte sich im Zimmer.

»Du willst mich kränken, beleidigen, weil du glaubst, ich hätte dir etwas weggenommen. Aber das stimmt nicht! Ich wollte nie, daß alles so abrupt, so endgültig für beide Seiten geschieht. Ich wollte dir nur mitteilen«, sie schluchzte von neuem los, »daß es mich gibt und was geschehen ist.«

»Ist ja gut«, brummte Alexander. »Wo soll ich schlafen? Ich bin müde!«

Gisela gab ihm ihr Bett. Sie würde die Nacht mit einer Decke auf der Couch verbringen.

Alexander schlief bald ein. Gisela konnte kein Auge zumachen. Der Zigarettenqualm brannte ihr im Gesicht. Es war alles wie ein Alptraum. Da lag er nun. Groß, breit, mächtig in ihrem Bett. Ihr Sohn. Ausgewachsen. Ein Mann.

Sie dachte an damals. Als sie abends noch neben seinem Bettchen stand, bis er eingeschlafen war. Das kuschelige Sandmännchen mit der Spielmelodie »Guter Mond, du gehst so stille.« Hatte sie sich vielleicht wirklich all die Jahre etwas vorgemacht? Hatten sich Alexander und sie so auseinandergelebt, daß nie mehr eine vertraute Beziehung möglich sein konnte? War das wirklich denkbar? Nein! Das durfte nicht sein! Als sie zu ihm rüberblickte, lag er ihr mit dem Rücken zugewandt da.

Alexander! Laß es uns versuchen! Bitte! Mit diesem Wunsch schlief auch sie im frühen Morgengrauen ein.

Als sie am nächsten Morgen aufwachte, war es schon kurz vor neun. Sie erschrak, weil Alexanders Bett leer war. War er etwa weggelaufen? Er würde sich hier gar nicht auskennen! Dann hörte sie den Kaffeeautomaten laufen. In dem Moment ging die Haustür auf, und Alexander trat mit einer Tüte frisch duftender Brötchen herein.

»Na, ausgeschlafen?« fragte er fröhlich. Gisela fiel ein Stein vom Herzen. Sie sah Alexander zum ersten Mal lächeln.

»Du bist schon munter?« fragte sie erstaunt. »Und schon fleißig?«

»Ja, es tut mir leid wegen gestern abend. Ich war ein bißchen grob. Die lange Zugfahrt. Ich habe heute morgen dein rotgeweintes Gesicht gesehen, und dann...«

Alexander wurde verlegen, seufzte schwer, ehe er es los wurde. »Gisela, ich wollte dir nur sagen, irgendwie packen wir das schon.«

Gisela nickte und griff nach der Hand ihres Sohnes. »Bestimmt!«

Rückschau 1991 – Jutta Gallus

»Rein menschlich haben wir uns von Anfang an außerordentlich gut verstanden. Als hätte es nie diesen großen gewaltigen Bruch gegeben. Wir besprachen alles gemeinsam, erledigten zusammen den Haushalt und legten viel Wert auf eine abwechslungsreiche Freizeitgestaltung. Wir hatten ja so viel nachzuholen! Das einzige Problem! Die Geschäfte, vor allem die Boutiquen in München waren so verlockend, daß man geneigt war, über seine Verhältnisse zu leben. Und ich als Alleinverdienerin hatte mit zwei erwachsenen Töchtern, die noch in der Ausbildung standen, eine Menge zu tun. Aber wir hatten und haben immer viel Spaß zusammen. Haben viel unternommen, waren im Urlaub, haben uns sogar eine Traumreise in die Vereinigten Staaten und ins Disneyland geleistet. Mit zwei großen Plüschmäusen im Schlepptau. Jetzt hoffe ich, daß beide Mädchen nach mittlerweile abgeschlossenem Abitur mit ihrer Berufswahl glücklich werden. Beate möchte Choreographin für modernen Tanz werden, Claudia hängt an der Modebranche. Sie versucht, irgendwo als Designerin unterzukommen. Talent haben beide, wie ich als stolze Mutter feststellen konnte. Ich selbst sehne mich nach ein bißchen mehr Ruhe, nicht mehr so viel Streß bei der Arbeit. In den letzten zehn Jahren meines Lebens hatte ich beispielsweise nie Zeit, mich auf einen neuen Lebenspartner zu konzentrieren. Das möchte ich jetzt nachholen. Politisch gesehen, sind wir alle drei froh über diese Entwicklung. Das war wirklich höchste Zeit. Dieser Staat DDR hat doch nur existiert, weil viele Menschen gut bis sehr gut dafür bezahlt wurden, den Rest der Bevölkerung zu unterdrücken. Vielleicht gab es auch ein paar, die an den ganzen ideologischen Klimbim geglaubt haben, aber das war eine verschwindende Minderheit. Wohl das Geheimnis jeder Diktatur. Ich wünsche niemandem, so etwas zu erleben. Hoffentlich haben die Deutschen das jetzt überwunden. Aber aufpassen müssen wir alle! Jederzeit! Nicht vergessen möchte ich, mich an dieser

Stelle bei allen zu bedanken, die uns so tatkräftig unterstützt haben. Ohne Solidarität sind Menschen in Not verloren! Das haben wir selbst erfahren!«

Mit dieser Widmung möchte ich Euch für die
tapfere Geduld während der – unendlich langen –
Trennungszeit danken

In Liebe

Eure Mami

Jutta

Rückschau 1991 – Gisela Mauritz

»Anfangs war es eine schlimme Zeit für uns! Alexander tat wirklich alles, um mich zu kränken. Wie ein Soldat verteidigte er oft den Osten, die Mauer und das Regime.

Er gab mir an allem die Schuld. Wie oft fragte ich mich, weshalb mich das Schicksal so sehr bestrafte!

Aber es war dieses Regime, das mit jener grausamen Entscheidung, uns zu trennen, alles verzerrt hatte.

In dem Jungen war ein Chaos. Er hat mich gequält, weil er selbst gequält war! An manchen Tagen hätte ich mir sogar gewünscht, daß er wieder zurückgeht. Dennoch würde ich immer wieder so handeln. Mein Kind suchen.

Ich hätte nie anders handeln können. Und jetzt, nach zwei Jahren, haben wir zueinander gefunden. Alexander bringt es zwar noch nicht über seine Lippen, mich als Mutter zu bezeichnen, aber er hat viel Vertrauen zu mir und hat sich freiwillig für mich entschieden. Er weiß jetzt durch die ganzen Vorgänge nach der Grenzöffnung, wie sehr man auch ihn betrogen und belogen hat. Es tut ihm sogar leid, wie er sich verhalten hat. Aber ich gebe dem Jungen keine Schuld. Schuld sind jene, die solche Zwangsadoptionsgesetze befohlen und durchgeführt haben. Sie müssen zur Verantwortung gezogen werden! Sie müssen ihre Verbrechen bekennen! Das ist unser gemeinsamer Wunsch. Wir beide sind Opfer. Jeder auf seine Art. Wir haben die Lasten der Vergangenheit auch heute noch in uns zu tragen, wie viele andere auch.

Deshalb kann es nicht angehen, daß sich die Täter entziehen, und so tun, als sei nichts geschehen. Man soll nicht Rache üben. Gewiß! Aber vergessen soll man auch nicht! Sonst macht man es machtbesessenen Regierungsverbrechern zu leicht auf dieser Welt.«

Fünfzehn Jahre hatte Dich der SED-Staat von mir getrennt – aber keinen Tag warst Du für mich vergessen

In Liebe

Deine Mutti

Gisela

Wer Unrecht sieht
und flieht,
läßt es geschehen

Schicksale & Horizonte

Ines Veith

Wo ist Dirk?

Entführt von der Stasi –
Eine Frau kämpft um ihr Kind

Im März 1979 verschwindet auf dem Parkplatz Heimkehle/Uftrungen in der ehemaligen DDR spurlos der dreieinhalbjährige Dirk Schiller. Die Ermittlungen der Behörden sind auffallend schleppend. Als die Eltern bereits nach wenigen Monaten genötigt werden, die Todesurkunde ihres verschwundenen Kindes zu unterschreiben, weigern sie sich. Die DDR-Regierung bestraft die hartnäckigen Nachforschungen der Eltern, die sich um Hilfe auch an das Internationale Rote Kreuz wenden und schließlich den Ausreiseantrag stellen, mit grausamer Härte: viereinhalb Jahre Haft im Stasi-Gefängnis Bautzen II. Nach fünfzehn Monaten wird das Ehepaar Schiller von der Bundesrepublik freigekauft und kann in die BRD ausreisen. Dirks Verschwinden jedoch bleibt ein Rätsel, aber die Schillers geben nicht auf.

Ein Taschenbuch im Goldmann Verlag
ISBN 3-442-12351-8

Goldmann Verlag